电信行业收益管理研究

马潇宇　邓天虎　梁湧　张雪峰　著

图书在版编目（CIP）数据

电信行业收益管理研究/马潇宇等著. -- 北京：企业管理出版社，2020.10
ISBN 978 - 7 - 5164 - 2228 - 1

Ⅰ.①电… Ⅱ.①马… Ⅲ.①电信 - 邮电业 - 收入分配 - 研究 - 中国 Ⅳ.①F632.1

中国版本图书馆 CIP 数据核字（2020）第 184409 号

书　　名：	电信行业收益管理研究
作　　者：	马潇宇　邓天虎　梁　湧　张雪峰
责任编辑：	徐金凤
书　　号：	ISBN 978 - 7 - 5164 - 2228 - 1
出版发行：	企业管理出版社
地　　址：	北京市海淀区紫竹院南路 17 号　　邮编：100048
网　　址：	http：//www.emph.cn
电　　话：	编辑部(010) 68701638　　发行部(010) 68701816
电子信箱：	qyglcbs@ emph.cn
印　　刷：	北京虎彩文化传播有限公司
经　　销：	新华书店
规　　格：	170 毫米 × 240 毫米　　16 开本　　14.75 印张　　200 千字
版　　次：	2020 年 10 月第 1 版　　2020 年 10 月第 1 次印刷
定　　价：	58.00 元

版权所有　翻印必究·印装有误　负责调换

序　言

所谓收益管理，研究的是在供给资源有限的约束下，如何根据需求的变化来调整定价、资源分配等策略以实现企业收益最大化的目标。20世纪70年代收益管理在航空业大量运用并收到良好成效后，收益管理作为一种先进的管理方法被越来越多的行业所接受。由于电信业具备许多与航空业类似的特征，如产品具有易逝性、运作能力相对固定、边际销售成本低等特点，所以将收益管理理论运用在电信行业具有充分的可行性。而电信业作为国民经济的重要组成部分，自20世纪80年代以来发展迅速，目前已成为构建国家信息基础设施、提高国家信息化水平的战略性领域，所以研究电信行业收益管理也具有重要的意义。

目前，国内外关于电信行业收益管理的研究并不多见，所以本书探索性地在电信行业收益管理的领域内进行研究分析。由于电信运营商作为提供电信服务的主体，掌握的核心资源主要有两种：一种是网络资源，另一种是码号资源。所以我们针对这两种有限的资源，考虑新时代电信运营商所面临的新环境、新挑战，重新进行定价和资源分配研究，以期实现电信行业的收益管理。

具体说来，第1章对收益管理的概念、电信行业收益管理可行性分析、电信行业困境与挑战进行背景介绍。第2章对本书相关的文献进行综述，包括收益管理相关研究、电信定价相关研究、网络拥塞相关研究、机制设计相关研究、用户选择模型相关研究、分配计划相关研究等。第3章和第4章聚焦于在网络资源有限时，寡头垄断电信运营商的动态定价模型。这两章的区别主要体现在电信运营商所采用的拥塞管理手段不同：一种是中国和美国主要电信运营商采用的价格策略，也就是说超出套餐内流量后，多使用的流量按价格付费；另一种是欧洲主要电信运营商采用的限制网速策略，也就是说超出套餐内流量后如不购买流量叠加包，用户上网速度将明显下降。第 3 章主要研究价格策略下的寡头垄断动态定价模型，而第 4 章主要研究限制网速策略下的寡头垄断动态定价模型。第 5 章引入竞争，为处于竞争市场中的电信运营商提供定价模型，并考虑了异质性用户私有信息的问题。第 6 章聚焦于电信运营商所掌握的另一种核心资源：码号资源，在码号资源约束下进行手机卡的需求估计和分配计划。第 7 章总结全书，进行主要工作和创新点的总结，并展望未来，提出了未来可拓展的研究方向。

在本书的撰写过程中，感谢老师和朋友给我提出了颇为有价值的指导意见和非常有益的建议。特别感谢清华大学经济管理学院蓝伯雄教授、美国加州大学伯克利分校申作军教授、北京外国语大学国际商学院张继红教授的指导，感谢清华大学工业工程系博士生薛梦莹，北京外国语大学国际商学院研究生李衍珺、曹渊的助研。还要感谢国家自然科学基金（71602011、71401086）、中央高校基本科研业务费专项资金（2015QD009）、云科云财电商众创空间项目（2017DS012）、昆明市电子商务与互联网金融重点实验室项目（2017 - 1A - 14684）的资助。

最后，要感谢我的家人，谢谢你们在本书撰写过程中的理解和支持！

马潇宇
2018 年 3 月于北京

目 录

第1章 绪论 ··· 1
 1.1 收益管理的内涵 ··· 1
 1.2 电信行业收益管理可行性分析 ······················· 2
  1.2.1 产品具有易逝性，不能储存 ··················· 2
  1.2.2 运作能力相对固定 ······························ 3
  1.2.3 需求波动性强 ···································· 3
  1.2.4 需求可以按不同市场分类 ······················ 3
  1.2.5 竞争性的产业结构 ······························ 4
 1.3 电信行业现状与困境 ··································· 4
 1.4 电信运营商面临的挑战 ································ 9
 1.5 研究内容与方法 ·· 10
  1.5.1 研究内容 ·· 10
  1.5.2 研究框架 ·· 12
  1.5.3 研究方法 ·· 14

第2章 相关文献综述 ······································ 15
 2.1 收益管理相关研究 ····································· 15
  2.1.1 国外电信行业收益管理相关研究 ············ 17
  2.1.2 国内电信行业收益管理相关研究 ············ 18
 2.2 电信定价相关研究 ····································· 19

2.3 网络拥塞相关研究 ··· 23
2.4 机制设计相关研究 ··· 25
2.5 用户选择模型相关研究 ·· 28
   2.5.1 多项对数模型 ··· 28
   2.5.2 区位选择模型 ··· 30
   2.5.3 外生需求模型 ··· 32
2.6 分配计划相关研究 ··· 33
2.7 本章小结 ··· 36

第3章 价格策略下的寡头垄断动态定价模型 ···················· 39
3.1 建模背景 ··· 39
3.2 模型基本假设 ··· 40
   3.2.1 市场规模恒定 ··· 40
   3.2.2 拥塞现象只可能在数据流量业务中出现 ······················· 40
   3.2.3 只针对数据流量业务进行定价 ··································· 41
   3.2.4 网络容量外生固定 ··· 41
   3.2.5 网络拥塞管理手段是价格策略 ··································· 42
3.3 基本参数和符号定义 ·· 42
3.4 价格策略下的寡头垄断运营商动态定价模型 ······················· 44
   3.4.1 运营商行为模型 ·· 44
   3.4.2 消费者行为模型 ·· 45
   3.4.3 运营商动态定价模型 ·· 47
3.5 模型求解分析 ··· 48
   3.5.1 对超大用户数的处理 ·· 48
   3.5.2 混合整数线性规划求解 ··· 50

3.5.3　降低计算维度 ··· 53
　3.6　数值试验及分析 ·· 57
　　3.6.1　试验背景 ··· 57
　　3.6.2　结果及分析 ··· 59
　3.7　本章小结 ·· 65

第4章　限制网速策略下的寡头垄断动态定价模型 ············ 67
　4.1　建模背景 ·· 67
　4.2　模型基本假设 ·· 69
　4.3　限制网速策略下的寡头垄断运营商动态定价模型 ········ 70
　　4.3.1　价格制定 ··· 70
　　4.3.2　用户套餐订购行为 ···································· 71
　　4.3.3　运营商动态定价模型 ································· 74
　4.4　模型求解分析 ·· 75
　　4.4.1　极限模型 ··· 75
　　4.4.2　混合整数线性规划求解 ······························ 78
　　4.4.3　最终模型 ··· 84
　4.5　数值实验与分析 ·· 85
　　4.5.1　基础组的数值选取 ···································· 86
　　4.5.2　基础组结果分析 ······································ 87
　　4.5.3　灵敏度分析 ··· 89
　4.6　本章小结 ·· 96

第5章　竞争情况下的双寡头垄断定价模型 ··················· 98
　5.1　建模背景 ·· 98

5.2 模型基本假设 ………………………………………………… 101
5.3 基本参数和符号定义 …………………………………………… 103
5.4 基准模型 ………………………………………………………… 105
　　5.4.1 技术与偏好 …………………………………………… 105
　　5.4.2 运营商利润最大化问题 ……………………………… 106
5.5 竞争情况下的双寡头垄断定价模型 …………………………… 108
　　5.5.1 非线性双寡头定价机制设计 ………………………… 108
　　5.5.2 模型分析 ……………………………………………… 111
5.6 中国电信运营商案例 …………………………………………… 114
5.7 本章小结 ………………………………………………………… 117

第6章 码号资源约束下的手机卡分配模型 …………………… 119
6.1 建模背景 ………………………………………………………… 119
6.2 运营商手机卡分配需考虑的主要特征 ………………………… 122
6.3 基本参数和符号定义 …………………………………………… 129
6.4 运营商手机卡分配模型 ………………………………………… 131
　　6.4.1 需求和替代概率估计模型 …………………………… 131
　　6.4.2 手机卡分配计划模型 ………………………………… 134
　　6.4.3 考虑码号资源有限的手机卡分配计划模型 ………… 136
6.5 求解方法 ………………………………………………………… 138
　　6.5.1 需求和替代概率的估计 ……………………………… 138
　　6.5.2 手机卡分配计划的最优化 …………………………… 144
　　6.5.3 考虑码号资源有限的手机卡分配计划最优化 ……… 146
6.6 数值试验及分析 ………………………………………………… 147
　　6.6.1 试验背景 ……………………………………………… 147

6.6.2　数据处理 …………………………………………… 153
　　6.6.3　结果及分析 ………………………………………… 156
　6.7　本章小结 ………………………………………………… 164

第7章　本书总结 ……………………………………………… 166
　7.1　本书的主要工作 ………………………………………… 166
　7.2　本书的创新点 …………………………………………… 169
　7.3　未来研究展望 …………………………………………… 170

附　录 ………………………………………………………… 172
　附录A　第3章证明 ………………………………………… 172
　　A.1　定理3-1证明 ………………………………………… 172
　　A.2　定理3-2证明 ………………………………………… 174
　　A.3　定理3-3证明 ………………………………………… 179
　附录B　第4章证明 ………………………………………… 189
　　B.1　定理4-1证明 ………………………………………… 189
　　B.2　定理4-2证明 ………………………………………… 191
　附录C　第5章证明 ………………………………………… 203
　　定理5-1证明 ……………………………………………… 203

参考文献 ……………………………………………………… 207

第1章 绪论

1.1 收益管理的内涵

收益管理（Revenue Management）的内涵重点包括以下几个方面：在平衡供求矛盾时，焦点应投向价格而不是成本；用以市场为基础的价格定位代替以成本为基础的价格定位；针对微观市场而不是宏观市场进行销售；为能够给你带来最大收益的顾客保留产品；决策不能靠假定，而要基于知识；运用产品的价值周期；不断评估收益机会。

概括地说，收益管理就是指把合适的产品按合适的价格在合适的时间，通过合适的渠道卖给合适的顾客，从而获得最大收益。因此，收益管理本质上是一种实施价格歧视的管理方法。

从收益管理的内涵可以看出，它提出了与传统经营理念不同的独特管理理念和准则，可以分为核心理念、定价准则、供给准则及实施要则四个层次，如表1.1所示。

表1.1 收益管理独特的管理理念和准则

理念准则	包含内容
核心理念	应用价格杠杆调节供求平衡
	收益最大化驱动利润最大化
定价准则	用市场定价代替成本定价
	定价要面向细分市场

续表

理念准则	包含内容
供给准则	把产品留给最有价值的顾客
实施要则	进行科学的预测
	把握产品的价值周期
	开发收益管理系统，不断更新收益管理方案

1.2 电信行业收益管理可行性分析

20世纪70年代，收益管理在航空业大量运用并收到良好成效后，收益管理作为一种先进的管理方法被越来越多的行业所接受。与传统运用收益管理的航空业相比，电信行业有很多与其类似的特征。正是因为这些共同的特征，使电信行业运用收益管理成为可能。

1.2.1 产品具有易逝性，不能储存

易逝性有两方面的内容：一是指作为固定能力的库存资源和存货，库存的利用性难以转移，并且是不能储存和更新的；二是库存本身具备一定的时效性，必须在一定的时间段内被销售。一旦库存没有在界定的时间内被销售和利用，由于其不可储存性，它的价值将永远失去，而这种损失是不可补偿的。

类似于航空业，电信业的"带宽"具有易逝性，所以充分利用它防止其流逝非常重要，而且能带来可观的增收。除"带宽"之外，服务器的传输能力、转换能力都具有易逝性。

1.2.2 运作能力相对固定

电信运营商一旦通信技术确定（如4G、5G）、基站位置和数量确定，那么它的运作能力也就相对固定。这也意味着较高的固定成本。固定能力或容量是指服务系统一旦建成，在系统内较快改变能力或容量是极为困难或不可能的，只能通过系统外的资源弥补，即使弥补，代价也极为昂贵。在无法利用外部资源进行弥补的情况下，如何有效利用现有资源实现收入最大化是唯一具有现实意义的问题。

本身的成本或边际销售成本较低，与固定成本相比，几乎可以忽略不计，即产品或服务的收益可以近似等于其利润。

1.2.3 需求波动性强

需求波动性给销售的预测带来较大的难度，造成固定存货的销售风险。由于存货是固定的，并且这种产品或服务的转移存在高昂的转移成本，如何能够合理地保证存货的最优利用并且降低销售风险成为收益管理中的首要问题。

对电信产品的需求波动性是很大的，但是每天、每周的趋势是有规律可循的。

1.2.4 需求可以按不同市场分类

由于不同的顾客对于产品或服务的特性组成有着不同的偏好和效用，因此，可以按服务或产品在价格、时间、地点、消费方式方面的不同，将顾客进行市场细分。针对不同的顾客，设计不同的套餐。

1.2.5 竞争性的产业结构

电信业正在经历与航空业 20 世纪 70 年代放松航空管制之后类似的激烈竞争时代。对客户资源激烈的竞争使得应用收益管理成为必然。只有通过收益管理才能有效地增加市场占有率和提高收益。

1.3 电信行业现状与困境

随着移动通信技术的蓬勃发展和持续变革，移动通信服务已经广泛地渗透到人们的日常生产生活中，深刻影响着人与人之间的沟通方式。电信行业也逐渐成为全面支撑信息化水平提升、发展方式转变、产业结构调整、小康社会建设的战略性和基础性产业。2013 年 8 月，国务院印发"宽带中国"战略及实施方案，2014 年 2 月，中央网络安全和信息化领导小组第一次会议提出要建设"网络强国"，将我国电信行业的发展提到了一个新的高度。

经过十多年的快速发展，我国电信行业取得的显著成绩，为世人所瞩目。截至 2014 年年底，移动电话用户总数达 12.86 亿户，手机网民规模达到 5.6 亿人，两项数据均位居全球第一。面对这样一个巨大的市场，电信运营商的每个管理决策都会对其收益和发展有重要的影响。而且移动通信技术发展迅猛，电信市场格局瞬息万变，电信运营商如何根据需求和自己供给能力的变化，来合理调整自己的运营策略显得尤为关键。

当前我国智能终端的用户普及率快速提升，移动互联网应用蓬勃发展，随之带来的是用户使用习惯的转变，从传统青睐语音业务逐渐转向依赖数据流量业务。因此，我国移动数据流量持续高速增长，根据工业和信息化部(以下简称工信部)电信研究院的数据,2011年我国移动数据流量仅为5640亿兆比特,预计到2016年我国移动数据流量将达到96560亿兆比特,年复合增长率高达76.5%。我国移动数据流量规模和移动数据流量收入增长情况及预测,如图1.1所示。

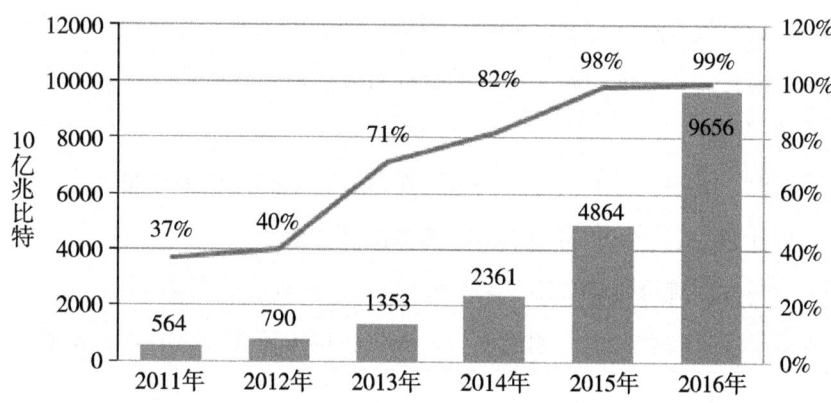

图1.1 我国移动数据流量规模增长情况及预测

移动数据流量的爆发式增长,推动了我国电信业从过去以语音业务为主的时代加快向当前以数据流量业务为主的时代迈进。2013年,我国非语音业务收入占比首次超过50%,2014年,我国非语音业务收入占比不仅提升至58.2%,而且移动数据及互联网业务收入对通信业营收增长的贡献率突破了100%。从国内电信运营商的财报数据来看,中国移动2013年语音业务收入3557亿元,同比下降3.4%,语音业务近10年以来首次出现负增长,而数据流量业务收入2069亿元,同比增长24.4%,数据流量业务有效缓解了语音业务收入下降带来的压力,成为中国移动营业收入增长的主要引擎。中国电信数据流量业务收入280亿元,同比增长40.7%,中国联通的移动电话用户2013年使用数据流量增长幅度最大,同比增长120.3%,在语音业务增长乏力的情况下,数据流量业务同样也是这两家运营商营业收入增长的重要动力。

从全球范围来看，伴随着 Skype、WhatsApp、微信等 OTT 应用的快速发展，数据流量业务正逐渐替代语音业务，成为全球电信行业新的增长点。走在创新最前沿的美国四大电信运营商，AT&T、Verizon、Sprint、T-mobile 已经调整运营重心，向用户主推语音和短信全免费而只对数据流量收费的套餐（Mobile Share Value Plans）。可以说，随着移动互联网的蓬勃发展和智能手机的全面普及，电信运营商向数据流量经营的转型势在必行。

然而，电信运营商从传统的语音业务经营模式向数据流量经营模式的转型并非一蹴而就，转型之路还面临诸多难题。

一是数据流量爆发式增长对电信运营商的网络资源提出新的挑战，网络拥塞现象时有发生。相比语音业务，数据流量业务具有不同的技术特征。语音业务只在接通时占用一个信道，且消耗资源很少，一个音节用几个比特就可以承载。而数据流量业务根据下载和上传的对象不同（如文字、图片、视频等），每秒流量消耗几千比特，甚至到几兆比特（1 千比特 = 10^3 比特，1 兆比特 = 10^6 比特）。所以，通常情况下，数据流量业务所耗用的网络带宽和资源要远远多于语音业务。因此，在以流量经营为主导的时代，给电信运营商带来极大挑战。然而除非移动通信技术升级换代，如从第三代移动通信技术（3G）升级到第四代移动通信技术（4G），否则移动通信网络的容量（网络资源）一般很难提升。因此随着数据流量的爆发式增长，用户感受到网络拥塞现象的频率也显著提升。网络拥塞将造成网页打开速度慢、照片无法下载、视频经常卡住等现象，将给用户带来极差的网络服务和用户体验，网络拥塞现象的高频率出现，容易造成用户忠诚度降低甚至离网。

二是传统营销模式造成"大进大出"困境。当前，国内电信运营商采用的营销策略仍是以传统语音时代的策略为主：推出大量细分人群的套餐（如中国移动现有套餐多达53种），在广告宣传、降价促销、终端补贴等方面投入大量营销费用来吸引新用户入网，缺少对存量用户的深耕细作。电信运营商花费巨额营销费用一味发展新增用户，大量新用户入网会带来数据流量的爆发式增长，对电信运营商的网络优化、服务质量、负载均衡等提出了更高的要求，如果运营商的网络优化等工作未能及时改善，网络内的所有用户，包括新用户、老用户都会感受到网络拥塞现象，降低网络服务质量和用户体验，容易造成大量用户离网。根据易观国际的相关报告，当前数据流量时代的用户离网率比起过去语音时代有明显的提升，离网人群中有的是刚入网的新用户，有的是已在网的老用户，甚至是十多年的忠实老用户，在电信运营商某些区域的离网率甚至超过入网率。这就是"大进大出"困境，花高额成本吸引新用户入网，却带来新老用户共同离网，实在是得不偿失。

三是数据流量经营面临"增量不增收"的困境。2013年，我国移动互联网数据流量同比增长71.3%，同期移动数据业务收入增速仅为55.5%；2014年，我国移动互联网数据流量同比增长62.9%，同期移动数据业务收入增速仅为41.8%，连续两年移动数据业务的量收"剪刀差"保持在20个百分点左右。电信运营商为改善数据流量经营下的用户体验，投入了大量资金用于4G基站建设，如何在数据流量增长的基础上不断提高收入，解决"增量不增收"的问题，尽快回收基站建设投入的成本，也是电信运营商面临的一大挑战。

面对移动通信网络的固定容量，为解决"大进大出"和"增量不增收"的困境，本书提出了一种动态定价的方法，根据网络内用户流量使用情况动态地进行定价调整，这样一方面可以控制网络拥塞，防止用户的"大进大出"；另一方面也可以不断优化定价结构，提高运营商的收益。

除了刚提到的网络资源，电信运营商还拥有另外一个独特的资源是码号资源。由于政府对码号资源的管制，每个运营商拥有的手机号码总数都是有限的。而手机卡与手机号码是一一对应的，所以电信运营商拥有的手机卡（SIM卡）资源也十分有限。但另一方面，随着电信市场竞争的日趋激烈，尤其在42家虚拟运营商获得工信部颁发的移动通信转售业务的经营牌照后，运营商之间的竞争越发激烈，所以各大运营商不仅通过自有渠道（营业厅）面向新用户销售手机卡，还广泛地利用各类型社会渠道进行大面积销售手机卡，吸引新用户入网。电信运营商的社会渠道代理商包括多种，大到苏宁、国美、迪信通这样的大卖场、连锁渠道，小到便利店、报刊亭这样的小门店，因此电信运营商在每个城市的社会渠道代理商常有几十上百个。

面对有限的手机卡资源和庞大的代理商数量，电信运营商应当如何合理地分配手机卡资源也是一个棘手的问题。并且，电信运营商为了客户细分，针对不同人群推出不同类型的手机卡，如中国移动推出神州行5元卡、神州行家园卡、神州行畅听卡、动感地带卡等数十种卡。所以，电信运营商需要分配的手机卡的种类也是纷繁复杂的，在考虑码号资源有限（手机卡资源有限）的前提下，电信运营商需要协同考虑分配给各代理商的手机卡种类和手机卡数量问题。目前，代理商中经常出现有的类型手机卡不够用，但有的类型手机卡却卖不完的现象。而且不同代理商缺少或富余的手机卡类型也各不相同。

为此，本书还创新地提出了根据各代理商的历史销售数据来估计该代理商处用户对不同类型手机卡的需求，在需求估计的基础上利用分配计划（Assortment Planning）的方法设计一定种类的手机卡组合，再为每个代理商分配其中的一种手机卡组合。

总之，本书聚焦于新时代电信运营商在数据流量业务定价、手机卡资源分配等方面的难题,构建相关数学模型并进行求解优化,以期为电信运营商在新时代的转型发展提供管理建议和优化方法。

1.4 电信运营商面临的挑战

电信行业作为 20 世纪 80 年代以来发展最快的领域之一,无论是在国际还是国内都扮演着非常重要的角色。它是国民经济的重要组成部分,也是人们生活中不可或缺的沟通平台。根据 We Are Social 及 Hootsuite 的统计显示,2017 年全球手机用户人数已突破 50 亿人。以全球人口大约 75.11 亿人来计算,也就是说,全球 2/3 的人都使用了手机。电信市场用户规模的巨大是其他行业所无法企及的。然而经过几十年的发展,电信运营商尤其中国的电信运营商正在面临新的挑战。

第一,随着智能手机的普及和移动互联网的蓬勃发展,电信运营商的核心利润来源从传统的语音业务逐渐转变为数据流量业务,电信行业进入流量经营时代。由于数据流量业务占用的网络资源要远高于语音业务,网络拥塞现象在流量经营时代时有发生,电信运营商在考虑网络拥塞的前提下,如何针对数据流量业务进行科学定价面临新的挑战。

第二,我国电信市场逐渐放开,电信运营商之间的竞争越发激烈。目前已有包括京东、蜗牛移动等在内的 42 家民营企业获得移动转售业务的经营牌照,并已于 2014 年 5 月起陆续开始放号,面向个人用户销售移动通信业务。虚拟运营商的加入,让电信业内的竞争越发激烈。对于每个电信运营商而言,如何在非合作博弈的竞争环境下,科学定价对自身收益和用户数量的变化都将起到至关重要的作用。

第三,电信运营商的社会渠道代理商数量庞大,但由于政府管制,电信运营商拥有的手机卡资源却有限。为了争夺新用户,电信运营商广泛地发展包括苏宁、国美等在内的各类型社会渠道代理商帮助其拓展新用户，发放手机卡。为了细分市场，电信运营商还设计了包括神州行畅听卡、神州行 5 元卡、动感地带卡等在内的多类型手机卡。面对类型不同、销售能力不一的社会渠道代理商，电信运营商应当如何把类型不同、数量有限的手机卡合理地分配也面临着新的挑战。

  针对这三方面的挑战，本书分别提供了对应的解决方案。首先，针对第一方面的挑战，本书提出了考虑网络拥塞的动态定价模型，帮助电信运营商每期根据网络内用户使用流量的情况动态进行定价控制。其次，针对第二方面的挑战，本书提出了考虑竞争因素和用户选择的定价机制设计方法，帮助电信运营商在分析异质性用户选择的基础上合理设计机制最大化自身的收益。最后，针对第三方面的挑战，本书提出了考虑码号资源约束的手机卡分配计划模型，帮助电信运营商根据各代理商处用户的需求情况合理分配手机卡的种类和数量，以实现运营商收益最大化的目标。

  总的来说，本书针对电信运营商在新时代所面临的挑战，以提高运营商收益为目标，提供了行之有效的定价模型和资源分配方法。通过数值试验，本书提出的动态定价模型可以提高运营商 15.93%～34.67%的收益，手机卡分配计划模型可以提高运营商 23.69%的收益。基于数值试验结果，本书还给出了在实施该定价模型和资源分配方法时的操作建议与管理启示。

1.5 研究内容与方法

1.5.1 研究内容

  本书研究了电信行业中的定价和手机卡分配问题，这两个问题的目

第1章 绪论

标都是最大化电信运营商的收益,实质属于电信收益管理的范畴。所谓收益管理研究的是在供给资源有限的约束下,如何根据需求的变化来调整定价、资源分配等策略以实现企业收益最大化的目标。由于目前国内外关于电信行业收益管理的研究并不多见,所以本书初探性地在电信行业收益管理的领域内具体研究了定价和手机卡分配问题。其中,定价问题分为寡头垄断动态定价问题和双寡头垄断定价问题,手机卡分配问题分为需求估计问题和资源分配问题。具体而言,本书的研究内容主要包括以下四部分。

第一,在考虑网络拥塞的情况下,设计寡头垄断动态定价模型。

移动通信网络具有在用户数较少时,会出现网络资源浪费而在用户数太多时又会出现网络拥塞的特点。所以,电信运营商面向新用户开放的套餐并非越多越好,因为过多新用户的到来,容易造成整个网络的拥塞,导致新、老用户齐离网。但也并非电信运营商开放的套餐越少越好,因为过少新用户的加入,有可能导致网络容量的浪费。本书创新地设计了寡头垄断市场中的电信运营商动态定价模型,使得电信运营商可以根据网络内用户的流量使用情况动态决定每期面向新用户开放的套餐类型,以调整网络内对应各套餐的人数分布及资源使用情况,避免用户因长时间感受网络拥塞现象而离网,并从长期的角度最大化电信运营商的收益。

第二,在考虑竞争因素的情况下,设计双寡头垄断定价模型。

由于在竞争环境下,两个电信运营商之间存在非合作博弈,所以我们不仅需要考虑由网络资源有限带来的网络拥塞现象,还需要考虑用户在运营商间转换时发生的转换成本。同时,为避免用户隐瞒甚至虚假显示关于自己类型的私有信息,尤其防止高消费者伪装选择低套餐,所以我们采用机制设计的方法,帮助电信运营商设计合理的定价机制使得用户在实现个人效用最大化的同时也自然达到电信运营商的收益最大化的目标。

第三，在考虑用户替代行为的情况下，设计手机卡需求估计模型。

由于在实际生活中，当一个用户到达一家代理商发现最想购买的手机卡缺货时，他可能选择不购买直接离开，也可能会观察这家代理商目前在售的手机卡，替代购买其中的一种。所以将这种用户替代行为考虑进来，我们发现实际观察到的各手机卡的需求包含两部分，一部分是原始需求，也就是用户本来就打算购买这种手机卡的需求；另一部分是替代需求，也就是当用户本来打算购买的手机卡缺货时用户替代购买这种手机卡的需求。由于替代行为发生的概率与手机卡的属性相关，所以利用最大似然法，根据历史销售数据先估计手机卡属性层的原始需求和替代概率，再估计每种手机卡的原始需求和替代概率。

第四，在考虑手机卡数量有限的情况下，设计手机卡分配计划模型。

为了广泛地发展新用户，电信运营商拥有的社会渠道代理商数量庞大，并且每家代理商的销售能力参差不齐。所以本书先对各代理商进行需求估计，在此基础上，创新地将零售领域内广泛使用的分配计划方法应用在电信行业，根据历史销售数据设计一定种类的手机卡组合，再为每个代理商分配其中的一种手机卡组合，并根据手机卡资源约束确定各类型手机卡的分配数量。通过分配计划的方法，我们既考虑到各代理商之间的差异，又避免为每个代理商单独"定制"手机卡组合所带来的高额管理成本，实现手机卡资源的高效分配。

1.5.2 研究框架

围绕以上四部分研究内容，本书的主要研究思路和框架如下。

第1章 绪论

第2章，进行文献综述，由于本书第3、4章的研究内容与电信行业的定价方法、网络拥塞相关，第5章的研究内容与机制设计相关，第6章的研究内容与用户选择模型、分配计划相关，所以在第2章中统一对这六个领域进行文献综述。

第3、4章，在考虑网络资源约束的前提下，分别研究在价格策略和限制网速策略下的寡头垄断动态定价模型。其中，依次分析了电信运营商的行为模型和消费者的行为模型，在此基础上提出了电信运营商的动态定价模型。利用多个步骤将其转换为混合整数线性规划模型求解，并成功降维。最后利用真实的数据进行数值试验，检验该模型的优化效果。

第5章，在考虑竞争情况下分析双寡头垄断定价模型。由于考虑异质性消费者拥有私有信息，所以采用机制设计的方法。本着由简单到复杂的研究思路，先使用机制设计的方法研究用户存在私有信息的寡头垄断市场下的运营商定价问题，在此基础上，我们着重分析了通过机制设计的方法解决用户存在私有信息的双寡头垄断市场下的电信运营商定价问题，构建在竞争环境下的电信运营商定价模型。

第6章，在考虑码号资源约束的前提下，分析运营商手机卡分配策略。由于用户存在替代行为，所以先对需求和替代概率进行估计，在估计的基础上再进行手机卡分配计划。这里共提出两种分配计划模型，分别是：一是，码号资源不存在约束、对代理商只分配手机卡类型的分配计划模型；二是，码号资源存在约束、对代理商协同分配手机卡类型和数量的分配计划模型。

第7章，总结了全文的主要工作以及创新点，并指出了未来研究可拓展的方向。

1.5.3 研究方法

本书主要采用动态规划、混合整数线性规划、机制设计、数值实验四种方法。

具体说来，第3、4章，通过动态规划的思想搭建模型，通过将电信的超大用户数近似取为趋近于无穷大，并通过多个步骤将问题降维，最终将模型转化为维度很低的混合整数线性规划进行求解。此外，还利用中国某大型电信运营商提供的真实数据进行数值试验，检验了该动态定价模型的优化效果。

第5章，通过机制设计的方法搭建模型，并分别求解了寡头垄断和非寡头垄断中的最优定价机制，在具体的效用函数下，我们还给出了双寡头垄断竞争环境下的电信运营商最优定价的解析解。

第6章，通过最大似然法写出了原始需求和替代概率的估计模型，但由于该模型是非线性规划模型，所以通过对数转换和分段线性近似处理将该非线性规划模型转化为混合整数线性规划模型求解。在需求估计的基础上，我们再通过等价转换将非线性的分配计划模型转化为混合整数线性规划模型进行求解。最后，利用真实的数据进行数值试验，检验我们需求估计和分配计划模型的准确度与优化程度。

第 2 章 相关文献综述

与本书研究相关的文献主要涉及六个领域。第一，本书主要针对收益管理，尤其电信行业收益管理进行研究。因此 2.1 节对收益管理（Revenue Management）和电信行业收益管理进行综述。第二，定价作为收益管理的重要内容，是本书的重点研究对象，所以 2.2 节对已有的电信行业定价方法（Pricing Method）相关研究加以综述。第三，流量经营时代，电信网络遇到的与传统语音经营时代最大的差别就是容易发生网络拥塞，且拥塞对用户体验、离网行为影响很大，所以 2.3 节对网络拥塞（Network Congestion）相关研究进行综述。第四，当异质性用户拥有私有信息时，运营商需要通过机制设计激励用户，因此 2.4 节对机制设计（Mechanism Design）方法相关研究进行综述。第五，电信运营商分配手机卡是基于分析用户的选择行为，所以 2.5 节对三种最常见的用户选择模型（Consumer Choice Model）进行综述。第六，电信运营商在码号资源有限的前提下，应当如何最优地分配手机卡给各社会渠道代理商也是本书的一个重要研究问题，因此 2.6 节综述分配计划（Assortment Planning）相关的研究理论。

2.1 收益管理相关研究

收益管理的研究和应用已经从航空业扩展到了铁路、酒店、租车、零售、广播电视、网络服务等众多服务行业，甚至在制造业（如高科技产业），并取得了显著的效果。国外先后有近百篇文献从不同行业或同一行业的不同角度对收益管理的理论和应用进行了研究，现将其总结如下，如表2.1所示。

表2.1 国外关于收益管理在各行业中的研究状况

研究领域	应用行业	研究内容	主要相关文献
客运收益管理	航空客运	需求预测	Littlewood（1972），LeeandHersh（1993），Weatherfordetal（1993），MeGill（1995）
		超额预订	Bodily and Pfeifer（1992），Robinson（1995），Belobaba and Farkas（1999），Chatwin（1999），Liang（1999）
		动态定价	Chatwin（2000），Feng and Gallego（1995，2000），Feng and Xiao（2000a，2000b），Gallego and van RyZin（1994，1997）
		座位分配	Littlewood（1972），Glover（1982），Belobaba（1987，1989），Brumelle（1993），Curry（1990），Wollmer（1992），Lautenbaeher（1999），Subramanian（1999），DeBoer（2001），Talluri（1998，1999，2004），Chen（1998），Bertsimas（2001，2003）
	铁路客运	座位分配	Cianciminoetal（1999）
	游轮	定价	Ladany and Arbel（1991）
货运收益管理	航空货运	特征分析、超订和舱位控制模型	Kasilingam（1996） Billingsetal（2003）
	铁路客运	货运车辆调度、定价	CamPbell（1996），Kraft（1998，2001）
	班轮客运	舱位分配、定价	Ha（1994），Maragos（1994），Ting and Tzeng（2002）
酒店收益管理	旅馆酒店	客房分配、超订	Rothstein（1974），Bitran and Mondschein（1995），Bitran and Gilbert（1996），Kimes（1998），Baker（2002）

续表

研究领域	应用行业	研究内容	主要相关文献
其他行业收益管理	租车业	能力分配、定价	Carol（1995），Geraghty（1997）
	零售业	动态定价	Bitran（1997，1998），Smith（1998），Subramanian（1996）
	制造业	产能分配动态定价	Caldentey and Wein（2004），Gupta and Wang（2004）
	广播电视、网络服务业	定价、时段分配	Nair and Bapna（2001）
	电力、能源	定价、电能分配	Smith（1993），Hass（1993）

目前，国内学术界也越来越重视对收益管理的研究。对于航空客运收益管理研究的主要文献可参见杨思梁和刘军（1998）、黄为和刘永俊（1998）、邵龙（1999）、刘军和邱莞华（2000），李艳华（2000）、魏轶华和胡奇英（2002）、罗利和萧柏春（2004）等。对于收益管理在酒店、餐饮、旅游业、高新技术企业中的应用则可参见陈旭（2003）、曾波（2003）及刘德文和萧柏春等（2003）。

2.1.1 国外电信行业收益管理相关研究

国外最早的电信网络收益管理研究从动态定价开始，比较显著的有 Salal Humair 等人的研究，主要涉及网络设备对不同数据包的访问请求（Request）的定价，对不同访问节点的数据流量进行排序。这里的数据包泛指网络层的应用（Application）、会话（Session）、数据流（Stream）或数据分组（Package）等。不同的数据包按一定概率向网络请求访问，网络按照数据包带来的收益和成本或占有的网络容量，选择允许或拒绝数据包访问，并对后继传输任务进行排序。

从现实应用角度出发，Salal 认为对电信收益管理可以在三个层次上进行研究：第一个层次是面向用户的业务层次；第二个层次是忽略具体技术细节的网络链接层次；第三个层次是面向网络流量层次。其中，业务层次的研究应从竞争者和顾客行为的角度出发，对电信零售业务进行定价。面向网络链接层的研究主要解决网络路由选择、网络链路定价以及网络容量的优化利用，负荷分配等问题；面向网络流量层次上的研究所考虑的对象是电信网络上传输的每一个数据分组、数据流、会话、应用、进程等直接构成流量的基本元素，网络流量层次的研究涉及通信信号传输特性，需要具备一定的专业知识，主要解决对各种数据包访问的任务调度、访问允许、拥塞控制等问题，以实现网络收益的最优化。

国外这一类研究的数量并不多，主要面向互联网和计算机网络通信，其涉及的通信专业技术较多，技术门槛较高，通常在通信工程、自动控制或计算机网络等领域里结合经济理论开展交叉研究。

2.1.2 国内电信行业收益管理相关研究

目前国内关于电信行业收益管理的研究也比较少，可以检索到的论文主要有两篇。一篇是周晶等发表在《现代管理科学》上的《谈收益管理在通信业中的应用》，另一篇是复旦大学陈志刚的博士生毕业论文《电信收益管理研究与定价分析》。其中，前者在阐释收益管理概念的基础上进行了电信业运用收益管理的可行性分析：首先，由于产品具有明显的时效性、相对固定的网络承载量、需求随时间而变化、高固定成本低可变成本、可细分的市场，所以起源于航空业的收益管理同样也适用于电信业。其次，文章从市场策略、价格策略和资源策略三个方面分析了电信业中收益管理思想的体现和进一步应用的方向。最后，作者指出电信业实施收益管理的关键是进一步细分市场，将各种优惠套餐和业务分别统一到各大品牌下，引导用户主动进行品牌区分。

后者在 Salsal 研究的基础上，重点研究业务策略层和网络链路层的定价和收益管理。在业务策略层次上，作者主要分析了电信业务竞争定价和电信业务差别定价这两个应用领域。在网络链路层次上，作者主要分析了网络链路容量的利用和定价。另外，作者对电信收益管理定价的未来研究方向和应用前景进行分析，并指出只有当电信市场成熟、政府管制放开、覆盖企业的信息系统的条件下，才能应用收益管理。

总的来说，我国在电信收益管理方面的研究才刚刚起步，未来可研究的领域非常广阔。

2.2 电信定价相关研究

目前国内外对电信运营商移动数据定价的研究主要集中在两方面：静态定价和动态定价。静态定价是指在较长一段时间内（几个月或几年）不存在价格变化的定价方式，Sen 等人（2013）指出，这一方式的优点在于操作简单且收益的不确定性较小。静态定价主要有四种：固定费率定价、使用基础定价、应用基础定价和时间基础定价。由于近年来数据流量需求激增，大部分运营商已不再使用固定费率定价（Sen 等，2012），而鉴于应用基础定价和时间基础定价并未大规模投入使用，本书主要研究使用基础定价这一模式。

使用基础定价的特点在于数据用量与用户支付费用或上网速度直接联系。图 2.1 描述了三种典型的使用基础定价模式。第一种如图 2.1 (a) 所示为两阶段定价机制，用户只需支付入网费，便可以以恒定的单位价格使用网络服务（Miravete，2002）。第二种，三阶段定价机制如图 2.1 (b) 所示，用户需支付月固定费用购买含一定流量的套餐，超过套餐内流量的部分再按单位价格付费（Iyengar 等，2007）。第三种，在图 2.1（c）所示的定价机制中，在月套餐费涵盖的流量范围内用户可享受高速网络，而超过套餐内流量后连接速度（网速）会大幅下降，只有当支付额外费用后才能回到常规速度。对于数据流量需求大的用户，订购含多流量的套餐比订购较少流量套餐并购买附加包来说更划算，因此用户需要在预测自身数据流量需求的基础上选择合适的套餐，而目前尚未有针对该限制网速策略下的定价机制研究，本书第 4 章尝试填补这一空白。

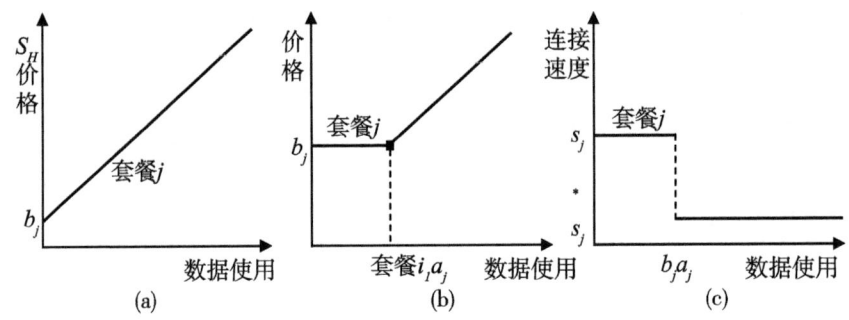

图 2.1　三种典型的基础定价模式

目前，国内外对电信运营商定价的研究主要基于对运营商普遍采用的两阶段定价和三阶段定价机制的分析之上。在两阶段定价机制（Two – part Tariff）中，用户只需支付入网费，便可以以恒定的单位价格使用网络服务（Miravete，2002）。Danaher（2002）的文章指出合理地设置两阶段定价机制中的入网费和单位使用价格，可以最大化电信运营商的收益。在三阶段定价机制（Three – part Tariff）中，用户需支付月套餐费购买含一定免费容量的套餐，超过免费容量的部分再按单位价格付费（Iyengar 等，2007）。Bar – Gill 和 Stone 在 2012 年的研究中认为，由于用户对未来使用量经常预估失误，三阶段定价机制才能帮助运营商更好地增加收益。因此，在社会生活中，三阶段定价机制较为常见。

为了理解用户在不同定价机制下的行为特征，许多学者在不同设定下进行研究。Lambrecht 等（2007）调研了用户在两阶段定价和三阶段定价机制都提供的情况下如何转换，实证分析发现受三阶段定价机制中套餐内"免费"流量的诱惑，用户更倾向于从两阶段定价套餐转换到三阶段定价套餐下，但转换后的用户往往较之前使用量增加。Gopalakrishnan 等（2012）则对用户在一直需要选择月套餐情况下的学习行为进行分析，结果显示用户学习速度很快，但是并不完全。而根据 Talluri 和 Van Ryzin 2004 年的研究，战略型消费者在欲购买的产品不提供时会向上或向下购买，所以在每个时间点如何动态控制提供哪些产品（套餐）是运营商需要考虑的问题。

由于电信市场竞争非常激烈，用户还可能存在转网行为，一些文献分析了用户为什么转网及如何防止用户转网的行为发生。Kim 和 Yoon（2004）的文章指出用户的忠诚度决定了用户是否会离网。而用户对运营商的忠诚度取决于他们对运营商的服务是否满意及转换成本的高低。转换成本已经在 Bansal 和 Taylor（1999），Ganesh 等（2000），Burnham 等（2003），Pae 和 Hyun（2006）等文章中广泛地被研究。但转换成本很多时候是外生恒定的，电信运营商为防止用户转网，保持忠诚度，最核心的任务应当是提高用户对运营商服务的满意度。如何在传统语音时代中提高用户满意度，文献中的研究已经比较多见。Fang 和 Zhang（2002）指出，优化呼叫接纳控制系统在提供高品质语音服务中扮演着非常重要的角色。Kim 等（2004）则认为，呼叫的清晰度和覆盖范围是运营商需要重点关注的方面，影响用户满意度。

然而，近几年，随着智能手机、移动互联网的快速兴起，尤其是以微信为代表的 OTT 业务普及，曾经的主流业务——语音业务出现增长缓慢甚至负增长。相反，数据业务却逐渐显示出它的重要性，用户使用的数据流量持续快速增长，而这些数据流量占用的网络带宽远高于语音业务占用的带宽。所以，运营商的网络容量成为瓶颈，网络拥塞现象频繁发生。更重要的是，根据 Ho 和 Zheng 在 2004 年的研究，很多用户对拥塞造成的上网延时是敏感的，很容易导致其满意度降低，甚至离网。因此，如何缓解网络拥塞现象、保证数据流量业务的服务质量就成为保证用户满意度的核心问题。如果运营商能根据自身网络内的用户数和用户流量使用情况动态调整定价，保证网络的服务质量和用户的满意度，也就能相应保持用户的高忠诚度和低离网率。在以数据流量业务为核心的时代，电信运营商在考虑网络拥塞、用户体验的基础上，如何动态设计定价机制面临着新机遇和挑战。

动态定价也是无线网络连接定价策略的重要分支。相较于静态定价其价格调整周期更短，因此电信运营商能够精确控制网络容量、避免网络拥塞。Tsai 和 Hung（2009）指出，弹性动态定价能够有效提高运营商的边际收益、收益质量和利润。

第一类动态定价建立在网络拥塞程度的基础上，这类定价可被视为以网络拥塞程度为输入、价格为输出的控制系统。第二类动态定价是时间基础定价，这种定价方式中价格每小时变化，用户每日能够得知第二天的平均价格（Ha 等，2012），但这种定价下用户会因对未来开支的不确定性大而感到困惑。与日前定价相比，网络拥塞基础定价只在网络拥塞发生时调整价格，更具合理性。

目前国外学者进行电信动态定价的研究尚不多见。Fitkov 和 Khanifar（2000）提出了实时根据网络内语音信道的使用率进行动态定价的算法，在高峰时刻，需求旺盛，价格就会相应提高，在非高峰时刻，价格降低以吸引更多的需求。Yaipairoj（2004）从排队论的视角提出通过在网络忙时设置两个队列来实现动态定价，用户可以选择加价享受优先接通语音的服务或者不加价保持等待。这两篇文章都是从语音业务出发分析实时价格调整,具有一定的局限性。一方面,电信运营商的经营重心已经从语音业务逐步转向数据流量业务,数据流量业务与语音业务相比具有不同的物理特性;另一方面,实时的调整价格会使得用户对资费难以理解甚至抱怨,不如从宏观的角度每季度或每月进行一次价格调整,且只调整新入网用户所能加入的套餐,使得运营商实施动态定价具有较强的可执行性,而对用户也具有较高的可接纳度。

国内关于电信领域动态定价的研究则更为罕见,已有的电信定价研究主要集中在单期定价方法。例如,陈志刚(2005)采用竞争定价法来研究电信产品的定价策略,通过 Hotelling 模型分析电信运营商在竞争环境中的利润模型并进行定价。但该研究的假设是网络容量足够大,也就是忽略了网络容量限制对电信运营商定价的影响。这一假设在现实生活中是很难实现的,尤其是在流量经营时代,网络容量逐渐成为影响运营商持续发展的瓶颈。张运良(2013)则分别讨论了在无网络容量约束和有网络容量约束情况下,电信运营商基于两阶段定价的利润函数模型并求解最优定价。但其没有深入考虑容量约束所带来的网络拥塞和用户离网现象。其他相关研究读者可以参考曾进(2006)、程慧(2012)、林创(2012)、丑文亚(2013)的文章。

2.3 网络拥塞相关研究

随着固定数据网络和移动数据网络规模的迅速扩大、固定用户和移动用户人数的剧增及网络应用类型的快速增加,无论固定数据网络还是移动数据网络正经历越来越多的包丢失和其他的性能恶化问题,其中一个比较严重的现象就是网络拥塞(Network Congestion)。

网络拥塞导致的直接结果是整个网络的性能下降：包括端到端时延加大、分组丢失率提高、网络吞吐量下降，有时甚至发生"拥塞崩溃"（Congestion Collapse）。当网络的状态接近拥塞崩溃时，微小的负载增量都会使得网络的有效吞吐量骤然下降（蔡小玲，2005）。网络拥塞体现在用户感知层面，就是上网页面载入速度慢、图片无法显示、视频经常卡住等。经常发生的网络拥塞容易使得用户满意度下降，甚至造成大量用户离网。

传统上认为，随着网络容量的增加，网络拥塞现象可以得到有效缓解。但近期研究结果表明，当网络的容量不断增加时，网络拥塞控制的稳定性问题反而越发严重。尤其在网络容量增大到一定程度时，现有的网络拥塞控制系统将非常不稳定（汪小帆等，2002）。所以如何在固定的网络容量下控制网络拥塞现象十分重要。

近年来，国内外关于网络拥塞方面的研究成果很多，从已经发表的相关文献来看，关于网络拥塞的研究主要集中在网络拥塞控制系统建模、网络拥塞控制系统的非线性行为分析、TCP 拥塞控制算法的优化改进、主动队列管理算法等几个技术相关层面。

但将定价机制与网络拥塞协同考虑的研究并不多见。仅有的研究集中应用于固定数据网络领域。Maglaras 和 Zeevi（2003）通过单阶段的马尔可夫模型来为固定数据网络的服务提供商提供如何定价和是否进行容量扩充的决策依据。他们认为网络拥塞成本是很低的，所以固定数据网络的服务提供商应当鼓励尽量多的用户进入网络，使整个固定数据网络超负荷运行。虽然在固定数据网络拥塞成本较低，但在移动数据网络，用户对手机移动上网过程中出现的网络拥塞的敏感度很高。以在英国民众中的调查为例，45%的用户对手机运营商提供的服务不满意是由于移动数据网络拥塞引起的。因此，"拥塞成本很低"这一论断在移动通信领域并不适用。而且他们设计的定价模型是基于静态分析的角度，忽略了网络动态变化的过程。Basar 和 Srikant 在 2002 年的研究发现，为避免出现网络拥塞现象，固定数据网络提供商应当根据用户数量来同比例增加网络容量。这种网络容量调整在固定数据网络领域中是很方便进行的，但是在移动通信领域，由于频谱资源有限，短期内网络容量几乎无法调节，所以该研究不适用于移动数据网络领域。Henderson 等（2001）提出向导致拥堵的用户收取拥堵费可以使整个网络利用率提高，因为拥堵费可以使用户在使用时兼顾整个网络的性能。但是由于手机上网采用不同的物理机制，该研究应用在移动通信的数据网络也存在局限性。综上所述，如何在移动通信领域，设计合理的动态定价策略来实现优化移动数据网络的拥塞情况、提高用户满意度面临着新的挑战。

2.4 机制设计相关研究

作为现代经济学的重要理论，机制设计研究的是给定机制设计者目标函数，如何在信息不完全、自由选择、自愿交换、决策分散化的前提下，合理地设计出机制规则（田国强，2005）。机制设计理论最早由美国经济学家 Leonid Hurwicz（1960）提出，他将机制定义为各参与者传递消息和输出结果的平台，由于机制设计者会向参与者提前承诺一个机制规则（a pre-specified rule），所以当参与者每发送一个消息时，机制设计者都可以对应地为该参与者输出一个结果。如图 2.2 所示，假设市场上有 n 个参与者，$n \in \{1, 2, \cdots, n\}$，每个参与者都拥有私有信息 θ_n，那么当机制设计者承诺规则是时 $y(m)$，就要求每个参与者都传递一则消息。参与者就会根据自己的私有信息 θ_n 选择对自己最优的消息 $m_n(\theta_n)$ 反馈给机制设计者。此时，机制设计者可以根据该消息对应承诺的规则，输出相应的结果。这样机制设计者不仅通过参与者传递的消息 $m_n(\theta_n)$ 可以识别出其私有信息，并且也达到设计者既定的目标。这样给定目标函数，通过一个直接显示机制可以揭示参与者私有信息，机制可以自动地实现目标，如图 2.2 所示。

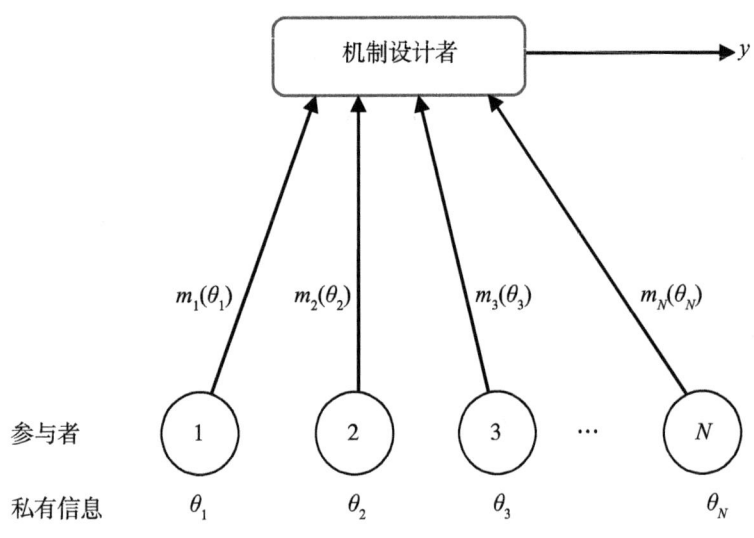

图 2.2　机制设计示意

简单地说，如果博弈论是在给定博弈设定的情况下去预测理性博弈者行为，机制设计研究的则是如何制定博弈的规则，来使得博弈设计者实现目标。同时，机制设计和合同理论也有不同，合同理论关注的是单一代理人的隐藏信息及隐藏行为，而机制设计关注的是多个代理人的隐藏信息。

机制设计中最重要的两个问题是信息成本（Information Rent）和激励相容（Incentive Compatibility）。信息成本是指机制设计者为获得其他参与者的私有信息而付出的成本。值得注意的是，机制设计者在要求参与者传递消息的时候，机制准则就已经确定，信息成本付出之后不可以再修改。这一点很重要,因为一旦机制设计者收到参与者的消息,了解到参与者的私有信息后就想要改变这个机制准则,从而不支付信息成本。但实际上,我们要求机制设计者在获得参与者消息之后不可以改变机制准则,也就不能撤回提供给参与者的信息成本。

激励相容是指当参与者真实地报告自己的私有信息时,参与者才能获得利益最大化,也就是说此时的策略才是参与者的最优选择。Hurwicz's(1972)最早提出了激励相容概念,紧接着很多学者利用激励相容和显示性原理(Revelation Principle)进行研究。后续的研究将机制设计的思路拓展到机制的执行,给定目标函数时,如果存在私有信息,参与者可以进行策略性选择时,机制如何能够执行目标。如 Myerson(1981)分析了多个拥有私有信息的风险中拍卖者参与竞拍一个商品的情况,证明了最优机制中应合理地设置保留价格。Maskin 和 Riley(1989,1984)考虑了多个风险规避拍卖者参与竞拍多个商品的情况。

机制设计目前已经广泛地应用在税制改革、产权制度、土地拍卖等各领域。其中,利用机制设计的方法研究定价的文献也较多见,如 Stoughton 和 Talmor(1994),Friedman 和 David(2003),Chawla 等(2009)。在电信行业中,吕洪涵和吕廷杰(2005)通过机制设计的方法研究了管制者(政府)对各寡头运营商的价格管制机制。吕志勇和陈宏民(2005)分析了电信普遍服务的机制设计问题,针对中国现状提出了对应的改革措施。

但文献中却鲜有研究当机制设计者(电信运营商)在竞争的环境中面对拥有私有信息的异质性消费者如何定价的问题。本书创新地考虑了这个问题,分析了异质性消费者同时面对不同电信运营商如何选择的过程,进而获得了电信运营商此时的最优定价策略。本书研究的背景是电信行业,因此在建模过程中考虑了电信行业特有的转换成本、网络拥塞等问题。

与本书研究最为接近的是 Gabrielsen 和 Vagstad 在 2003 年发表的文章，该文章考虑了存在转换成本的电信市场，其中市场上有一个电信运营商和两类异质性消费者，异质性消费者的类型属于消费者自己的私有信息，因此该文章通过两个合约的价格歧视来进行区别定价，电信运营商向高类型消费者提供信息租金。但该文章只考虑了寡头垄断市场的情况，本书在寡头垄断的基础上，拓展到双寡头垄断情形，同时考虑异质性消费者的选择问题与双寡头竞争问题，讨论每个运营商的最优价格设置，并为运营商实施定价机制设计提供一定的政策性建议。

2.5　用户选择模型相关研究

近半个世纪以来，学者们通过各种用户选择模型（Consumer Choice Model）来理解用户如何从一系列不同价格和质量的产品中进行选择的行为。用户选择模型的分析为学者研究用户的替代行为（Substitution Behavior）和产品的分配计划（Assortment Planning）搭建了研究基础。

目前最为广泛使用的用户选择模型主要有三种，分别是：多项对数模型（Multinomial Logit Model，简称 MNL 模型）、区位选择模型（Locational Choice Model）和外生需求模型（Exogenous Demand Model）。

2.5.1　多项对数模型

多项对数模型是一个离散的用户选择模型，它假设用户是理性的，用户追求的目标是自身效用最大化（Kok 等，2009）。MNL 模型最早应用在市场营销研究领域，从 Guadagni 和 Little（1983）开始，营销领域学者发现可以利用 MNL 模型来同时估计用户对多种产品的需求。Ryzin

和 Mahajan（1999）的文章在 MNL 模型的基础上分析了一个随机单期分配计划的问题。由于生产产品既会带来销售收入又会导致生产成本，所以他们模型的目标是寻找最优的产品多样性组合使得多样性产品带来的收入减去消耗的生产成本最大化。Aydin 和 Ryan（2000）使用 MNL 模型来联合研究定价和分配计划问题，他们发现最优的策略是使得所有产品拥有相同的利润。Cachon 和 Kok（2007）在 MNL 模型的框架下分析了用户在想要同时购买多个属于不同类别的产品时，在两家竞争代理商中的选择行为。

当选择多项对数模型作为用户的需求模型时，许多文献提供了对产品进行分配计划（Assortment Planning）的解决方法。Talluri 和 van Ryzin（2004）指出，如果用户的选择行为是满足多项对数模型，并且模型中的参数都是确定已知的，那么应当按产品贡献的收益水平降序排列组成最优的分配产品组合。Cachon 等（2005）将用户的搜索成本考虑到用户选择行为过程中，证明了搜索成本可以导致零售商在分配的产品组合中加入利润率低但受用户欢迎的产品，因为这样可以降低用户的搜索成本。Gallego（2011）指出，基于 MNL 模型的分配计划问题可直接根据线性规划来求解。Kok 和 Xu（2011）提出了联合进行定价和分配计划的方法，此时分配的产品集合及其对应的价格都是决策变量。该文章对比了两种嵌套结构：第一种是用户首先选择一个品牌，然后在选定的品牌内选择产品类型；第二种是用户首先选择产品类型，然后在选定的产品类型下选择一个品牌，最后给出了最优解，但是当产品品牌数量较大或产品价格是固定的时候，求解将变得困难。Jagabathula 等（2011）研究了有基数约束的最优分配计划问题，他们提出了一种成对交换式算法，并且证明了当用户选择模型为参数已知的多项对数模型时，该算法可以找到最优解。Rusmevichientong 和 Topaloglu（2012）探讨了在部分参数未知的多项对数模型下分配计划的鲁棒性问题。Rus-mevichientong 等（2014）研究了参数是随机的混合 MNL 模型，并分析了在该模型下只考虑两种类型的用户且假设最优分配的产品组合是按收益降序排列问题的求解方法。

尽管多项对数模型被广泛地使用，但它仍存在一定的局限性。由于多项对数模型认为各备选方案是同质的，所以运用该模型时很难区分原始需求和替代需求。原始需求是指用户本来就打算购买该产品的需求。替代需求是指用户本打算购买其他产品但由于其他产品不销售而替代购买该产品的需求。该模型也无法体现出不同产品组间替代的差别。因此，多项对数模型在处理产品间替代行为时缺乏一定的灵活性。

2.5.2 区位选择模型

区位选择模型（Locational Choice Model）由 Lancaster（1966，1975）在 Hotelling（1929）工作的基础上提出。在此模型中，产品被认为是一系列属性的组合，因此每个产品在属性空间中都有对应的位置。用户对各属性的个人偏好也可以组成在属性空间中的一个点。因此，用户在选择产品时会选择在属性空间中距离他自己偏好最近的产品，当该产品不在售时，用户会根据属性空间中的距离替代购买其他离自己较近的产品。

相比于多项对数模型，区位选择模型更关注产品的属性而非产品本身，所以该模型更适合应用在用户关注产品属性的行业。Lancaster（1979）分析了在这些关注产品属性的行业中，企业应当如何提供产品。他指出，当用户的偏好是均匀的，需求是确定的时，企业提供的产品应当在属性空间中均匀分布。De Groote（1994）在区位选择模型下协同考虑产品的差异化和库存成本。他指出，企业提供产品的最优数量是覆盖整个市场并使得各产品在属性空间中均匀分布，最优的产品差异化程度会随着需求、市场容量的增加而递增，随着库存成本的增加而递减。Alptekinoglu（2004）分析了两类公司的产品定位和定价策略，其中一类公司提供非常多的产品品种来迎合用户的个性化需求，另一类公司只提供有限的不同产品。最后的分析结果与直觉猜想的结果相反，第一类公司应当减少它提供产品的种类来降低不同产品间的价格竞争。

Chen 等（1998）拓展了 Lancasters 提出的模型，在属性空间中考虑了价格、质量、用户保留价格等因素，研究此时的最佳产品定位和定价策略。他们的研究表明，当需求是随机的，而且替代是静态时，最优解可以通过动态规划利用交叉点的属性来确定每个产品的需求。Ansari 等（1998）使用二维和三维的 Hotelling 模型来研究竞争市场中的定位问题，结果表明产品的均衡位置可以是不对称的。Alptekinoglu 和 Corbett（2008）也利用区位选择模型来研究竞争产品的定位和定价问题。

区位选择模型主要被应用在竞争产品的定位和定价方面，在研究产品分配计划的文献中，使用该模型作为用户选择模型的研究较为少见。主要因为该模型在表现不同产品间替代情形方面的局限性，在区位选择模型中，替代只可能发生在属性空间中两个邻近的产品之间，而之前的多项对数模型却允许任意两个产品之间进行替代，更具有一般性。为数不多的利用区位选择模型分析产品分配计划的文章有 Gaur 和 Honhon（2006）协同考虑产品分配计划和库存管理，使用区位选择模型来表现用户的选择和需求。文章首先分析了静态替代（Static Substitution）下的情况，发现此时最优的产品组合中包含的产品应当均匀地分布在属性空间中，相互之间几乎没有替代。其次分析了动态替代（Dynamic Substitution）下的情况，由于动态替代的情况比较复杂，所以采用启发式算法来求解，最后文章给出了静态替代可以近似表现动态替代的条件。

2.5.3 外生需求模型

外生需求模型（Exogenous Demand Model），该模型直接外生地分析用户对各产品的原始需求和当用户最想购买的产品不在售时用户转而购买其他产品的替代概率。由于外生需求模型中的参数都是外生的，所以使用该模型时不需要考虑用户的效用函数，具有更好的灵活度，因此该模型在库存管理领域被广泛地使用，如 Graves（1999），Dana Jr 和 Petruzzi（2001），Chen 和 Simchi–Levi（2004）。

在产品的分配计划领域，外生需求模型相比多项对数模型而言具有更好的灵活度和更广的适用范围。但由于外生需求模型中有很多参数都需要估计，因此该模型需要更多的数据来支持。由于数据的限制，目前在分配计划领域基于外生需求模型进行研究的文章并不多见。Kok 和 Fisher（2007）利用最大期望（Expectation Maximization）的算法来估计外生需求模型中的每个产品的需求比例和产品间的替代概率，并使用迭代的启发式算法来求解分配计划的最优化问题，最后文章利用荷兰一个大型超市的数据来检验算法的效果。Smith 和 Agrawal（2000）在外生需求模型下研究多个产品的分配计划和库存管理问题，优化的目标是在产品供应比率的约束下，通过合理选择每个产品的库存水平来最大化代理商的收益。Rajaram（2001）使用均值方差分析法来分析在外生需求模型下的产品分配计划问题，并考虑了由于缺货（Stock–out）带来的用户替代购买其他产品的行为。

以上基于外生需求模型的研究主要都聚焦于对产品的分析，都是从产品的层面来估计用户的原始需求和替代概率。然而，在很多行业中，用户对产品属性的关注要远高于产品本身，他们主要从属性的层面来进行选择和替代的决策，所以在这些行业中，我们对原始需求和替代概率的估计也应该更多地聚焦于属性层面，从属性层面进行分析的结果往往比从产品层面分析得更准确。目前运用外生需求模型从属性层面来分析的文章尚不多见，Fisher 和 Vaidyanathan（2014）通过最大似然法来估计产品各属性的原始需求和替代概率，进而估计每个产品的实际需求。基于需求的估计，他们通过几种启发式算法来优化每种产品组合的设计，并为每个代理商分配产品。

由于外生需求模型在处理用户替代行为方面具有比其他两种需求模型更好的灵活性，而我们又有来自中国某大型电信运营商的真实数据支持，所以本书在第 5 章采用该模型作为用户选择模型。同时，因为在电信行业中用户一般在意手机卡的各属性会胜过手机卡本身，尤其当用户准备新加入一家电信运营商选择手机卡类型时对手机卡的各属性更是非常关注。用户关注的手机卡属性包括手机卡对应的预充话费、套餐月租费、套餐内免费流量、套餐内免费通话时长、超出套餐限额后的单位流量价格、单位通话时长价格等。因此，为了更准确地分析电信行业中新入网用户对手机卡的需求和替代行为时，我们将利用外生需求模型并着眼于属性层面（Attribute – focused）进行估计和研究。

2.6　分配计划相关研究

所谓分配计划（Assortment Planning）是指分配制定者从其拥有的所有产品种类中选择不同的产品形成一系列产品集（或称产品组合）并分配给各零售店（或代理商）的过程。分配计划是一个相对较新的研究领域，最近几年它的理论发展非常快，它的兴起源于商家意识到各零售店由于所处的地理位置不同而带来的各产品销售情况会各不相同，因此商家逐渐开始转变向所有零售店提供相同种类产品的传统作风，而开始本地化地为不同零售店区别提供不同的产品组合。比如，Zimmerman（2006，2008），McGregor（2008），OConnell（2008）分别描述了大型连锁企业沃尔玛、家得宝、梅西百货及百思买在分析各零售店本地化（Localization）的前提下，向不同零售店分配不同的产品组合以迎合当地用户的偏好。

为了获得各零售店的"本地化"信息，商家需要先根据历史销售数据估计各零售店中在售产品的需求。但值得注意的是，商家所能观察到的是最后实际购买产品的需求，该需求包括两部分，一部分是本来就打算购买该产品的用户需求；另一部分是由于用户在到达零售店时发现本打算购买的产品当时缺货而替代购买了该产品的需求。简单地说，实际观察到的需求包括原始需求和替代需求两部分。所以，实施产品的分配计划前，商家需要先估计各零售店中各产品的原始需求和替代需求。学者一般利用多项对数模型、区位选择模型、外生需求模型三种模型来估计用户的原始和替代需求。2.4 节已详细综述了这三种选择模型，这里不再赘述。我们着重分析在估计需求后的产品分配计划的优化问题。

关于产品分配计划的优化目前主要有两类研究。一类是程式化模型研究，旨在提供最优产品组合的结构化特性；另一类是决策支持型研究，不提供最优产品组合的具体结构，但会给出优化分配计划的建议。

程式化模型研究始于 Van Ryzin 和 Mahajan（1999），该文章指出，当用户选择模型为多项对数模型时，商家提供的最优产品组合中包含的产品一定是对于用户效用最高的几种产品。Gaur 和 Honhon（2006）研究表明，当用户选择模型为区位选择模型时，最优产品组合中各产品在属性空间中的相对位置应当较远，使得产品间不存在替代关系。Li

(2007)论证了当零售店的客流是连续随机变量,那么最优产品组合中应当包含利润率最高的几种产品。

相比于程式化模型研究,决策支持型研究在分配计划领域更为多见。Chong 等(2001)利用零售店多类产品的用户购买交易数据来估计模型中的各种参数,并使用局部改进的启发式算法来寻找更优的产品组合。Oppewal 和 Koelemeijer(2005)通过实验数据发现增加产品组合中的产品数量可以提高用户的购买意愿,即使该产品组合中已经包含最受用户欢迎的产品。Belloni 等(2008)对比分析了不同的启发式算法在产品线设计和分配计划中的优化效果,发现贪婪算法和贪婪—互换式算法具有更明显的优势。

以上关于产品分配计划的文章主要分析的行业集中于零售、电子产品、航空等领域。然而鲜有学者关注电信行业的手机卡分配计划问题。实际上,电信行业具有与这些行业类似的特点:一个电信运营商拥有很多的社会渠道代理商,这些渠道代理商处于不同的位置,有不同的销售能力;电信运营商提供的手机卡种类很多,有十几种甚至几十种;用户在最想购买的手机卡缺货时可能替代购买其他类型的手机卡。因此,电信运营商如何在考虑各代理商本地化情况的前提下为它们合理地分配手机卡是一个非常重要的研究问题,也需要应用分配计划(Assortment Planning)的优化方法。

对电信行业进行手机卡分配计划的过程中,我们需要注意电信行业的两个特点。第一,区别于传统零售业收入主要来源于销售产品获得的销售收入,电信运营商收入的主要来源并非销售手机卡本身,而是销售完手机卡后,用户通过手机卡使用运营商的网络服务所支付的每月费用。第二,区别于传统零售业的约束主要是陈列产品的货架空间限制、购买产品的资金限制等,电信运营商在手机卡分配方面的主要约束是由于政府管制带来的码号资源的限制。基于以上相似点和不同点的分析，本书第 5 章将创新地分析电信行业中手机卡分配计划的问题。

2.7 本章小结

本章综述了与本书研究最为相关的六个方面的文献，分别是：收益管理相关研究、电信定价相关研究、网络拥塞相关研究、机制设计相关研究、用户选择模型相关研究、分配计划相关研究。

2.2 节和 2.3 节综述的文献主要对应于本书的第 3 章和第 4 章，介绍了电信行业定价相关和网络拥塞相关的研究，其中，共有 8 篇文献与本书的研究最为相关。表 2.2 将它们进行了详细对比分析，对比的维度主要包括应用领域是移动通信还是传统互联网、研究对象是语音业务还是数据业务、定价机制是两阶段定价还是三阶段定价、研究状态是静态的还是动态的、有无考虑用户体验、有无考虑网络拥塞、通过何种方式进行性能评估。

表 2.2 核心文献对比分析一览

文献	应用领域	研究对象	定价机制	研究状态	用户体验	网络拥塞	性能评估
Danaher（2002）	移动通信	语音业务	两阶段定价	静态	未考虑	未考虑	市场实验
Bar-Gill and Stone（2012）	移动通信	语音业务	三阶段定价	静态	未考虑	未考虑	实证分析
Ascarza（2009）	移动通信	语音业务	两/三阶段定价	静态	考虑	未考虑	市场实验
Saraydar 等（2002）	移动通信	数据业务	线性定价	静态	考虑	未考虑	数值案例
Rasti 等（2009）	互联网	数据业务	三阶段定价	静态	考虑	未考虑	实证分析

续表

文献	应用领域	研究对象	定价机制	研究状态	用户体验	网络拥塞	性能评估
Lambrecht 等（2007）	移动通信	数据业务	线性定价	动态	考虑	未考虑	数值案例
Basar 和 Srikant（2002）	互联网	数据业务	线性定价	静态	考虑	考虑	数值案例
Maglaras 和 Zeevi（2003）	信息通信	未指明	固定费用	静态	考虑	考虑	近似渐进
本书	移动通信	数据业务	三阶段定价	动态	考虑	考虑	数值案例

从表2.2中我们可以看出，目前现有的关于电信行业定价的研究主要集中在语音业务的定价方面，分析数据业务定价的文献相对较少。在仅有的关于数据流量业务定价的文献中鲜有考虑用户体验，更缺乏考虑网络拥塞的因素，而且定价模型主要为静态定价法。所以本书创新地结合用户体验及网络拥塞，对全流量经营时代下电信运营商提供了根据网络内用户使用情况变化进行动态定价的方法，对电信运营商的持续健康发展具有重要的理论和现实意义。

2.4节综述的文献主要对应于本书的第5章，介绍了机制设计方法相关的研究。作为经济学领域的重要理论，机制设计目前已经被广泛地应用在税制改革、产权制度、土地拍卖等领域。本书利用机制设计的方法来处理当异质性消费者拥有私有信息时的电信运营商定价问题，并创新地在双寡头竞争的市场背景下，分析了异质性消费者同时面对不同电信运营商如何选择的过程，进而获得了每个运营商的最优定价策略。

2.5节和2.6节综述的文献主要对应于本书的第6章，介绍了用户选择模型和产品分配计划相关的研究。在对比了目前学者最常用的三种用户选择模型后，本书发现外生需求模型在估计用户替代需求方面具有更好的灵活度，所以选择该模型作为本书的用户选择模型，通过该模型来估计用户的原始需求和替代需求。基于需求的估计，本书分析了在码号资源有限的前提下，电信运营商应当如何向社会渠道代理商进行手机卡分配计划的问题。由于已有的关于分配计划的研究主要集中于传统零售行业，所以本书对比了电信行业和传统零售行业的相似点和不同点，创新地对电信行业中的手机卡分配计划问题进行探讨和研究。

第 3 章 价格策略下的寡头垄断动态定价模型

3.1 建模背景

伴随着智能手机和移动互联网的快速发展,数据流量业务逐渐替代传统的语音业务,成为电信运营商的核心收入来源。国内外运营商纷纷将经营重心由语音业务转向数据流量业务。然而由于数据流量业务所占用的网络资源要远多于语音业务,网络拥塞现象在流量经营时代时有发生。频繁的网络拥塞容易造成用户体验较差甚至离开电信运营商所在网络。大量用户的离网导致电信运营商收益降低,同时由于运营商提供的套餐种类繁多,一些套餐设计不合理,所以"大进大出""增量不增收"的现象普遍发生在流量经营转型中的电信运营商身上。

针对于此,本章提出了在流量经营时代,寡头垄断电信运营商应当如何根据网络内用户人数、用户选用的套餐、每个套餐流量分布等数据进行动态定价的多期模型。该模型主要通过每期动态调整各套餐的开关,使得面向新用户的套餐价格每期动态变化,以吸引不同数量、不同类型的新用户加入网络。通过这种优化控制,可以使得电信运营商长期收益最大化,并且,考虑到用户对运营商网络服务质量的体验,有效控制了离网率,使得每期净入网率稳定增长。

该模型体现了流量经营时代移动通信网络的四个重要特征。

(1) 网络容量（网络资源）固定。

(2) 不同用户使用的数据流量有多有少，但是分享相同的网络容量。

(3) 当用户总使用量小于网络容量时，多余网络容量浪费。

(4) 当用户总使用量超过网络容量时，网络拥塞现象出现，用户体验下降甚至离网。

这四个特征反映了在流量经营时代中，并非电信运营商开放的套餐越多越好，因为过多新用户的到来，容易造成整个网络拥塞，导致新老用户一起离网。但也并非电信运营商开放的套餐越少越好，因为过少新用户的加入，有可能导致网络容量和资源的浪费。所以，如何根据网络内用户数量和网络容量利用情况的变化，来动态开放合适的套餐给新用户，就显得尤为重要。

3.2 模型基本假设

我们的动态定价模型根据运营商所处的实际情况，进行以下基本假设。

3.2.1 市场规模恒定

由于国际上大多数国家的移动电话普及率已经达到或接近饱和的状态，所以我们假定模型中考虑的市场是规模恒定的，也就是说市场中的总用户数是固定的，一旦用户离开运营商的服务，他就会出现在潜在用户池中，如图 3.1 所示。

3.2.2 拥塞现象只可能在数据流量业务中出现

由于语音业务占用的网络资源远少于数据流量业务，而且语音业务在所有移动通信业务中具有最高级别的使用优先级，所以语音业务在大多数情况下不会出现网络拥塞现象。而对于短信业务，网络拥塞导致的延迟一般无法被用户所察觉，所以我们认为短信业务的拥塞现象也可以忽略不计。

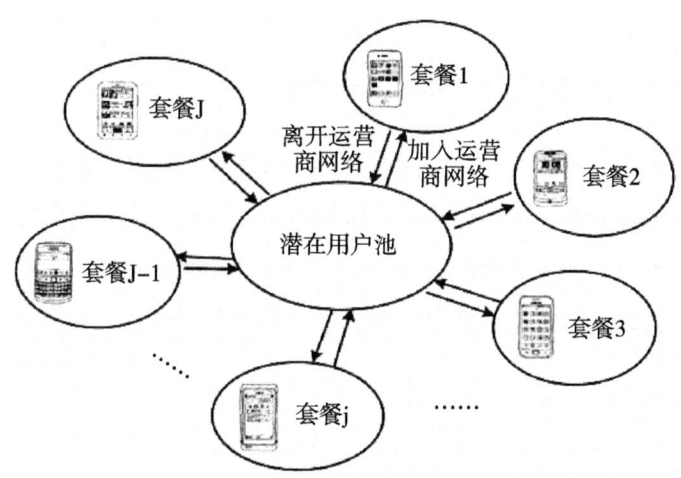

图 3.1 恒定的市场规模和双向的客户流

3.2.3 只针对数据流量业务进行定价

当今流量经营时代，数据流量业务成为电信运营商核心的收入增长点。而语音业务、短信业务的使用量和带来的收益则在快速下滑。所以一些电信运营商，如美国的 AT&T、Verizon、Sprint、T-mobile 等公司，在其主推的套餐中已经将语音和短信设为免费使用，而只对数据流量业务进行收费。这种只对数据流量业务收费的模式将是未来基础电信行业发展的趋势。

3.2.4 网络容量外生固定

移动通信技术（如 3G、4G）的更新换代时间间隔大约为十年，在这十年内，由于技术标准和频谱资源的限制，电信运营商的网络容量可以认为是固定不变的。尽管在比较小的范围内，如一个社区内，网络容量可以通过小区分裂等方法进行一定程度的提高，但是其成本投资也较大。从全国或某地区角度来看，网络容量近似外生固定。

3.2.5 网络拥塞管理手段是价格策略

电信运营商所采用的网络拥塞管理手段主要有两种，分别是价格策略和限制网速策略。本章分析的是价格策略，以收取流量费的方式影响用户的数据流量使用。因此，电信运营商以月使用费和超出免费流量值所需额外支付的单位流量费用的形式给不同套餐定价，从而缓解网络拥塞问题。

3.3 基本参数和符号定义

为方便读者参考，将本章所用的所有外生参数整理列在表3.1，所有决策变量整理列在表3.2，所有计算参数列在表3.3。

表3.1 外生参数一览

符号	定义
C	电信运营商的网络容量
N	市场上所有用户的数量
J	电信运营商所有套餐的数量
$\bar{D}$	用户的流量使用量
a_j	套餐 j 内所包含的免费流量
b_j	套餐 j 的月使用费
c_j	套餐 j 超出免费流量值所需额外支付的单位流量费用

续表

符号	定义
X_t	$X_t = (X_{1,t}, X_{2,t}, \cdots, X_{j,t}, \cdots, X_{J,t})$，其中 $X_{j,t}$ 表示在第 t 期期初套餐 j 的使用人数
$\tilde{Y}_t$	$\tilde{Y}_t = (\tilde{Y}_{1,t}, \tilde{Y}_{2,t}, \cdots, \tilde{Y}_{j,t}, \cdots, \tilde{Y}_{J,t})$，其中 $\tilde{Y}_{j,t}$ 表示在第 t 期加入套餐 j 的新用户数
$\tilde{L}_t$	$\tilde{L}_t = (\tilde{L}_{1,t}, \tilde{L}_{2,t}, \cdots, \tilde{L}_{j,t}, \cdots, \tilde{L}_{J,t})$，其中 $\tilde{L}_{j,t}$ 表示在第 t 期期末套餐 j 的离网人数
π_t	$\pi_t = (\pi_{1,t}, \pi_{2,t}, \cdots, \pi_{j,t}, \cdots, \pi_{J,t})$，其中 $\pi_{j,t}$ 表示在第 t 期期初套餐 j 的使用人数比例
$\hat{\pi}_t$	$\pi_{0,t}, \pi_{1,t}, \cdots, \pi_{j,t}, \cdots, \pi_{J,t}$，其中 $\pi_{0,t}$ 表示在第 t 期期初没有加入运营商网络的潜在用户数比例
$\bar{\pi}$	$\bar{\pi} = (\bar{\pi}_1, \bar{\pi}_2, \cdots, \bar{\pi}_j, \cdots, \bar{\pi}_J)$，其中 $\bar{\pi}_j$ 表示在初始状态时套餐 j 的使用人数比例

表 3.2　决策变量一览

符号	定义
I_t	$I = (I_{1,t}, I_{2,t}, \cdots, I_{j,t}, \cdots, I_{J,t})$ 表示一个套餐开关控制策略，如果套餐 j 在第 t 期被开放，$I_{j,t}=1$，如果套餐 j 在第 t 期被关闭，$I_{j,t}=0$
V_t	电信运营商第 t 期的价值函数

表 3.3　计算参数一览

符号	定义
$p_{j,t}$	在第 t 期潜在用户加入套餐 j 的概率
$\theta_{j,t}$	在第 t 期期末使用套餐 j 的用户离网概率
α_j	套餐 j 对导致网络拥塞的影响权重
Ω	网络使用率的临界值，超过该临界值网络拥塞现象发生

续表

符号	定义
$\bar{V}_t$	当用户数趋近于正无穷大时，运营商在第 t 期的人均收入
L_t	判断在第 t 期网络总使用量是否超过网络容量，$L_t=1$ 表示总使用量超过容量，$L_t=0$ 表示总使用量小于容量
$K_{l_t,t}$	判断在第 t 期控制策略 I_t 是否被使用，$K_{l_t,t}$ 表示控制策略 I_t 被使用，$K_{l_t,t}=0$ 表示控制策略 I_t 没被使用
$Z_p(\pi)$	当初始状态是 π 时，运营商最优化问题的最优解
M	一个非常大的正数
$\beta_{j,t}$	在第 t 期加入套餐 j 的新用户数比例
$\gamma_{j,t}$	在第 t 期离开套餐 j 的用户数比例

3.4 价格策略下的寡头垄断运营商动态定价模型

3.4.1 运营商行为模型

在寡头垄断市场中，我们考虑只有一个电信运营商和 N 个用户。电信运营商一共拥有 J 种不同的套餐，且只根据数据流量业务进行区别定价。每个套餐有三个属性，a_j 代表套餐 j 内所包含的免费流量，b_j 代表套餐 j 的月使用费，c_j 代表套餐 j 超出免费流量值所需额外支付的单位流量费用。

在每期期初，电信运营商通过观察网络内使用各套餐的用户人数和使用量，决定如何控制这 J 个套餐的开关，新用户（潜在用户）到达后只能购买开放的套餐。具体来说，时期 t 按时间顺序包含以下事件。

（1）第 t 期开始；

（2）运营商观察网络内使用各套餐的人数和他们的使用量分布，

决定为新用户开放哪些套餐；

（3）新用户到达，从开放的套餐中选择一个加入或直接离开；

（4）所有网络内的用户付费并开始使用套餐；

（5）当网络发生拥塞时，网络内的每个用户考虑是否离网；

（6）第 t 期结束。

图 3.2 形象化地说明了在一个时期内所有的事件和决策，其中，用实线标记电信运营商的行为和决策，用虚线标记用户的行为和决策。

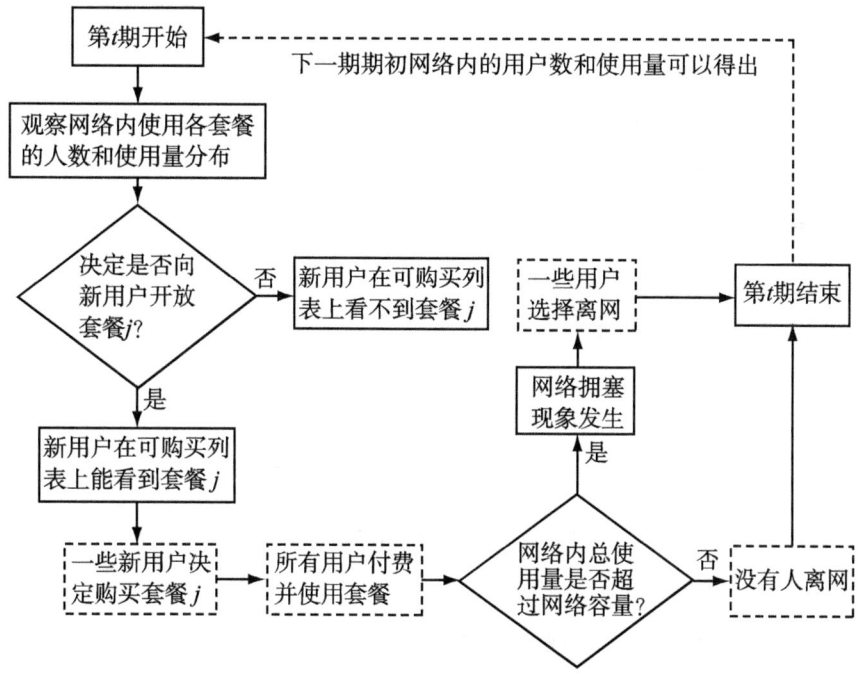

图 3.2 单期中事件和决策的流程

3.4.2 消费者行为模型

我们假设所有的用户都是理性的。在每个时期，用户或者在使用某个套餐，或者在潜在用户池中。下面，将分别讨论用户在每期期初的入网行为和每期期末的离网行为。

先讨论期初的入网行为，令潜在用户的流量使用量为$\tilde{D}$，我们假设潜在用户准确知道自己的使用量，即$\tilde{D}$的准确值，但是电信运营商只知道潜在用户的使用量服从$\tilde{D}$的分布。用户在第t期期初到达后，需要判断是否加入网络，以及加入哪个套餐。由于用户购买套餐j的总费用是$\{b_j+c_j[D-a_j]^+\}$，为方便起见，我们可以将用户的保留价格（可以接受的最高价格）用模型表示成$b_0+c_0[D-a_0]^+$。潜在用户如果不加入网络购买任何套餐，那么他相当于支付$b_0+c_0[D-a_0]^+$的成本。当然，如果潜在用户认为自己的保留价格是一个常数，也可以用这个形式表示，相当于模型中a_0趋近于正无穷大时的特例。

因此，只有套餐j（$1\leq j\leq J$）在第t期开放且满足下面不等式：

$$b_j+c_j[D-a_j]^+\leq \min\{b_0+c_0[D-a_0]^+,\ b_i+c_i[D-a_i]^+\}$$

对于所有在t期开放的套餐i都成立的情况下，潜在用户才会选择套餐j。

类似地，只有当下面的不等式：

$$b_0+c_0[D-a_0]^+ < b_i+c_i[D-a_i]^+$$

对于所有在t期开放的套餐i都成立的情况下，潜在用户才不会选择加入任何套餐而直接离开。

令$I_i=1$代表套餐i是开放的，反之$I_i=0$。则潜在用户选择套餐j的概率p_j可以表示为：

$$p_j=\Pr(I_j=1,\ b_j+c_j[\tilde{D}-a_j]^+\leq \min_{\{0\}\cup\{i:I_i=1\}}\{b_i+c_i[\tilde{D}-a_i]^+\})$$

潜在用户没有选择任何套餐的概率p_0可以表示为：

$$p_0=\Pr(b_0+c_0[\tilde{D}-a_0]^+\leq \min_{\{i:I_i=1\}}\{b_i+c_i[\tilde{D}-a_i]^+\})$$

按照定义，$\sum_{j=0}^{J} p_j = 1$。

接着，我们讨论用户期末的离网行为。由于不同套餐具有不同的属性（a_j, b_j, c_j），所以对应使用的用户也常常具有不同的偏好，对网络拥塞具有不同的敏感度。令 $\theta_{j,t}$ 表示套餐 j 的用户在 t 期期末离网的概率。离网率 $\theta_{j,t}$ 受很多因素影响，但在流量经营时代，一个重要的原因就是网络拥塞引起的无线上网速度变慢等不良用户体验。所以，这里将 $\theta_{j,t}$ 用衡量网络拥塞的两个变量网络容量 C 和网络总使用量 $X_{j,t} \cdot E[\tilde{D}_j]$ 的函数表示为：

$$\theta_{j,t}(C, \sum_{j=1}^{J} X_{j,t} \cdot E[\tilde{D}_j])$$

3.4.3 运营商动态定价模型

我们考虑一个离散时间的多期模型，假设总共有 T 期。用下标 t 表示时期 t，则 $X_{j,t}$ 是指在第 t 期期初使用套餐 j 的用户人数，$\tilde{Y}_{j,t}$ 是指在第 t 期加入套餐 j 的新用户人数 $\tilde{Y}_{j,t}$。首先，为每期新入网人数搭建多项分布（Multinomial Distribution），其概率密度函数如下：

$$\Pr(\tilde{Y}_{1,t} = y_{1,t}, \tilde{Y}_{2,t} = y_{2,t}, \cdots, \tilde{Y}_{J,t} = y_{J,t})$$

$$= \frac{(N - \sum_{j=1}^{J} X_{j,t})! (p_{1,t})^{y_{1,t}} (p_{2,t})^{y_{2,t}} \cdots (p_{J,t})^{y_{J,t}} (p_{0,t})^{(N - \sum_{j=1}^{J} X_{j,t} - \sum_{j=1}^{J} y_{j,t})}}{y_{1,t}! \, y_{2,t}! \cdots y_{J,t}! \, (N - \sum_{j=1}^{J} X_{j,t} - \sum_{j=1}^{J} y_{j,t})!}$$

$$\forall 0 \leq \sum_{j=1}^{J} y_{j,t} \leq N - \sum_{j=1}^{J} X_{j,t}$$

其中，$(N - \sum_{j=1}^{J} X_{j,t})$ 为在潜在用户池中的所有用户数；p_j 为潜在用户到达后选择套餐 j 的概率。

然后，我们研究每期期末各套餐离网人数 $\tilde{L}_{j,t}$，根据 23000 名实际用户的数据，将其近似拟合为二项分布。则概率密度函数可表示为：

$$\Pr(\tilde{L}_t = I_t)$$

$$\Pr(\tilde{L}_{1,t} = l_{1,t}) \cdot \Pr(\tilde{L}_{2,t} = l_{2,t}) \cdots \Pr(\tilde{L}_{J,t} = l_{J,t})$$

$$= \prod_{j=1}^{J} \frac{X_{j,t}!}{l_{j,t}!(X_{j,t}-l_{j,t})!} (\theta_{j,t})^{l_{j,t}} (1-\theta_{j,t})^{X_{j,t}-l_{j,t}}, \quad l_{j,t} \leq X_{j,t}.$$

所以，在第 $t+1$ 期期初，运营商网络内使用套餐 j 的用户人数 $X_{j,t+1}$ 就等于在第 t 期期初网络内使用套餐 j 的用户人数加上在第 t 期新加入运营商网络购买套餐 j 的人数减去在第 t 期期末离网的人数。状态转移方程可表示为：$\tilde{X}_{j,t+1} = X_{j,t} + \tilde{Y}_{j,t} - \tilde{L}_{j,t}$。

我们定义 $V_t(X_t)$ 为电信运营商从第 t 期到最后一期的价值函数。这里设最后一期为第 T 期，则最后一期的价值函数为：

$$V_T(X_T) = \sum_{j=1}^{J} X_{j,t} \cdot E\{b_j + c_j [\tilde{D} - a_j]^+\}$$

对于任意的 $1 \leq t < T$，第 t 期的价值函数为：

$V_t(X_t)$

$$= \sum_{j=1}^{J} X_{j,t} \cdot E\{b_j + c_j [\tilde{D} - a_j]^+\} + \tag{3-1}$$

$$\max_{I_t \in \{0,1\}^J} \left\{ \sum_{j=1}^{J} E(\tilde{Y}_{j,t}) \cdot E\{b_j + c_j [\tilde{D} - a_j]^+\} + E[V_{t+1}(\tilde{X}_{t+1})] \right\}.$$

模型（3-1）全面体现了影响电信运营商收益的各个因素，下一小节我们将讨论如何才能最优地、高效地求解它，从而为运营商运用动态定价模型提供实践方法。

3.5 模型求解分析

3.5.1 对超大用户数的处理

电信运营商最优定价控制问题是一个离散时间、离散状态的动态规划问题。传统处理此类问题的方法是逆向归纳法。首先，计算最后一期在所有可能 X_T 情况下的 $V_T(X_T)$。然后，根据模型（3-1），可以求解出所有 X_{T-1} 对应的 $V_{T-1}(X_{T-1})$。类似地，可以计算出 $V_{T-2}(X_{T-2})$，$V_{T-3}(X_{T-3})$，…$V_1(X_1)$。

但这种传统的处理方法有个弊端，就是系统状态较大。它在总数 N 较小的时候是有效率的，但是，当 N 较大时，系统状态会随着 N 指数级增长，产生"维数灾难"。在本书中，N 是指市场内用户的总人数，一般来讲，这个人数是巨大的，千万甚至上亿级别。而且，由于状态转移随机，本书考虑的动态规划还是一个随机动态规划。所以，通过计算所有 X_t 下的 $V_t(X_t)$ 来求解变得不可行。基于此，我们提出了一种近似动态规划求解方法，将超大用户数 N 近似取为趋近于无穷大 $N\to\infty$。

在此，引入一个新的变量 $\pi_{j,t}$，用来表示在第 t 期期初使用套餐 j 的用户比例，具体定义如下：

$$\pi_{j,t} = \lim_{N\to\infty}(X_{j,t}/N), \quad \forall 1\leq j\leq J, \; 1\leq t\leq T$$

对应地，引入一个新的价值函数 $\bar{V}_t(\pi_t)$，表示当总用户数趋近于无穷大时的人均收益。对于最后一期 T，我们定义为：

$$\bar{V}_T(\pi_T) = \sum_{j=1}^{J}\pi_{j,T}\cdot E\{b_j + c_j[\tilde{D}-a_j]^+\}$$

对于时期 t，$1\leq t<T$，我们定义为：

$$\bar{V}_t(\pi_t) = \sum_{j=1}^{J}\pi_{j,t}\cdot E\{b_j+c_j[\tilde{D}-a_j]^+\} +$$
$$\max_{l_t\in[0,1]^J}\{(1-\sum_{j=1}^{J}\pi_{j,t})\cdot\sum_{j=1}^{J}(p_{j,t}\cdot E\{b_j+c_j[\tilde{D}-a_j]^+\})+[\bar{V}_{t+1}(A_t\cdot\pi_t+B_t)]\}],$$

其中，A_t 是一个 $J\times J$ 维的矩阵，它的第 (i,j) 个元素是：

$$(A_t)_{i,j} = \begin{cases} 1 - \theta_{j,t} - p_{j,t}, & \text{if } i = j, \\ -p_{j,t}, & \text{if } i \neq j, \end{cases}$$

而 B_t 是一个 J 维的列向量，$(B_t)_j = p_{j,t}$。

在之前的讨论中，我们将离网率 $\theta_{j,t}$ 表示成网络容量 C 和网络总使用量 $X_{j,t} \cdot E[\tilde{D}_j]$ 的函数。等价地，我们也可以将 $\theta_{j,t}$ 表示为 $\sum_{j=1}^{J} \alpha_j \pi_{j,T}$ 的函数，其中 $\alpha_j = E[\tilde{D}_j]/C$ 表示套餐 j 对导致网络拥塞的影响权重。为方便讨论，我们假设当 $\sum_{j=1}^{J} \alpha_j \pi_{j,T} \geq \Omega$ 时，$\theta_{j,t}(\pi) = \bar{\theta}_j$；当 $\sum_{j=1}^{J} \alpha_j \pi_{j,T} < \Omega$ 时，$\theta_{j,t}(\pi) = 0$。这里的 Ω 是一个临界值，反映了系统状态是否处于拥塞中。

定理 3-1：$\lim\limits_{N \to \infty} \dfrac{V_t(X_t)}{N} = \bar{V}_t(\pi_t)$，$\forall 1 \leq t \leq T$.

（证明见附录 A）

定理 3-1 证明了当 N 足够大时，我们可以等价地将随机动态规划问题转化为连续状态求解。在下一小节，将展示 $\bar{V}_t(\pi_t)$ 比 $V_t(X_t)$ 更容易求解。

3.5.2 混合整数线性规划求解

本节提出了通过混合整数线性规划来等价求解该动态规划问题的方法。该动态规划问题中主要的非线性元素是系统的状态转移方程：$\pi_{t+1} = A_t \cdot \pi_t + B_t$，因为 A_t 和 π_t 都涉及决策变量。为后文讨论简单，我们定义一个新的变量 $\pi_{0,t}$，表示在第 t 期期初没有加入运营商网络的潜在用户数比例，$\pi_{0,t} = 1 - \sum_{j=1}^{J} \pi_{j,t}$，从而产生一个新的系统状态向量 $\hat{\pi}_t = (\pi_{0,t}, \pi_{1,t}, \cdots, \pi_{j,t}, \cdots, \pi_{J,t})$，容易发现 $\hat{\pi}_t$ 中所有元素的求和为 1。因此，系统的状态转移方程 $\hat{\pi}_{t+1} = A_t \pi_t + B$ 可以等价地表示成 $\hat{\pi}_{t+1} = \hat{A}$

$(I_t, \hat{\pi}_t) \cdot \hat{\pi}_t$,其中 $\hat{A}(I_t, \hat{\pi}_t)$ 的展开形式如下:

$$\hat{A}(I_t, \hat{\pi}_t) = \begin{bmatrix} 1-\sum_{j=1}^{J}p_{j,t}(I_t) & \theta_1(\hat{\pi}_t) & \theta_2(\hat{\pi}_t) & \cdots & \theta_{j,t}(\hat{\pi}_t) \\ p_{1,t}(I_t) & 1-\theta_1(\hat{\pi}_t) & & & \\ p_{2,t}(I_t) & & 1-\theta_2(\hat{\pi}_t) & & \\ \cdots & & & \cdots & \\ p_{J,t}(I_t) & 0 & \cdots & & 1-\theta_{j,t}(\hat{\pi}_t) \end{bmatrix}$$

不难看出,$\hat{A}(I_t, \hat{\pi}_t)$ 取决于 $p_{j,t}$ 和 $\theta_{j,t}$,而 $p_{j,t}$ 是 I_t 的函数,$\theta_{j,t}$ 依赖于 $\hat{\pi}_t$,所以 $\hat{A}(I_t, \hat{\pi}_t)$ 相当于是 I_t 和 $\hat{\pi}_t$ 的函数。

由于网络拥塞与否影响离网率 $\theta_{j,t}$,所以当 $\hat{\pi}_t$ 满足 $\sum_{j=1}^{J}\alpha_j\pi_{j,T}<\Omega$,即网络不拥塞时,定义 $S(I_t, 0) = \hat{A}(I_t, \hat{\pi}_t)$。当 $\hat{\pi}_t$ 满足 $\sum_{j=1}^{J}\alpha_j\pi_{j,T} \geq \Omega$,即网络拥塞时,定义 $S(I_t, 1) = \hat{A}(I_t, \hat{\pi}_t)$。对于给定的 I_t,$S(I_t, 0)$ 和 $S(I_t, 1)$ 都可以看作是给定的参数。于是,系统状态转移方程有了新的表现形式:当套餐开关控制策略是 I_t,且网络不拥塞时,$\hat{\pi}_{t+1} = S(I_t, 0) \cdot \hat{\pi}_t$;当套餐开关控制策略是 I_t,且网络拥塞时,$\hat{\pi}_{t+1} = S(I_t, 1) \cdot \hat{\pi}_t$。由于 $S(I_t, 0)$ 和 $S(I_t, 1)$ 的引入,系统状态转移方程变成了线性函数。

然后,引入二元决策变量 $K_{I_t,t} \in \{0, 1\}$。对于控制策略 I_t,如果被使用则 $K_{I_t,t}=1$,否则 $K_{I_t,t}=0$。根据这一定义,可以得出:

$$\sum_{I_t \in \{0,1\}^J} K_{I_t,t} = 1$$

即在每期中只有一个控制策略会被使用。为方便书写,再引入一个二元决策变量 $L_t \in \{0, 1\}$ 来表示网络是否拥塞,当网络拥塞即 $\sum_{j=1}^{J}\alpha_j\pi_{j,T} \geq \Omega$ 时,$L_t=1$,否则 $L_t=0$。也可以用一个非常大的正数 M 来表现这个逻辑:

$$-M \cdot (1-L_t) \leq \sum_{j=1}^{J} \alpha_j \cdot \pi_{j,t} - \Omega \leq M \cdot L_t \qquad (3-2)$$

此时，系统状态转移方程可以用以下线性方程组来表示：

$$\hat{\pi}_{t+1} \geq S(I_t, 1) \cdot \hat{\pi}_t - M \cdot (1-K_{I_t,t}) - M \cdot (1-L_t), \forall 1 \leq t < T,$$
$I_t \in \{0,1\}^J,$

$$\hat{\pi}_{t+1} \geq S(I_t, 0) \cdot \hat{\pi}_t - M \cdot (1-K_{I_t,t}) - M \cdot (1-L_t), \forall 1 \leq t < T,$$
$I_t \in \{0,1\}^J,$

$$\sum_{j=0}^{J} \pi_{j,t} = 1, \quad \forall 1 \leq t \leq T.$$

另外，动态规划模型中还有另外一处非线性项是：

$$(1-\sum_{j=1}^{J} \pi_{j,t}) \cdot \sum_{j=1}^{J} p_{j,t} \cdot E[b_j + c_j[\tilde{D}-a_j]^+]$$

$$= \pi_{0,t} \cdot \sum_{j=1}^{J} p_{j,t} \cdot E[b_j + c_j[\tilde{D}-a_j]^+]$$

$$= \pi_{0,t} \cdot \sum_{j=1}^{J} \sum_{I_t \in \{0,1\}^J} p_{j,t}(I_t) \cdot K_{I_t,t} \cdot E[b_j + c_j[\tilde{D}-a_j]^+]$$

其中 $\pi_{0,t} \cdot K_{I_t,t}$ 是非线性的。所以，我们引入 $\prod_{I_t,t}$，并令 $\prod_{I_t,t} \leq \pi_{0,t}$，$\prod_{I_t,t} \leq K_{I_t,t}$。在收益最大化问题中，$\prod_{I_t,t} = \pi_{0,t} \cdot K_{I_t,t}$ 会在最优解处得到满足。于是，可以得到：

$$\prod_{I_t,t} \leq \pi_{0,t}, \quad \forall I_t \in \{0,1\}^J, 1 \leq t < T$$

$$\prod_{I_t,t} \leq K_{I_t,t}, \quad \forall I_t \in \{0,1\}^J, 1 \leq t < T$$

基于以上准备工作，得到了等价的混合整数线性规划模型。当电信运营商的初始状态（第 1 期状态）为 $\bar{\pi}$ 时，令它的最优值为 $z_p(\bar{\pi})$。则混合整数线性规划模型如下：

$$z_p(\bar{\pi}) = \max \sum_{t=1}^{T} \sum_{j=1}^{J} E\{b_j + c_j[\tilde{D}-a_j]^+\} \cdot \pi_{j,t} +$$

$$\sum_{t=1}^{T-1} \sum_{I_t \in \{0,1\}^J} (\sum_{j=1}^{J} p_{j,t}(I_t) \cdot E\{b_j + c_j[\tilde{D}-a_j]^+\}) \cdot \prod_{I_t,t} \qquad (3-3)$$

s.t. $\hat{\pi}_{t+1} \geq S(I_t,1) \cdot \hat{\pi}_t - M \cdot (1-K_{I_t,t}) - M \cdot (1-L_t), \forall 1 \leq t < T,$

$I_t \in \{0,1\}^J$,

$\hat{\pi}_{t+1} \geqslant S(I_t, 0) \cdot \hat{\pi}_t - M \cdot (1 - K_{I_t,t}) - M \cdot L_t, \forall 1 \leqslant t < T, I_t \in \{0,1\}^J$,

$\sum_{j=0}^{J} \pi_{j,t} = 1, \forall 1 \leqslant t \leqslant T$,

$\pi_{j,1} = \bar{\pi}_j, \forall 0 \leqslant j \leqslant J$,

$\sum_{I_t \in \{0,1\}^J} K_{I_t,t} = 1, \forall 1 \leqslant t \leqslant T$,

$-M \cdot (1 - L_t) \leqslant \sum_{j=1}^{J} \alpha_j \cdot \pi_{j,T} - \Omega \leqslant M \cdot L_t, \forall 1 \leqslant t < T$,

$\prod_{I_t,t} \leqslant \pi_{0,t}, \forall I_t \in \{0,1\}^J, 1 \leqslant t < T$,

$\prod_{I_t,t} \leqslant K_{I_t,t}, \forall I_t \in \{0,1\}^J, 1 \leqslant t < T$,

$K_{I_t,t} \in \{0,1\}, \forall I_t \in \{0,1\}^J, 1 \leqslant t < T$,

$L_t \in \{0,1\}, \forall 1 \leqslant t < T$,

$\pi_{j,t} \geqslant 0, \forall 0 \leqslant j \leqslant J, 1 \leqslant t \leqslant T$,

$\prod_{I_t,t} \geqslant 0, \forall I_t \in \{0,1\}^J, 1 \leqslant t < T$.

定理 3-2：$z_p(\bar{\pi}) = \bar{V}_1(\bar{\pi})$，即混合整数线性规划求解的最优值等于动态规划的最优值。

（证明见附录 A）

所以，将之前的随机动态规划问题可以等价地转化为混合整数线性规划模型来求解。通过混合整数线性规划，可以帮助运营商最优地、高效地求解动态定价模型。

3.5.3 降低计算维度

在将随机动态规划模型等价转化为混合整数线性规划模型后，模型的维度依然很高，由于可能的控制策略 I_t 共有 2^J 种，总变量个数的规模为 $O(2^{J*T})$，所以计算复杂、求解较慢。我们努力寻找使维度降低、规模减小的方法。由于模型的高维度主要是因为每个控制策略下每期新用户选择加入套餐 j 的概率 $p_{j,t}$（I_t）导致的，所以尝试不通过穷举而把受控制策略 I_t 影响的 $p_{j,t}$ 表示出来。

根据电信行业的实际情况，我们做出如下假设。

假设 3-1：对于套餐的 a，b，c 属性，存在以下关系：

1. $a_{j+1} > a_j + (b_{j+1} - b_j)/c_j$，$\forall 1 \leqslant j < J$，
2. $b_1 < b_2 < \cdots < b_J$，
3. $c_1 \geqslant c_2 \geqslant \cdots \geqslant c_J$。

该假设符合目前电信行业的基本定价规则，即高价位套餐包含的免费流量数与低价位套餐包含的免费流量数的差额的单位流量费用要小于低价套餐的超额后单位流量费用；高价位套餐超出免费流量限额后的单位流量费用要不大于低价套餐超出免费流量限额后的单位流量费用。

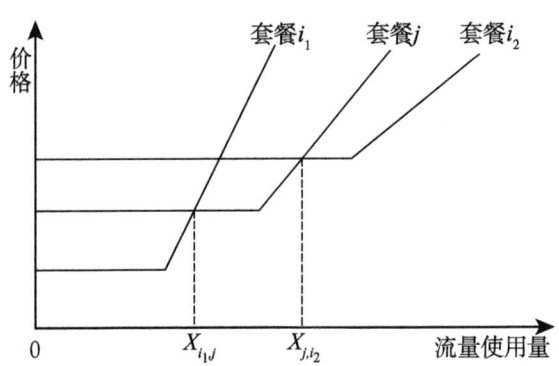

图 3.3　各套餐流量使用量与价格的关系

因此，如图 3.3 所示，对于任意套餐 j，如果 $1 \leqslant i_1 < j < i_2 \leqslant J$，我们令 $X_{i_1,j}$ 表示套餐 i_1 与套餐 j 价格相等时的用户流量使用量，X_{j,i_2} 表示套餐 i_2 与套餐 j 价格相等时的用户流量使用量。则当 $\tilde{D} < X_{i_1,j}$ 时，用户购买套餐 i_1 的价格会低于套餐 j；当 $\tilde{D} > X_{j,i_2}$ 时，用户购买套餐 i_2 的价格

第3章 价格策略下的寡头垄断动态定价模型

会低于套餐 j,这两种情况下用户都不会选择套餐 j。只有当时 $X_{i_1,j} < \tilde{D} < X_{j,i_2}$,用户购买套餐 j 的价格才会低于其他套餐的价格,在这种情况下用户才会选择购买套餐 j。

基于图3.3,可以把 $p_{j,t}$ 用以下约束表示出来:

$$p_{j,t} \leq M \cdot I_{j,t}, \quad \forall 1 \leq t < T,\ 1 \leq j \leq J,$$
$$p_{j,t} \leq [F(X_{j,i_2}) - F(X_{i_1,j})] + M(2 - I_{i_1,t} - I_{i_2,t}), \quad \forall 1 \leq i_1 < j < i_2 \leq J,$$
$$p_{j,t} \leq [F(X_{j,i_2}) - F(X_{0,j})] + M(1 - I_{i_2,t}), \quad \forall 1 \leq j < i_2 \leq J,$$
$$p_{j,t} \leq [1 - F(X_{i_1,j})] + M(1 - I_{i_1,t}), \quad \forall 1 \leq i_1 < j \leq J, \quad (3-4)$$
$$p_{j,t} \leq [1 - F(X_{0,j})], \quad \forall 1 \leq j \leq J,$$
$$p_{0,t} \leq F(X_{0,i_2}) + M(1 - I_{i_2,t}), \quad \forall 1 \leq i_2 \leq J,$$
$$\sum_{j=0}^{J} p_{j,t} = 1, \quad \forall 1 \leq t \leq T,$$

其中,$F(X)$ 表示用户流量使用量的累积分布函数。为形式统一,我们把用户的保留价格表示成套餐0的形式。

令 $\beta_{j,t}$ 表示在第 t 期加入套餐 j 的新用户的比例,$\gamma_{j,t}$ 表示在第 t 期离开套餐 j 的用户的比例。因此,$\beta_{j,t}$ 可以由以下约束决定:

$$\beta_{j,t} \leq M \cdot I_{j,t}, \quad \forall 1 \leq t < T,\ 1 \leq j \leq J,$$
$$\beta_{j,t} \leq \pi_{0,t} \cdot p_{j,t} + M(1 - I_{j,t}), \quad \forall 1 \leq t < T,\ 1 \leq j \leq J,$$
$$\beta_{j,t} \geq -M \cdot I_{j,t}, \quad \forall 1 \leq t < T,\ 1 \leq j \leq J, \quad (3-5)$$
$$\beta_{j,t} \geq \pi_{0,t} \cdot p_{j,t} - M(1 - I_{j,t}), \quad \forall 1 \leq t < T,\ 1 \leq j \leq J,$$

由于 $\pi_{0,t} \cdot p_{j,t}$ 是个非线性的,所以引入一个新的变量 $pp_{j,t}$ 来代替 $\pi_{0,t} \cdot p_{j,t}$,我们定义 $pp_{j,t} = \pi_{0,t} \cdot p_{j,t}$。则 $pp_{j,t}$ 可以由以下约束决定:

$$pp_{j,t} \leq M \cdot I_{j,t}, \quad \forall 1 \leq t < T, 1 \leq j \leq J,$$
$$pp_{j,t} \leq \pi_{0,t} \cdot [F(X_{j,i_2}) - F(X_{i_1,j})] + M(2 - I_{i_1,t} - I_{i_2,t}), \quad \forall 1 \leq i_1 < j < i_2 \leq J,$$
$$pp_{j,t} \leq \pi_{0,t} \cdot [F(X_{j,i_2}) - F(X_{0,j})] + M(1 - I_{i_2,t}), \quad \forall 1 \leq j < i_2 \leq J,$$

$$pp_{j,t} \leq \pi_{0,t} \cdot [1 - F(X_{i_1,j})] + M(1 - I_{i_1,t}), \forall 1 \leq i_1 < j \leq J,$$
$$pp_{j,t} \leq \pi_{0,t} \cdot [1 - F(X_{0,j})], \forall 1 \leq j \leq J, \quad (3-6)$$
$$pp_{0,t} \leq \pi_{0,t} \cdot F(X_{0,i_2}) + M \cdot (1 - I_{i_2,t}), \forall 1 \leq i_2 \leq J,$$
$$\sum_{j=0}^{J} pp_{j,t} = \pi_{0,t}, \forall 1 \leq t < T.$$

此时，约束（3-5）可以转化写成如下形式：

$$\beta_{j,t} \leq M \cdot I_{j,t}, \quad \forall 1 \leq t < T, \ 1 \leq j \leq J,$$
$$\beta_{j,t} \leq pp_{j,t} + M(1 - I_{j,t}), \quad \forall 1 \leq t < T, \ 1 \leq j \leq J,$$
$$\beta_{j,t} \geq -M \cdot I_{j,t}, \quad \forall 1 \leq t < T, \ 1 \leq j \leq J, \quad (3-7)$$
$$\beta_{j,t} \geq pp_{j,t} - M(1 - I_{j,t}), \quad \forall 1 \leq t < T, \ 1 \leq j \leq J,$$

通过以上的分析和转化，得到以下的混合整数线性规划问题：

$$\hat{z}_p(\bar{\pi}) = \max \sum_{t=1}^{T} \sum_{j=1}^{J} E\{b_j + C_j[\tilde{D} - a_j]^+\} \cdot \pi_{j,t}$$
$$+ \sum_{t=1}^{T-1} \sum_{j=1}^{J} \beta_{j,t} \cdot E\{b_j + C_j[\tilde{D} - a_j]^+\} \quad (3-8)$$

s.t. (3-2), (3-6), (3-7),

$$\pi_{0,t+1} = \pi_{0,t} - \sum_{j=1}^{J} \beta_{j,t} + \sum_{j=1}^{J} \gamma_{j,t}, \quad \forall 1 \leq t < T,$$
$$\pi_{j,t+1} = \pi_{j,t} + \beta_{j,t} - \gamma_{j,t}, \quad \forall 1 \leq t < T, \ 1 \leq j \leq J,$$
$$\gamma_{j,t} \geq \pi_{j,t} \bar{\theta}_j - M(1 - L_t), \quad \forall 1 \leq t < T, \ 1 \leq j \leq J,$$
$$\gamma_{j,t} \geq -M \cdot L_t, \quad \forall 1 \leq t < T, \ 1 \leq j \leq J,$$
$$\gamma_{j,t} \leq \pi_{j,t} \bar{\theta}_j + M(1 - L_t), \quad \forall 1 \leq t < T, \ 1 \leq j \leq J,$$
$$\gamma_{j,t} \leq M \cdot L_t, \quad \forall 1 \leq t < T, \ 1 \leq j \leq J,$$
$$\sum_{j=0}^{J} \pi_{j,t} = 1,$$
$$\pi_{j,t} \geq 0, \quad \forall 1 \leq t \leq T, \ 1 \leq j \leq J,$$
$$I_{j,t} \in (0, 1), \quad \forall 1 \leq t < T, \ 1 \leq j \leq J,$$
$$L_t \in (0, 1), \quad \forall 1 \leq t < T.$$

定理 3-3：$\hat{z}_p(\bar{\pi}) = z_p(\bar{\pi}) = \bar{V}_1(\bar{\pi})$

（证明见附录 A）

所以，我们成功地将之前维度为 $O(2^{J*T})$ 的混合整数线性规划模型显著地降低维度到 $O(J*T)$，运算复杂度大大降低，运算时间大大加快。从而，该模型可以广泛应用在电信运营商实际的运营中，具有较强的可操作性。

3.6 数值试验及分析

3.6.1 试验背景

由于在流量经营时代，电信行业普遍存在"增量不增收"和"大进大出"的管理困境，所以本章通过将我们制定的动态定价模型应用在中国某大型电信运营商随机抽取的 23000 名用户数据上，对比分析我们的模型对这两种现象的改进作用。在此基础上，针对我们的动态定价模型进行了灵敏度分析，为使用该动态定价模型提供了实施建议。

中国某大型电信运营商为我们学术研究提供了在北京抽取的 23000 名用户数据，这些数据包括从 2013 年 3 月到 2014 年 2 月间的匿名个人信息、消费信息、使用信息等。在 2013—2014 年期间，该电信运营商一共提供 50 余种套餐，分别属于三大类品牌（简化记作 A、B、C 三类）。由于我们的模型主要考虑数据流量业务方面的定价，而且这正是未来运营商的主要盈利点，所以为避免语音业务和短信业务的干扰，我们挑选了 A 大类品牌中的 5 个套餐进行分析。这 5 个套餐的共同点是套餐内均没有提供任何免费短信数，免费通话时间非常少可以忽略不计，因此，我们可以只关注数据流量业务方面的选择和使用。

这 5 个套餐的月使用费 b_j、套餐内免费流量 a_j、超出免费值后单位

流量需支付的费用 c_j 可以直接在该运营商官网上查询到。图 3.4 显示这 5 个套餐的流量使用量（单位 MB）和价格（单位 RMB）之间的关系。然后，我们从两万多样本中共寻找到使用这 5 个套餐的 3025 个用户。根据这些用户的使用和消费数据，我们统计分析得出每个套餐对导致网络拥塞的影响权重 α_j 和用户在网络拥塞时的离网率 θ_j。综上所述，我们得到了关于这 5 个套餐的所有特征，如表 3.4 所示。并且，通过对这 3025 个用户每月流量使用量的拟合，我们得到了用户的每月流量使用量近似服从指数分布 Exp（0.00418）MB。

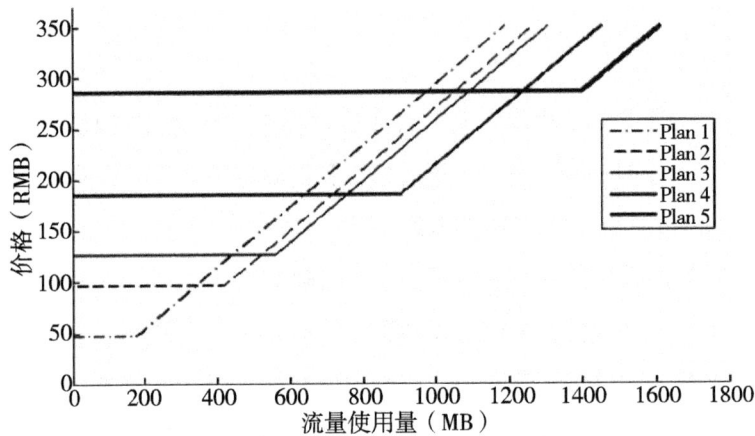

图 3.4　5 个套餐流量使用量和价格的对应关系

表 3.4　选取的 5 个套餐的各项参数

套餐编号	a_j	b_j	c_j	α_j	θ_j
1	175	46	0.3	0.06	0.003
2	420	96	0.3	0.12	0.006
3	560	126	0.3	0.16	0.008
4	905	186	0.3	0.26	0.013
5	1400	286	0.3	0.40	0.020

在本数值试验中,我们一共考虑 5 期,即 $T=5$。网络使用量的临界值 Ω 设为 0.85,也就是说,当且仅当 $\sum_{j=1}^{J}\alpha_j\pi_{j,T}\geqslant 0.85$ 时,网络拥塞现象出现。为评估我们提出的动态定价方法的优越性,在完全相同参数的情况下,我们对比了传统方法和动态定价方法对运营商网络的影响。传统方法是指所有套餐每期都开的策略,动态定价方法是指所有套餐每期根据动态规划模型动态地决定开关的策略。

3.6.2 结果及分析

通过传统方法和动态定价方法的对比试验,得出的结果如表 3.5 所示。我们发现,动态定价方法可以提高 15.93% 的运营商总收益,"增量不增收"现象得到缓解。同时,根据表 3.5,传统方法的净入网率在第一期特别高,但是在 2~4 期下降到非常低甚至为负,反映了传统方法只关注当下利益,在第一期吸引大量新用户入网所引起的之后多期的大量离网。相反,动态定价法能使得净入网率维持一个比较高的水平,平稳波动,这是因为动态定价法能帮助运营商有长期视野,不仅关注当下,也关心对未来长期网络使用率的影响。所以动态定价方法也改善了电信运营商"大进大出"的困境。

表 3.5 传统方法和动态定价法的试验结果对比

t	传统方法		动态定价法	
	净入网率	总收益	净入网率	总收益
1	0.32949083		0.14297541	
2	-0.071459075		0.015649718	
3	0.005279336	544.095	0.103288354	630.767
4	0.0003082		0.00795785	
5	—		—	

在分析动态定价法比传统定价法提高的收益比例受哪些因素影响的过程中,我们发现 $\pi_{j,0}$ 是影响程度最大的参数。如表 3.6 所示,在三个组中,低 $\pi_{j,0}$ 组在传统定价法下收益最低,仅为 496.866,但通过动态定价法,该组却获得了三组中的最高收益 669.151。动态定价法使得低 $\pi_{j,0}$ 组的收益提高了 172.285,提高比例为 34.67%。而我们发现,通过动态定价法,中 $\pi_{j,0}$ 组的收益提高了 127.989,提高比例仅为 24.52%,高 $\pi_{j,0}$ 组的收益提高了 86.672,提高比例仅为 15.93%。低 $\pi_{j,0}$ 组收益提高的比例是三组中最高的。并且,随着 $\pi_{j,0}$ 的增加,动态定价法和传统定价法带来的收益差别逐渐减小。

表 3.6 不同 $\pi_{j,0}$ 组的设置与结果分析

		低 $\pi_{j,0}$ 组	中 $\pi_{j,0}$ 组	高 $\pi_{j,0}$ 组
设置	$\pi_{1,0}$	0.05	0.1	0.15
	$\pi_{2,0}$	0.1	0.19	0.28
	$\pi_{3,0}$	0.04	0.09	0.13
	$\pi_{4,0}$	0.03	0.06	0.09
	$\pi_{5,0}$	0.007	0.014	0.02
结果	传统定价法下的收益	496.866	522.083	544.095
	动态定价法下的收益	669.151	650.072	630.767
	收益增加值	172.285	127.989	86.672
	收益增加比/%	34.67	24.52	15.93

由于 $\pi_{j,0}$ 代表在第 0 期(初始状态下)电信运营商各套餐 j 的市场份额,所以这一结果表明,初始状态下市场份额较少的电信运营商通过动态定价法可以获得更大的帮助,实现收益更快的增长。其实,这个结果也很容易理解,因为如果在市场上地位比较弱势的运营商直接和强势的

运营商进行价格战争抢用户,收益可能并不理想,但如果转变思维,走小而精的路线,根据网络内的人数和流量使用情况动态调整开放的套餐,使得整个网络内不发生拥塞、用户体验很好,不仅离网率可以有效控制,而且还能吸引对服务质量挑剔的高端用户,使整体收益提高。因此,目前在市场上地位比较弱势的运营商更应该采用我们的动态定价方法。

然后,我们分析动态定价法的最优策略如何受各参数变化的影响,并尝试探索各套餐在最优策略中开放的优先顺序(Preference)。为了全面分析,我们先设置一个基础组,再将各参数 $\pi_{j,0}$、α_j、R、Ω 中选择一个改变,其余参数控制不变进行试验。试验结果如表 3.7 所示,其中每期的最优策略都指明了 5 个套餐此时应该开放还是关闭,数字 0 代表套餐对新用户关闭,数字 1 代表套餐对新用户开放。

我们发现除去高 Ω 组,在其他各组(基础组、低 $\pi_{j,0}$ 组、高 $\pi_{j,0}$ 组、低 α_j 组、高 α_j 组、低 R 组、高 R 组、低 Ω 组)中,高价套餐总是比低价套餐在最优策略中优先开放。也就是说,在网络容量有限(Ω 较低)的情况下,一个低价套餐在最优策略中开放的前提是其他比该低价套餐高的各套餐必须全部同时开放。但是,当 Ω 较高即网络容量充足时,这一优先顺序的情况便不存在。例如,在高 Ω 组的第 1 期中,低价套餐 4 是开放的而高价套餐 5 却是关闭的。在实际生活中,电信运营商的容量往往是固定且有限的。因此,这一优先顺序的发现可以帮助电信运营商简化动态定价的过程。

同时,从上述九组试验的结果中,还可以进行各参数的灵敏度分析,我们发现对动态定价法最优策略影响最大的是用户的保留价格(R)。我们选取了三组不同的保留价格进行试验,针对不同的人群,三组保留价格设置如表 3.8 所示。比如,在低保留价格组,月使用流量 $0 \leqslant D \leqslant 200$ 的用户保留价格为 50 元,月使用流量 $200 < D \leqslant 400$ 的用户保

表 3.7 不同参数组的最优策略

设置	基础组	低 $\pi_{j,0}$ 组	高 $\pi_{j,0}$ 组	低 α_j 组	高 α_j 组
$\pi_{j,0}$	0.15,0.28,0.13,0.09,0.02	0.1,0.19,0.09,0.06,0.014	0.2,0.37,0.17,0.12,0.026	0.15,0.28,0.13,0.09,0.02	0.15,0.28,0.13,0.09,0.02
α_j	0.51,1.02,1.36,2.21,3.4	0.51,1.02,1.36,2.21,3.4	0.51,1.02,1.36,2.21,3.4	0.3,0.75,1.02,1.85,2.78	0.85,1.26,1.5,2.54,3.78
R	130,200,300,350,400	130,200,300,350,400	130,200,300,350,400	130,200,300,350,400	130,200,300,350,400
Ω	0.85	0.85	0.85	0.85	0.85
结果（最优策略）$t=1$	00011	00011	00011	00111	00011
$t=2$	00011	00011	00011	00001	00011
$t=3$	00011	00111	00111	00111	00111
$t=4$	00011	00111	00111	00111	

设置	低 R 组	高 R 组	低 Ω 组	高 Ω 组
$\pi_{j,0}$	0.15,0.28,0.13,0.09,0.02	0.15,0.28,0.13,0.09,0.02	0.15,0.28,0.13,0.09,0.02	0.15,0.28,0.13,0.09,0.02
α_j	0.51,1.02,1.36,2.21,3.4	0.51,1.02,1.36,2.21,3.4	0.51,1.02,1.36,2.21,3.4	0.51,1.02,1.36,2.21,3.4
R	50,100,200,250,300	230,300,400,450,500	130,200,300,350,400	130,200,300,350,400
Ω	0.85	0.85	0.4	1.2
结果（最优策略）$t=1$	01111	00001	00011	00010
$t=2$	11111	00001	00011	00001
$t=3$	11111	00001	00111	00111
$t=4$	11111	00011	00111	00111

留价格为 100 元，月使用流量 $400 < D \leq 800$ 的用户保留价格为 200 元，月使用流量 $800 < D \leq 1500$ 的用户保留价格为 250 元，月使用流量 $1500 < D \leq 2000$ 的用户保留价格为 300 元。同理，中保留价格组和高保留价格组也针对流量使用量不同的人群进行区别设置。

表 3.8 不同保留价格的三组实验设置参数

流量使用/MB	低保留价格组/元	中保留价格组/元	高保留价格组/元
$0 \leq D \leq 200$	50	130	230
$200 < D \leq 400$	100	200	300
$400 < D \leq 800$	200	300	400
$800 < D \leq 1500$	250	350	450
$1500 < D \leq 2000$	300	400	500

试验结果如图 3.5 所示，三维图的横轴表示套餐类型（Plan），纵轴表示时期数（Period），竖轴表示最优策略中该套餐是开放还是关闭（1 代表开放，0 代表关闭）。我们发现，当用户保留价格较低时，电信运营商的最优策略是在各期都开放多个套餐，并且多开低价位套餐。但是当用户保留价格较高时，电信运营商的最优策略就是关掉那些低价套餐，而只开一小部分的套餐，并且主要是高价套餐。

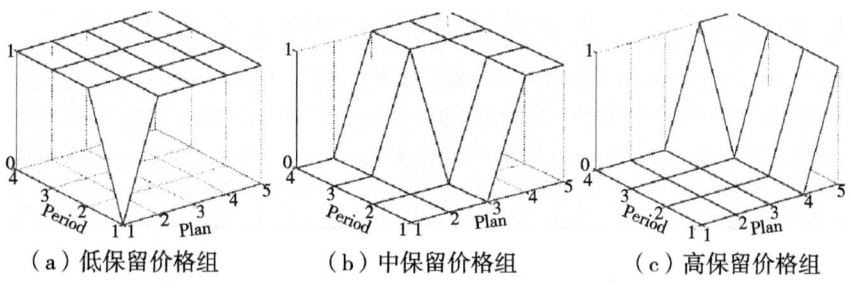

（a）低保留价格组　　（b）中保留价格组　　（c）高保留价格组

图 3.5 在三个不同保留价格组下运营商的最优策略

由于保留价格是指用户为使用电信服务愿意支付的最高价格。所以在实际生活中，每个地区用户的保留价格与当地人民生活水平有密切关系。根据试验结果，我们建议不同发展程度的国家应当采取不同的定价策略。在发达国家，电信运营商应当少开套餐，且主要提供较高价的少数套餐。但是，在发展中国家，电信运营商就应当多开套餐，而且多开一些低价套餐。甚至在同一个国家的不同地区，由于人民的生活收入水平不同，也应当制订不同的定价策略。比如，在中国，东部沿海地区和西部地区的运营商分公司就应当开放不同价位的套餐。

从另一个方面讲，用户的保留价格还与当时市场内的其他竞争对手提供的价格密切相关。如果竞争对手提供的价格比较高，那么该运营商就可以只开一些高价套餐，因为在这种情况下，用户没有选择而只能购买高价套餐。但是如果竞争对手提供的价格比较低，那么该运营商就应当多开一些低价套餐来吸引消费者，因为消费者还有其他更便宜的选择。

另外一个显著影响电信运营商最优策略和总收益的参数是总备选套餐个数 J。表 3.9 反映了随着总套餐个数 J 的增加，运营商总收益也在增加。这说明运营商应当不时增加一些新的套餐，而不是总重复开放旧的套餐。而且，同样是增加三个套餐，但加了三个高价套餐的"$J=8$"组比加了三个低价套餐的"$J=8$"组，总收益增长更快。所以，在用户保留价格允许的前提下，增加高价套餐比增加低价套餐带来的利润更丰厚。

表 3.9 总备选套餐个数 J 对最优策略和收益的影响

t	$J=5$			$J=8$		
	净入网率	最优策略	总收益	净入网率	最优策略	总收益
1	0.32980751	00111	307.402	0.32980831	00111001	358.496
2	−0.074382965	00111		−0.165763296	00111001	
3	—	—		—	—	

续表

t	$J=8$			$J=10$		
	净入网率	最优策略	总收益	净入网率	最优策略	总收益
1	0.25890691	00111111	387.967	0.120386672	0011100111	412.569
2	-0.019432071	00111111		0.04320533	0011100111	
3	—	—		—	—	

3.7 本章小结

在传统的语音经营时代，电信运营商往往会通过广告、优惠促销等各种方式吸引广大新用户入网。然而，在当今流量经营时代，电信运营商却忽略了流量业务与传统语音业务的差别，即流量业务占用的网络资源要远多于语音业务，而继续沿用传统语音经营时代的策略，通过各种营销手段吸引新用户入网，但是大量新用户的涌入也可能会造成整个网络拥塞，降低所有用户的服务体验，造成新老用户的一起离网。因此，"增量不增收"和"大进大出"是处于流量经营转型中的电信运营商面临最为棘手的两个问题。

为了帮助运营商走出这两个困境，我们搭建了一个动态控制模型，电信运营商可以通过每期期初控制向新用户开放哪些套餐来实现定价的动态调整。该动态控制模型使得电信运营商可以动态地调整无线网络的利用率，避免出现网络拥塞现象，保证服务质量，因此用户的服务满意度大大提升。用户满意度提升，离网率得到控制，电信运营商也可以实现长期收益最大化的目标。

由于该动态定价问题是一个随机动态规划问题，系统维度很高，所以我们考虑将超大用户数 n 近似取为趋近于无穷大，这样便可以将该随机规划问题等价转化为一个混合整数线性规划问题来求解。然后，我们通过多个步骤将问题降维，成功从 $O(2^{J\times T})$ 降低到 $O(J\times T)$。

最后，我们利用中国某大型电信运营商的真实数据，来检验该动态定价法的效果。数值试验结果表明，该动态定价法不仅可以将运营商的总收入提高 15.93%~34.67%，缓解其"增量不增收"的困境，而且可以提高每期的用户净入网率，缓解其"大进大出"的困境。此外，通过敏感性分析我们得到了几个重要的管理启示。首先，市场份额较低的电信运营商通过动态定价方法获得的收益增长率更大，所以更应该采用动态定价法。其次，当竞争对手的定价较高时，该电信运营商也应当少开放套餐，且只开高价位套餐，但当竞争对手的定价较低时，电信运营商应当多开放套餐，且多开低价位套餐。再次，电信运营商应当不时增加一些新的套餐，而不是总重复开放旧的套餐。最后，在用户保留价格允许的前提下，增加高价套餐比增加低价套餐带来的利润更丰厚。

第 4 章　限制网速策略下的寡头垄断动态定价模型

4.1　建模背景

当全球最大的网络服务运营商之一——美国在线（American Online）在 1997 年首次推出有线网络服务的固定费率制时，人们担忧将会发生洪水海啸般的全球性数据需求。但事实上，直到近年来移动数据服务广泛应用后，这一担忧才成为现实。智能电话和平板电脑的普及使得有线网络需求被无线网络需求所取代，而视频、流媒体平台等流量需求巨大的应用软件的流行进一步强化了这种需求。

根据《思科视觉网络指标（Cisco Visual Networking Index）：2014—2019 年全球移动数据流量预测更新》：自 2014—2019 年，全球移动数据流量将增长近 10 倍；截至 2019 年，移动数据流量将达到 24.3 艾字节每月，这将给目前普遍应用的蜂窝网络移动通信硬件架构带来巨大压力。蜂窝网络依靠移动基站将多个无线设备（移动电话等便携式收发器）连接入网，不同用户之间需要共享一个基站，因此当用户数量过多时移动通信网络的容量就会受到挑战。

此外，相较于有线网络，无线网络的基础设施发展时间较短，移动数据服务的容量限制问题更加凸显，这直接导致了极大影响客户体验的网络拥塞现象：如无法快速载入网页，无法流畅播放视频等。对于电信运营商来说，较低的客户体验会提高客户离网率，严重影响其收益。为提高用户体验，缓解网络拥塞，电信运营商采用了各种拥塞管理手段，如惩罚网络资源过度占用的用户以约束其使用行为，保证网络的整体稳定性。

目前，电信运营商所采用的拥塞管理手段主要有两种，其中最主要的是价格策略，以收取流量费的方式影响用户的数据使用。如果套餐中包含流量较少，使用该套餐的用户就不易导致网络拥塞，而使用含流量较多套餐的用户则相反。因此，电信运营商以月固定费用和附加流量费用的形式给不同套餐定价，从而缓解网络拥塞问题，中国和美国的运营商主要采用这一手段。

另一种拥塞管理手段是连接速度限制，当用户用尽本月套餐内流量后，电信运营商为其分配较低的连接速度。这种手段一方面可以减少套餐的总体流量消耗；另一方面可以向用户发出减少流量使用的信号（Thiesse 和 Kohler，2008）。欧洲的电信运营商普遍采取了这一手段。

上述的两种手段均在静态情况下对网络拥塞进行管理，但在不同时期网络拥塞的严重程度有所差别，因此第 3 章提出了运营商可以根据上一期的整体网络流量情况，在每期期初决策开放哪些套餐的动态控制模型。在这一模型中，新用户只能订购每期开放的套餐，这使得运营商可以根据网络拥塞的严重程度动态控制新用户的套餐选择。由于不同套餐所包含的数据流量差异很大，该方法能够有效调节数据网络利用率。

套餐的动态控制模型在仅采用价格控制策略的中国电信运营商应用上显示出巨大效果，但我们在这一章想要探究这一新方法是否能够应用于其他以连接速度限制为控制手段的国家。进一步来说，动态控制与价格策略，动态控制与连接速度限制策略这两种结合方式中，哪一种更能使运营商在获得高收益的同时保持良好的客户体验？本章将探讨这些问题，如表4.1所示。

表4.1 电信运营商的流量定价策略概览

类型	种类	描述	目前应用状况
静态定价	固定费率定价	流量使用不受限	停用
	使用基础定价	套餐外流量另外收费	美国、中国使用
		套餐外连接速度限制	欧洲普遍使用
	应用基础定价	特定应用流量使用不受限	部分西方国家使用
	时间基础定价	不同时段，不同定价	印度使用
动态定价	拥塞基础定价	根据网络拥塞程度定价	试点计划
	时间基础定价	根据网络拥塞程度和时段定价	试点计划

4.2 模型基本假设

本模型主要讨论提供免费流量用尽后采取连接速度限制套餐的运营商。假设用户希望能够享受充足、流畅的网络体验而尽可能避免速度限制。运营商在每个时期 t 均进行动态套餐控制定价。

用户只能选择运营商采取控制策略后所提供的套餐 j（从 J 个总备选套餐中选取），网络拥塞将会迫使一些用户离开原套餐。通过建立动态套餐控制模型，一方面最大化目标函数以提高运营商收益；另一方面以约束惩罚的形式避免网络拥塞。

首先，我们给出价格制定中的外生条件以探索运营商通过流量套餐获取利润的函数；随后引入用户选择一种套餐后的消费者行为；考虑到上述背景，接着我们建立运营商流量套餐控制问题的动态规划模型，最后将该模型转化为一个等价的整数线性规划模型进行求解。

4.3 限制网速策略下的寡头垄断运营商动态定价模型

4.3.1 价格制定

运营商向用户提供使用条件和价格各不相同的 J 个备选套餐，b_j 表示订购 j 套餐的用户在每期支付的固定费用。此外，运营商还提供单位价格为 v_j 的流量附加包，当用户在某期使用的数据流量超过套餐内免费额度 a_j 时可以选择订购。若选择订购附加包，用户的连接速度可以重新提高至常规连接速度 s_H，否则在套餐外只能以限制连接速度 s_L 使用数据服务，当用户用尽附加包所包含的流量 g_j 时，还可以选择继续订购附加包。上述机制如图 4.1 所示，相关的套餐参数如表 4.2 所示。

表 4.2　套餐 j 的相关参数

流量	a_j	= 套餐 j 内所包含的免费流量
	g_j	= 单位附加流量包所含流量
价格	b_j	= 套餐 j 的月使用费
	v_j	= 单位附加流量包价格
连接速度	s_H	= 常规连接速度
	s_L	= 限制连接速度

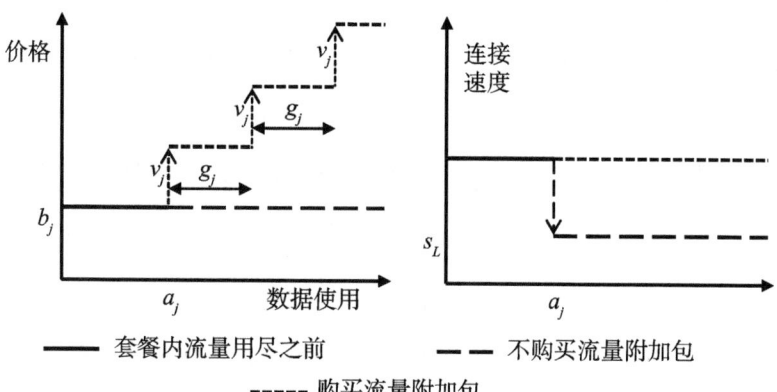

图 4.1 不同情况下的价格和连接速度

4.3.2 用户套餐订购行为

假设在 t 时期订购套餐 j 的用户数为 $X_{j,t}$，我们将这些用户分为 3 类（A、B、C）。A 类用户是使用流量不超过套餐内限额的用户，他们在 t 时期支付价格 b_j，这类用户的数量为 $X_{j,t}^A$。B 类用户是 t 时期使用流量超过套餐内限额 a_j，但不愿意购买附加包而以限制速度连接的用户，他们支付的价格也为 b_j，这类用户的数量为 $X_{j,t}^B$。C 类用户是使用流量超过限额且愿意购买流量附加包的用户，他们支付更高的价格 b_j^*，这类用户的数量为 $X_{j,t}^C$。表 4.3 中列出了上述三类用户的信息。

表 4.3 订购套餐的三种用户类型

	是否超过套餐内流量	是否愿意购买附加包	每期支付价格	用户满意度
A 类	否	不需要	b_j	满意
B 类	是	否	b_j	不满意
C 类	是	是	$b_j + kv_j$	不满意

为了详细描述 C 类用户所需支付的价格，我们需要对其数据流量需求进行进一步细化。以 $X_{j,t}^C$（$D_u \leq \tilde{D} < D_0$）表示 C 类用户的数量，他们的流量需求为 $\tilde{D}$。流量需求位于 a_j 和 $a_j + g_j$ 之间的用户，在套餐内限额用尽后只需购买一个价格为 v_j 的附加包，那么这类用户的数量可以被表示为 $X_{j,t}^C$（$a_j \leq \tilde{D} < a_j + g_j$）。类似的，流量需求位于 a_j 和 $a_j + 2 \cdot g_j$ 之间的用户会购买两个附加包，这类用户的数量被表示为 $X_{j,t}^C$（$a_j + g_j \leq \tilde{D} < a_j + 2 \cdot g_j$）。因此，在 t 时期需要支付 $b_j + kv_j$ 用户的数量为 $X_{j,t}^C$（$a_j + (k-1) \cdot g_j \leq \tilde{D} < a_j + k \cdot g_j$）。为了简化分析，假设 C 类用户在连接速度降低时一定会购买附加包。

1. 潜在用户行为

除已订购套餐的用户之外，还存在一些尚未选择任何套餐的潜在用户。潜在用户在每期观察运营商提供的套餐并在预测自己未来流量需求的基础上决定订购哪一个套餐。我们用 D 来表示潜在用户对于未来流量需求 $\tilde{D}$ 的预测，用随机变量 $\tilde{Y}_{j,t}$ 来表示 t 时期订购套餐 j 的潜在用户数。由于模型采用动态套餐控制，用户只能从本期开放的套餐中选择，$I_t \in (0,1)^J$ 表示套餐开关控制策略，如果套餐 j 在第 t 期被开放，$I_t = 1$，否则 $I_t = 0$。

由此，潜在用户订购套餐 j 的条件如下：

（1）t 时期套餐 j 开放，即 $I_{j,t} = 1$；

（2）根据用户对未来流量需求的预测 D，他能够使用高速连接 S_H，i.e. $D < a_j$；

（3）套餐 j 的价格 b_j 低于用户保留价格 b_0，i.e. $b_j < b_0$；

（4）套餐 j 的价格低于所有同样满足 1、2 的套餐 i，$b_j \leq \min_i b_i$。

综上所述，定义 $p_{j,t}(I_t)$ 为潜在用户选择 j 套餐的概率：

第4章 限制网速策略下的寡头垄断动态定价模型

$$p_{j,t}(I_t) = \Pr\left[I_{j,t}=1,\ D\leqslant a_j,\ b_j<b_0(D),\ b_j\leqslant \min_{i:I_{i,t}=1,D\leqslant a_i} b_i\right]$$

对于选择不订购的潜在用户，最重要的原因是无法满足保留价格的要求。定义 $pe_{j,t}(I_t)$ 为 t 阶段用户在其他条件均满足的情况下由于保留价格问题决定不订购的概率：

$$pe_{j,t}(I_t) = \Pr\left[I_{j,t}=1,\ D\leqslant a_j,\ b_j\geqslant b_0(D),\ b_j\leqslant \min_{i:I_{i,t}=1,D\leqslant a_i}(b_i)\right]$$

另一个不订购的原因在于消费者的数据需求 D 过大以至于所有开放的套餐都不能满足其希望的连接速度 s_H，定义这一情况的概率为 $pl_t(I_t)$：

$$pl_t(I_t) = \Pr\left(I_{j,t}=1,\ \max_{i:I_{i,t}=1} a_j\leqslant D\right)$$

如果 t 时期所有套餐都关闭，那么 $pl_t(I_t)=1$，根据定义有：

$$\sum_{j=1}^{J} p_{j,t}(I_t) + \sum_{j=1}^{J} pe_{j,t}(I_t) + pl_t(I_t) = 1.$$

2. 用户离网行为

本节将讨论已订购某项套餐的用户离开该套餐的行为。用户离开套餐的原因多种多样，其中最主要的两点是网络拥塞和套餐内流量用尽后的速度限制。我们按原因分别讨论这两类用户离网行为。

定义 $L_{j,t}$ 为 t 时期离开套餐 j 的用户数量，$L_{j,t}^P$ 为由于网络拥塞而离开套餐 j 的用户数，如果 t 时期发生网络拥塞，相应的离网率为 $\theta_{j,t}^P$，$0<\theta_{j,t}^P\leqslant 1$，若 t 时期没有发生网络拥塞，$\theta_{j,t}^P=0$。

定义 $L_{j,t}^E$ 为由于速度限制而离开套餐 j 的用户数量，只有当用户使用流量超过套餐内限额时才会受到影响。设定外生变量 $\theta_{j,t}^E$，$0<\theta_{j,t}^E\leqslant 1$，则相应离网率为 $\theta_{j,t}^E \cdot [1-F_j(a_j)]$，其中 F_j 是 j 套餐流量用量的累计分布函数。为简化分析，本书不考虑由于其他原因导致的用户离网行为。以 $\theta_{j,t}$ 表示总体离网率，则 $\theta_{j,t}=\theta_{j,t}^P+\theta_{j,t}^E \cdot [1-F_j(a_j)]$，$0<\theta_{j,t}\leqslant 1$，$L_{j,t}=L_{j,t}^P+L_{j,t}^E$。

4.3.3 运营商动态定价模型

本节将考虑上文所述的价格制定、订购用户行为和潜在用户行为，以运营商利润最大化为目标函数进行动态规划建模。首先讨论考虑系统中绝对用户数量的标准模型，之后建立以市场份额为状态变量的极限模型并利用大数定律更精确地描述相关关系。

令 X_t 为表示 t 时期各套餐订购人数的向量，$X_t = (X_{1,t}, X_{2,t}, \cdots, X_{J,t})$，则运营商在 T 时段由套餐 j 获得的收益 $V_T(X_t)$ 为：

$$V_T(X_T) = \sum_{j=1}^{J}(X_{j,T}^A \cdot b_j + X_{j,T}^B \cdot b_j) + \sum_{j=1}^{J}\sum_{k=1}^{K_T^*} X_{j,T}^C [a_j + (k-1)g_j \leq \tilde{D} < a_j + kg_j] \cdot (b_j + kv_j)$$

其中，K_T^* 表示用户在时刻 t 所购买附加包的最大数量，运营商收益由每类消费者人数和其相应的支付价格决定。令 $Y_{j,t}$ 表示在 t 时期新订购套餐 j 的人数。因为新订购用户人数在期初不确定，其期望为 $E(\tilde{Y}_{j,t})$，对这些用户采取已订购用户相同的处理。为控制网络容量和拥塞可能性，我们在模型中运用动态套餐控制：当 t 时期套餐开放时，$I_t \in (0,1)^J$ 为1，否则为0。则 t ($1 \leq t \leq T$) 时期运营商的收益函数如下：

则 t ($1 \leq t \leq T$) 时期运营商的收益函数如下：

$$V_t(X_t) = \sum_{j=1}^{J} X_{j,t}^A \cdot b_j + X_{j,t}^B \cdot b_j +$$

$$\sum_{k=1}^{K_T^*} X_{j,t}^C (a_j + (k-1)g_j \leq \tilde{D} < a_j + kg_j) \cdot (b_j + kv_j) +$$

$$\max_{I_t \in (0,1)^J} \{\sum_{j=1}^{J} E[\tilde{Y}_{j,t}^A] \cdot b_j + E[\tilde{Y}_{j,t}^B] \cdot b_j + \quad \text{(A)}$$

$$\sum_{k=1}^{K_T^*} E[\tilde{Y}_{j,t}^C] (a_j + (k-1)g_j \leq \tilde{D} < a_j + kg_i) \cdot$$

$$(b_j + kv_j) + E[V_{t+1}(X_{t+1})]\}$$

上式描述了运营商收益最大化问题,但由于包含过多随机变量,直接进行处理效率较低,为此在下一节引入一个极限模型。

4.4 模型求解分析

4.4.1 极限模型

令 $\varphi_{j,t}$ 表示 t 时期愿意购买附加包的用户份额,$\varphi_{j,t} = X_{j,t}^C / X_{j,t}$,根据定义,$1 - \varphi_{j,t} = (X_{j,t}^A + X_{j,t}^B)/X_{j,t}$,由此可以估计 C 类用户的人数为:

$$X_{j,t}^C \ (D_u \leqslant \tilde{D} < D_0)$$
$$\approx X_{j,t} \cdot \varphi_{j,t} \cdot \Pr(D_u \leqslant \tilde{D}_j < D_0)$$
$$= X_{j,t} \cdot \varphi_{j,t} \cdot [F_j(D_0) - F_j(D_u)]$$

此处,$\Pr(D_u \leqslant \tilde{D}_j \leqslant D_0)$ 表示 $\tilde{D}_j$ 位于给定边界内的概率。只有当数值很大时上式才能取精确值,所以稍后将建立极限模型以确保一致性。同样的,用随机变量 $\tilde{D}_j$ 的累计分布函数 F_j 也可以描述,定义 $w_j = v_j/b_j$,那么 C 类用户由于购买 k 个附加包所支付的较高价格的部分可以用 kw_j 表示,这样运营商在 T 时段从套餐 j 获得的收益 $V_T(X_t)$ 约为:

$$V_T(X_T) \approx \sum_{j=1}^{J} X_{j,T} \cdot b_j \cdot \{(1 - \varphi_{j,T}) + \varphi_{j,T} \cdot \sum_{k=1}^{K_j^*} [F_j(a_j + kg_j) - F_j(a_j + (k-1)g_j)] \cdot (1 + kw_j)\}$$

定义 $\rho_j(\tilde{D}_j)$ 为 C 类用户需要比通常价格水平多付出的平均价格,$\rho_j(\tilde{D}_j) = \sum_{k=1}^{K_j^*} [F_j(a_j + kg_j) - F_j(a_j + (k-1)g_j) \cdot (1 + kw_j)]$。由于包含用户使用行为的信息,$\rho_j(\tilde{D}_j)$ 与用户流量需求分布 $\tilde{D}_j$ 相关,现在可以建立一个更为简洁的模型:

$$V_T(X_T) \approx \sum_{j=1}^{J} X_{j,T} \cdot b_j [1 - \varphi_{j,T} + \varphi_{j,T} \cdot \rho_j(\tilde{D}_j)]$$

对于任意一期 t, $1 \leq t \leq T$,

$$V_t(X_t) \approx \sum_{j=1}^{J} X_{j,T} \cdot b_j [(1 - \varphi_{j,T}) + \varphi_{j,T} \cdot \rho_j(\tilde{D}_j)] + \max_{I_t \in (0,1)^J} \{\sum_{j=1}^{J} E[\tilde{Y}_{j,t}] \cdot b_j [(1 - \varphi_{j,T} + \varphi_{j,T}) \cdot \rho_j(\tilde{D}_j)] + E[V_{t+1}(X_{t+1})]\}$$

为使结果更加精确,我们建立一个极限模型。假设整个市场中有大量用户 N,t 时期订购套餐 j 的用户 $X_{j,t}$ 较少但具有相似规模。当总用户数量趋近于无穷时,以 t 时刻订购套餐 j 用户的份额 $\pi_{j,t}$ 来描述系统状态,大数定律可以保证其收敛性,因此:

$$\pi_{j,t} = \lim_{N \to \infty} \frac{X_{j,t}}{N}$$

令 $\pi_{0,t}$ 为近乎无穷大市场中未订购任何套餐的用户份额,那么:

$$\pi_{0,t} = \lim_{N \to \infty} \frac{N - \sum_{j=1}^{J} X_{j,t}}{N} = 1 - \sum_{j=1}^{J} \pi_{j,t}$$

t 时期未订购任何套餐的用户订购 j 套餐的概率为 $p_{j,t}(I_t)$,在这个模型中我们只考虑用户之前没有订购运营商任何一种套餐的情况,则:

$$\lim_{N \to \infty} \frac{E[\tilde{Y}_{j,t}]}{N} = \pi_{0,t} \cdot p_{j,t}(I_t)$$

同理,我们可以描述 t 时期离开套餐 j 的用户比例:

$$\lim_{N \to \infty} \frac{L_{j,t}}{N} = \lim_{N \to \infty} \frac{L_{j,t}^P + L_{j,t}^E}{N} = \pi_{j,t} \cdot [\theta_{j,t}^P + \theta_{j,t}^E \cdot (1 - F_j(a_j))] = \pi_{j,t} \cdot \theta_{j,t}$$

现在我们可以对 t 时期的价值函数建立极限模型,考虑市场规模接近于无穷时的人均收益。定义向量 π_t 描述每期所有 J 个套餐的订购比例,$\pi_t = (\pi_{0,t}, \pi_{1,t}, \cdots, \pi_{J,t})$。

$$\lim_{N \to \infty} \frac{V_t(X_t)}{N} = \bar{V}_t(\pi_t)$$

$$= \sum_{j=1}^{J} \pi_{j,t} \cdot b_j \left[(1-\varphi_{j,t}) + \varphi_{j,t} \cdot \rho_j(\tilde{D}_j) \right] + \quad (B)$$

$$\max_{I_t \in (0,1)^J} \left\{ \sum_{j=1}^{J} \pi_{0,t} \cdot p_{j,t}(I_t) \cdot b_j \left[(1-\varphi_{j,T}) + \varphi_{j,T} \cdot \rho_j(\tilde{D}_j) \right] + E\left[V_{t+1}(A_t(I_t, \pi_t) \cdot \pi_t) \right] \right\}$$

由 π_t 到 π_{t+1} 的线性转换可以通过描述离网和订购套餐概率的分块矩阵 A_t 实现：

$$A_t(I_t, \pi_t) = \begin{bmatrix} A_1 & A_2 \\ A_3 & A_4 \end{bmatrix}$$

其中，$A_1 \in R$，$A_2 \in R^{1 \times J}$，$A_3 \in R^{J \times 1}$，$A_4 \in R^{J \times J}$，

$A_1 = 1 - \sum_{j=1}^{J} p_{j,t}(I_t)$，

$\{A_2\}_j = p_{j,t}(I_t)$，$\forall 1 \leq j \leq J$，

$\{A_3\}_{\tilde{j}} = \theta_{j,t}$，$\forall 1 \leq \tilde{j} \leq \tilde{J}$，

$$\{A_4\}_{j\tilde{j}} = \begin{cases} 1 - \theta_{j,t}, & \text{if } j = \tilde{j}, \quad \forall 1 \leq j \leq J, \quad 1 \leq \tilde{j} \leq \tilde{J} \\ 0, & \text{if } j \neq \tilde{j}, \quad \forall 1 \leq j \leq J, \quad 1 \leq \tilde{j} \leq \tilde{J} \end{cases}$$

定理 1.

$$\lim_{N \to \infty} \frac{V_t(X_t)}{N} = \tilde{V}_t(\pi_t), \quad \forall 1 \leq t \leq T$$

定理 1 表明式（A）在极限转化后与式（B）等价，证明见附录。t 时刻目标函数 V_t 依赖于下一期函数值 V_{t+1}。尽管可以通过逆向推导求解，但由于可能的套餐开关控制 I_t 对于动态规划来说过于巨大，使用这种方法效率低下，因此在下一节我们引入一个整数线性规划模型来处理这个问题。第 3 章证明在超大用户数下存在一个等价于式（B）中问题（相同的最优解）且更有效的整数线性规划模型，下一节将介绍这个模型。

4.4.2 混合整数线性规划求解

在本节中，我们提出了一个混合整数线性规划模型，相较于动态规划模型，这一模型能够更有效率地求解问题。

1. 运营商的价值函数

与第 3 章相同，我们能够将离散时间的离散动态规划模型转换成一个混合整数线性规划问题。令 $\beta_{j,t}$ 为 t 时刻在无限大市场中新订购套餐 j 的新用户的比例，则运营商的价值函数可以表示如下：

$$\dot{z}(\pi_t) = \max \sum_{t=1}^{T}\sum_{j=1}^{J} \pi_{j,t} \cdot b_j \left[(1-\varphi_{j,t}) + \varphi_{j,t} \cdot \rho_j(\tilde{D})\right] + \sum_{t=1}^{T-1}\sum_{j=1}^{J} \beta_{j,t} \cdot b_j \left[(1-\varphi_{j,t}) + \varphi_{j,t} \cdot \rho_j(\tilde{D})\right]$$

为增加运营商的利润，目标函数需要被最大化。本问题中主要的决策变量是控制方案 $I_{j,t}$，控制方案描述了套餐 j 是开放（$I_{j,t}=1$）还是关闭（$I_{j,t}=0$）订购。由于它是一个二元变量，设定其为：

$$I_{j,t} \in (0,1), \qquad \forall 1 \leq j < J, \qquad 1 \leq t < T$$

2. 系统状态转移

我们已经定义 t 时刻没有订购任何套餐的用户占整个市场的比例为 $\pi_{0,t}$，t 时刻在无限大市场中新订购套餐 j 的用户比例为 $\beta_{j,t}$。令 $\gamma_{j,t}$ 为 t 时刻离开套餐 j 而回归潜在用户池的用户百分比，那么在 $t+1$ 时刻没有订购任何套餐的用户百分比为：

$$\pi_{0,t+1} = \pi_{0,t} - \sum_{j=1}^{J}\beta_{j,t} + \sum_{j=1}^{J}\gamma_{j,t}, \qquad \forall 1 \leq t \leq T$$

对于每一个以 $\pi_{j,t}$ 表示 t 时刻初订购用户比例的套餐 j 都可以进行类似操作。$\beta_{j,t}$ 为 t 时刻在无限大市场中时刻刚加入套餐 j 的新用户的百分比，$\gamma_{j,t}$ 为 t 时刻离开套餐 j 而回归潜在用户池的用户百分比。在本模型中，我们不考虑用户能够转移到运营商提供的其他套餐的情况，因此在

$t+1$ 时刻初订购套餐 j 的用户百分比可以被表示为：

$$\pi_{j,t+1} = \pi_{j,t} + \beta_{j,t} - \gamma_{j,t}, \quad \forall 1 \leq t < T, \ 1 \leq j < J,$$

另外，根据定义有：

$$\sum_{j=0}^{J} \pi_{j,t} = 1, \quad \forall 1 \leq t \leq T$$

$$\pi_{j,1} \geq 0, \quad \forall 1 \leq t \leq T, \ 1 \leq j \leq J$$

3. 套餐订购机制

为了描述 t 时刻潜在用户池中订购套餐 j 的用户比例，需要考虑以下两种情况。

如果套餐 j 开放订购（$I_{j,t}=1$），订购百分比应等于 t 时刻未订购任何套餐的用户百分比 $\pi_{0,t}$ 乘以 t 时刻用户选择套餐 j 的概率 $\pi_{j,t}$。由 $pp_{j,t} = \pi_{0,t} \cdot p_{j,t}$ 和极大数 M，我们可以将问题描述为以下两个整数线性方程：

$$\begin{aligned} \beta_{j,t} &\leq pp_{j,t} + M \cdot (1 - I_{j,t}), \quad \forall 1 \leq j \leq J, \ 1 \leq t \leq T. \\ \beta_{j,t} &\geq pp_{j,t} - M \cdot (1 - I_{j,t}), \quad \forall 1 \leq j \leq J, \ 1 \leq t \leq T. \end{aligned} \quad \text{(SD)}$$

如果 t 时刻由于套餐控制，套餐 j 关闭（$I_{j,t}=0$），则新加入该套餐的用户百分比为 0。我们用下式来描述：

$$\begin{aligned} \beta_{j,t} &\leq M \cdot I_{j,t}, \quad \forall 1 \leq j \leq J, \quad 1 \leq t \leq T. \\ \beta_{j,t} &\geq -M \cdot I_{j,t}, \quad \forall 1 \leq j \leq J, \quad 1 \leq t \leq T. \end{aligned} \quad \text{(SC)}$$

4. 套餐选择概率

在本小节中，定义 $p_{j,t}$ 为 t 时刻潜在用户选择套餐 j 的概率。在本章中，我们着重讨论 J 个套餐的定价问题而非附加包的定价，因为购买附加包和超出月固定额度 a_j 总会导致用户不满。对于运营商提供的 J 个套餐组合，我们进行如下排序：

（1）J 个套餐流量控制前的流量额度从少到多排列为：$a_1 < \cdots < a_J$

$< \cdots < a_J$；

（2）J 个套餐月租费由低至高排列为：$b_1 < \cdots < b_j < \cdots < b_J$。

显然，某个套餐只有在 t 时刻开放时才有可能被用户选择（$I_{j,t} = 1$），这表示：

$$p_{j,t} \leq M \cdot I_{j,t}, \quad \forall 1 \leq j \leq J, \quad 1 \leq t \leq T$$

根据用户的流量使用情况，只有当套餐 j 能够提供相对低价格的高速网络时才会被选择。一方面，如果用户的流量使用量没有超过套餐 j 的高速流量额度 a_j，网速就能够得到保证；另一方面，当用户的流量使用超过低一价格级别的套餐 i_1 的高速额度 a_{i_1} 时，对于用户来说套餐 j 就是最低价的套餐。否则，选择套餐 i_1 能够以更低价格带来相同的效用。

图 4.2 显示了当选择套餐 j 时的有利流量使用情况。以 $F(\tilde{D})$ 表示流量使用的累计分布函数，则潜在用户在 t 时刻选择套餐 j 的概率约束为：

$$p_{j,t} \leq [F(a_j) - F(a_{i_1})] + M \cdot (1 - I_{i1,t}), \forall 1 \leq j \leq J, 1 \leq t \leq T$$

此处需要注意的是，除了运营商流量套餐的价格组合会影响用户的订购之外，一些外部因素也会对用户决策造成影响。外部因素包括运营商之间的竞争情况，地区的收入水平等。为了将这些因素纳入模型，我们引入了用户的保留价格水平 $b'(\tilde{D})$，超过这一价格水平后用户将不愿订购任何套餐。保留价格水平是数据用量的线性函数：$b'(\tilde{D}) = \tilde{D} \cdot c + a_0$。因此对于套餐 j，保留价格水平 $b'(\tilde{D})$ 和固定月租费 b_j 之间存在一个交点（$b'_j | a'_j$）。显然，如图 4.2 所示，只有当数据使用量 $\tilde{D}$ 超过交点 a'_j 时，用户才会订购套餐 j。因此，另一个约束为：

$$p_{j,t} \leq [F(a_j) - F(a'_j)]^+, \quad \forall 1 \leq j \leq J, \quad 1 \leq t \leq T$$

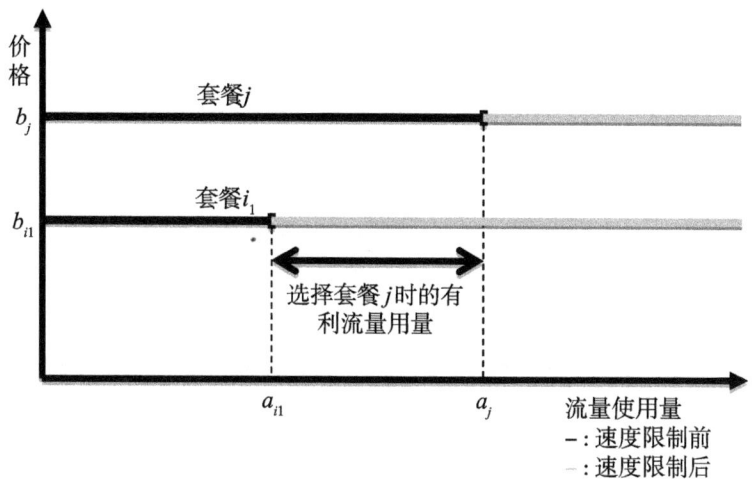

图4.2 套餐j相较于其他套餐的有利流量使用量

然后，我们考虑套餐j虽然是用户从流量用量上偏好的套餐，但却由于用户的高保留价格水平没有被选择的概率。我们定义这一概率为$pe_{j,t}$，它可以被表示为：

$$pe_{j,t} \leq [F(a'_j) - F(a_{i_1})]^+ + M \cdot (1 - I_{i_1,t}), \quad \forall 1 \leq i_1 \leq j \leq J, \quad 1 \leq t \leq T$$

它表示如果用户的流量用量少于a'_j而多于a_{i_1}，用户不会订购套餐j，而是继续留在潜在用户池中。上述等式在套餐j是开放套餐中价格最低的情况下不适用。因此，我们提出了另一个在此情况下适用的等式，此外，我们增加了另一个约束以确保套餐j是开放的，如图4.3所示。

$$pe_{j,t} \leq F(a'_j), \quad \forall 1 \leq j \leq J, \quad 1 \leq t \leq T.$$
$$pe_{j,t} \leq M \cdot I_{j,t}, \quad \forall 1 \leq j \leq J, \quad 1 \leq t \leq T.$$

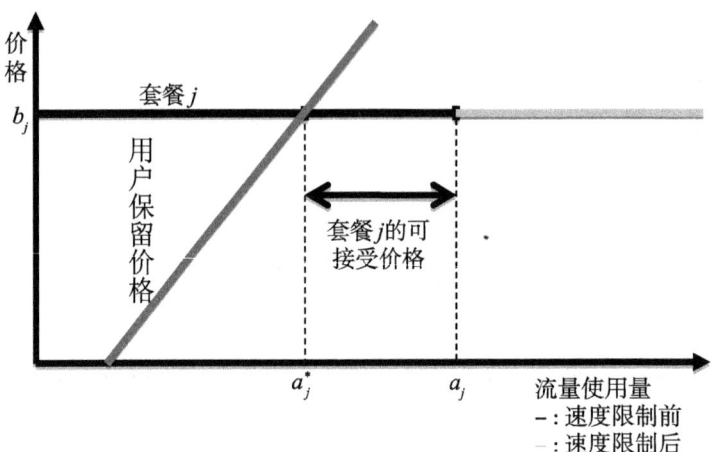

图 4.3 套餐 j 相较于其他套餐的有利流量使用区间

另一个导致用户留在潜在用户池中的情况是该用户的流量使用量过大以至于最昂贵的套餐都无法提供足够的高速上网额度。我们将这一概率用 pl_t 表示:

$$pl_t \leq [1-F(a_{i_1})] + M \cdot (1-I_{i_1,t}), \quad \forall 1 \leq i_1 \leq J, \ 1 \leq t \leq T$$

现在我们得到了不同数据使用量情况下的套餐选择概率。易得 $\sum_{j=1}^{J} p_{j,t} + \sum_{j=1}^{J} pe_{j,t} + pl_t = 1$, $\forall 1 \leq t \leq T$。回忆 $pp_{j,t} = \pi_{0,t} \cdot p_{j,t}$。它是整数线性建模方式下描述订购机制的表达式。我们进一步定义 $ppe_{j,t} = \pi_{0,t} \cdot pe_{j,t}$, $ppl_t = \pi_{0,t} \cdot pl_t$。与本节的等式结合,有:

$$pp_{j,t} \leq M \cdot I_{j,t}, \quad \forall 1 \leq j \leq J, \quad 1 \leq t \leq T$$

$$pp_{j,t} \leq \pi_{0,t} \cdot [F(a_j) - F(a_{i_1})] + M \cdot (1-I_{j,t}),$$
$$\forall 1 \leq j \leq J, \quad 1 \leq t \leq T$$

$$pp_{j,t} \leq \pi_{0,t} \cdot [F(a_j) - F(a'_j)]^+, \quad \forall 1 \leq j \leq J, \quad 1 \leq t \leq T$$

$$ppe_{j,t} \leq \pi_{0,t} \cdot [F(a'_j) - F(a_{i_1})]^+ + M \cdot (1-I_{i_1,t}),$$
$$\forall 1 \leq i_1 \leq j \leq J, \quad 1 \leq t \leq T$$

$$ppe_{j,t} \leq \pi_{0,t} \cdot F(a'_j), \quad \forall 1 \leq j \leq J, \quad 1 \leq t \leq T$$

$$ppe_{j,t} \leq M \cdot I_{j,t}, \quad \forall 1 \leq j \leq J, \quad 1 \leq t \leq T$$

$$ppl_t \leq \pi_{0,t} \cdot [1 - F(a_{i1})] + M \cdot (1 - I_{i_1,t}) \quad \forall 1 \leq i_1 \leq J, \quad 1 \leq t \leq T$$

$$\sum_{j=1}^{J} pp_{j,t} + \sum_{j=1}^{J} ppe_{j,t} + ppl_t = \pi_{0,t} \quad \forall 1 \leq t \leq T$$

5. 网络拥塞效应

在当今流量至上的时代，缓慢的上网速度将导致用户不满并离开运营商。用户感到网速降低主要有两个原因：①网络整体拥塞；②个人过度使用流量。根据3.1节容易描述出个人过度使用流量的情况，所以现在我们着重讨论在特定t时刻是否存在网络拥塞的情况。

我们引入二元决策变量L_t，当t时刻拥塞发生时$L_t = 1$，否则$L_t = 0$。t时刻套餐j每个用户的平均流量需求$E(\tilde{D})$对于整体流量使用都有贡献，定义其权重为$\alpha_j = E(\tilde{D}_j)/C$，我们就可以推测$t$时刻是否发生网络拥塞。如果整体流量需求$\sum_{j=1}^{J} \alpha_j \cdot \pi_{j,t}$超过临界值$\Omega$，网络拥塞发生，i.e. $L_t = 1$，否则$L_t = 0$。我们用下式描述这一情况：

$$-M \cdot (1 - L_t) \leq \sum_{j=1}^{J} \alpha_j \cdot \pi_{j,t} - \Omega \leq M \cdot L_t, \quad \forall 1 \leq j \leq J, \quad 1 \leq t \leq T$$

由于L_t是二元变量，我们设定：

$$L_t \in (0, 1), \quad \forall 1 \leq t < T$$

6. 离网机制

根据用户感到网速降低并离网的两大原因，我们考虑如下两种典型情境以探索如何准确表达用户离网机制。

在第一种情境下，t时刻发生网络拥塞（$L_t = 1$）。根据无线网络的物理特性，订购任何一种套餐的用户都会感受到网络拥塞。由于发生了网络拥塞，一些用户选择离网，令$\gamma_{j,t}$为t时刻订购套餐j的用户的离网百分比。这一百分比可以由 t 时刻订购套餐 j 的用户百分比 $\pi_{j,t}$ 乘以当网速下降时订购套餐 j 的用户选择离网的可能性 $\theta_{j,t}^P$。

此外,还有一些用户由于超额使用导致网速降低选择离网,他们是否愿意购买额外附加包并不会影响他们的离网行为,因为超额使用流量总会带来离网的可能性。这一部分用户的比例等于 t 时刻订购套餐 j 的用户百分比 $\pi_{j,t}$ 乘以该套餐的特定离网率 $\theta_{j,t}^E$,乘以 $1-F_j(a_j)$,其中 $F_j(a_j)$ 是订购套餐 j 且未超额使用用户的累计分布函数。通过使用大数 M,我们可以获得如下两个线性整数表达式:

$$\gamma_{j,t} \leq \pi_{j,t}\theta_{j,t}^P + \pi_{j,t}\theta_{j,t}^E \cdot [1-F_j(a_j)] + M \cdot (1-L_t) \quad \forall 1 \leq j \leq J, \ 1 \leq t \leq T \tag{QD}$$

$$\gamma_{j,t} \geq \pi_{j,t}\theta_{j,t}^P + \pi_{j,t}\theta_{j,t}^E \cdot [1-F_j(a_j)] - M \cdot (1-L_t) \quad \forall 1 \leq j \leq J, \ 1 \leq t \leq T$$

在第二种情境下,t 时刻没有发生网络拥塞($L_t=0$)。在这种情况下,t 时刻只有受到速度限制的用户才会选择离网。这部分用户的比例等于用户在 t 时刻订购套餐 j 的比例 $\pi_{j,t}$ 乘以该套餐的特定离网率 $\theta_{j,t}^E$,乘以 $1-F_j(a_j)$。下式描述了这种情境:

$$\gamma_{j,t} \leq \pi_{j,t}\theta_{j,t}^E \cdot [1-F_j(a_j)] + M \cdot L_t \quad \forall 1 \leq j \leq J, \ 1 \leq t \leq T$$

$$\gamma_{j,t} \geq \pi_{j,t}\theta_{j,t}^E \cdot [1-F_j(a_j)] - M \cdot L_t \quad \forall 1 \leq j \leq J, \ 1 \leq t \leq T \tag{QC}$$

4.4.3 最终模型

最终,混合线性整数模型为:

$$\dot{z}(\pi_t) = \max \sum_{t=1}^{T}\sum_{j=1}^{J} \pi_{j,t} \cdot b_j [(1-\varphi_{j,t}) + \varphi_{j,T} \cdot \rho_j(\tilde{D}_j)] + \sum_{t=1}^{T-1}\sum_{j=1}^{J} \beta_{j,t} \cdot b_j [(1-\varphi_{j,T}) + \varphi_{j,T} \cdot \rho_j(\tilde{D}_j)]$$

s.t. (SD), (SC), (PC), (QD), (QC)

$$\pi_{0,t+1} = \pi_{0,t} - \sum_{j=1}^{J}\beta_{j,t} + \sum_{j=1}^{J}\gamma_{j,t}, \quad \forall 1 \leq t \leq T$$

$$\pi_{j,t+1} = \pi_{j,t} + \beta_{j,t} - \gamma_{j,t}, \quad \forall 1 \leq j < J, \quad 1 \leq t < T$$

$$\sum_{j=0}^{J}\pi_{j,t} = 1, \quad \forall 1 \leq j \leq J, \quad 1 \leq t \leq T$$

$$-M \cdot (1-L_t) \leq \sum_{j=1}^{J}\alpha_j \cdot \pi_{j,t} - \Omega \leq M \cdot L_t, \quad \forall 1 \leq j \leq J, \quad 1 \leq t \leq T$$

$$I_{j,t} \in (0,1), \quad \forall 1 \leq j \leq J, \quad 1 \leq t \leq T$$

$$L_t \in (0,1), \quad \forall 1 \leq t < T$$

$$\pi_{j,t},\ \pi_{0,t},\ \beta_{j,t}\ \gamma_{j,t}\ pp_{j,t}\ ppe_{j,t}\ ppl_t \geq 0 \quad \forall 1 \leq j \leq J, \quad 1 \leq t \leq T$$

定理 2

$$\bar{V}_t(\pi_t) = \hat{z}(\pi_t), \quad \forall 1 \leq t < T$$

附录中证明了通过动态规划模型 eq.(B) 得到的最优解与本节提出的混合线性整数规划得到的最优解相同。大市场规模下移动数据流量动态定价问题可以通过混合整数线性规划模型有效率地求解。

4.5 数值实验与分析

本节将讨论混合整数线性规划模型的效果,相关的指标、参数、变量和约束通过优化建模系统 AIMMS (AIMMS B.V.) 处理,包括累计分布函数等重要的非线性数据计算由 Microsoft Excel 完成后导入 AIMMS 处理。分析主要有两大目标:

(1) 分析动态套餐控制的总体效果。比较套餐控制下运营商的价值函数与开放所有套餐情况下的运营商价值函数,4.5.1 节和 4.5.2 节分别描述了基础组和结果。

(2) 模型的灵敏度分析。改变关键参数以考察其对最优解的影响,数值试验见 4.5.3 节。

4.5.1 基础组的数值选取

为了进一步分析，我们采用了国外一家大型电信运营商的移动网络数据设定基础组。该运营商提供五种流量数不同、价格不同的套餐，详细信息可以从运营商的网站上获取。该运营商还提供多种流量附加包（如未来三个月有效的流量包），但在数值试验中我们只考虑有效期为一个月，售价为 4.95 欧元的 250M 附加包，这类附加包随时可购并能够运用于所有基础套餐之上。所有套餐内的流量都是利用 LTE 技术，速度可达 150MBit 每秒，但一旦套餐内流量用尽且用户未订购附加包，连接速度即被限制为 64kBit 每秒，相关参数如表 4.4 所示（1 GB = 1024 MB）。

表 4.4 五种套餐相关参数概览

	套餐 1	套餐 2	套餐 3	套餐 4	套餐 5
套餐内流量 a_j/GB	1	3	6	8	10
流量附加包所含流量 g_j/MB	250	250	250	250	250
月固定费用 b_j/欧元	34.45	43.95	67.75	83.65	98.15
流量附加包价格 v_j/欧元	4.95	4.95	4.95	4.95	4.95

运营商能够通过研究以往用户习惯来获取用户行为信息，但是获取其他运营商的内部信息是困难的，因此这类信息将在灵敏度分析中详细处理。在基础组中，我们假设：

（1）数值试验中的典型运营商占有较大的市场份额（≈ 45%），因为它是该国三大巨头之一。灵敏度分析中我们将考虑较小的初始市场份额。

(2) 离网率 $\theta_{j,t}^P$，$\theta_{j,t}^E$ 取所有期平均值 $\bar{\theta}_j^P$ 和 $\bar{\theta}_j^E$。

(3) 每个套餐的流量使用呈指数分布：$\tilde{D}_j = \lambda_j e^{-\lambda_j D}$，相应均值 $1/\lambda_j$ 假设为套餐内流量 a_j 的 90%。

(4) 用户的流量使用量呈指数分布 $\tilde{D} = \lambda e^{-\lambda D}$，均值为 $1/\lambda = 4\text{GB}$，假设用户保留价格 b_R 和数据使用需求 $\tilde{D}$ 的线性函数为：$b_R(\tilde{D}) = \tilde{D} \cdot 15\,€/\text{GB} + 50\,€$，在灵敏度分析中讨论其他情况。

套餐 j 对于网络拥塞的影响权重以 α_j 表示，$\alpha_j = \mu_j/C$，C 是单位用户的网络容量，经实证 C 取值为 2.8 GB，发生网络拥塞的临界值根据实证经验设定为 0.85。总期数为 12 期以模拟一年中每个月改变套餐控制的情况，灵敏度分析中同样使用这些设定。各套餐的参数设定如表 4.5 所示。

表4.5 基础组下的套餐参数设定

	套餐 1	套餐 2	套餐 3	套餐 4	套餐 5
初始订购比例 $\pi_{j,init}$/%	11.0	12.1	10.4	6.3	5.2
网络拥塞离网率 $\bar{\theta}_j^P$/%	24	27	33	41	47
超额使用离网率 $\bar{\theta}_j^E$/%	24	27	33	41	47
附加包购买意愿 φ_j/%	50	50	50	60	60
需求分布均值 $1/\lambda_j$/MB	0.9	2.7	5.4	7.2	9

4.5.2 基础组结果分析

基础组结果如表 4.6 所示。通过动态定价法，运营商收益相较于传统定价法增加了 9.90%。"套餐控制"表示了 $I_{j,t}$ 的最优解，"0"表示当期相应套餐关闭，"1"表示当期该套餐开放。由于最后一期的套餐控制与最优解无关，该列以"−"表示。在最优套餐控制下，套餐 1

在后期开放，套餐 2 和套餐 4 连续多期不对新用户开放，通过在早期保持套餐 2、4 关闭使得用户选择运营商获利更多的套餐 5。"价值函数"一列显示了两种策略下的目标函数值，动态定价法下运营商收益可达人均 367.56 € 而传统定价法下同期收益仅为人均 334.44 €，平均每个用户相差 33.11 €，采用动态定价法可以令运营商收益增长 9.90%。

表 4.6 基础组结果

	套餐控制（每期）												价值函数	
	1	2	3	4	5	6	7	8	9	10	11	12	动态定价法	传统定价法
套餐1	0	0	0	0	0	0	1	1	1	1	1	1	367.56 €	334.44 €
套餐2	0	0	0	0	0	0	0	0	0	1	0	—	收益增长	
套餐3	1	1	1	1	1	1	1	1	1	1	1	—	33.11 €	
套餐4	0	0	0	0	0	0	0	0	0	0	0	—	收益增长百分比	
套餐5	1	1	1	1	1	1	1	1	0	1	1	—	9.90%	

图 4.4 以 t 为横轴，以 $\pi_{j,t}$ 为纵轴描述了根据最优解各套餐市场占有率变化的趋势，图 4.4 中显示未来市场活动主要应集中于套餐 3，而套餐 4 应当被从产品组合中去除；另外，套餐 1 在开始的六期应当关闭而在后期重新开放，这样可以带来其市场份额的再次增长；尽管套餐 5 应当在大部分时期开放，但其市场占有率并没有展现出明显上升趋势。这一数值试验说明了应当如何利用我们设计的最优策略来指导电信运营商的套餐动态控制。

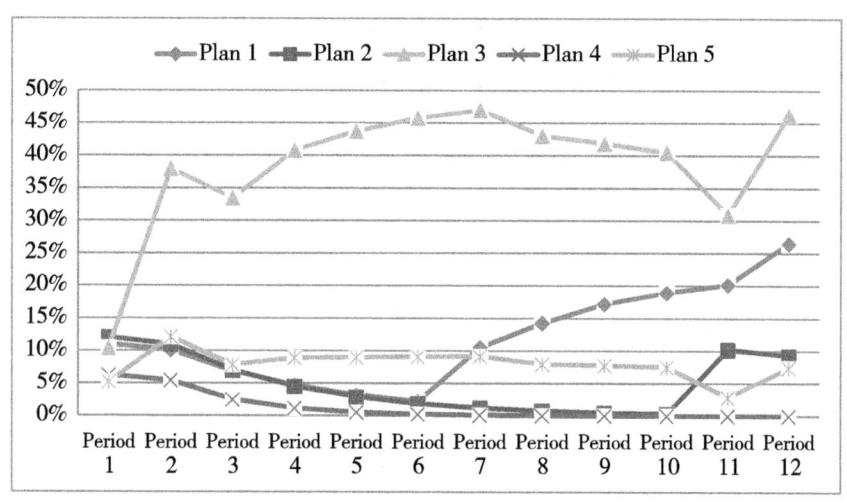

图 4.4　最优解下套餐市场份额变化趋势

4.5.3　灵敏度分析

本节将在基础组的基础上进行灵敏度分析。分析的重点在于变化保留价格水平、拥塞临界值、初始市场份额、套餐对于网络拥塞的影响权重和离网率以考察对最优解的影响。为了考虑两种离网情况，设定离网率因子 θ 为：$\theta_j = \bar{\theta}_j^E / \bar{\theta}_j^P$（对于基础组中所有 j，$\theta_j = 1$）。参数值分别设定为一次高于和一次低于基础组水平。在这一节中采用与基础组相似的求解手段和分析方式。

所有灵敏度分析的结果如图 4.5 所示。保留价格水平是对最优解影响最大的参数，当保留价格水平很高时，动态定价法能够使运营商收益增加 16.19%。而对于其他参数，无论取较高值还是较低值都能够增加运营商的收益。模型对于初始市场份额的灵敏度也较为明显：当初始市场份额较高时，动态定价法能够带来 12.44% 的收益增长。如果更多的用户由于使用超出套餐的流量而非网络拥塞离开（$\theta > 1$），动态定价法能够导致

12.97%的收益增长。拥塞临界值和用户流量平均需求也对收益有一定影响，特别是低拥塞临界值和低用户流量需求能够导致巨大的收益增长。

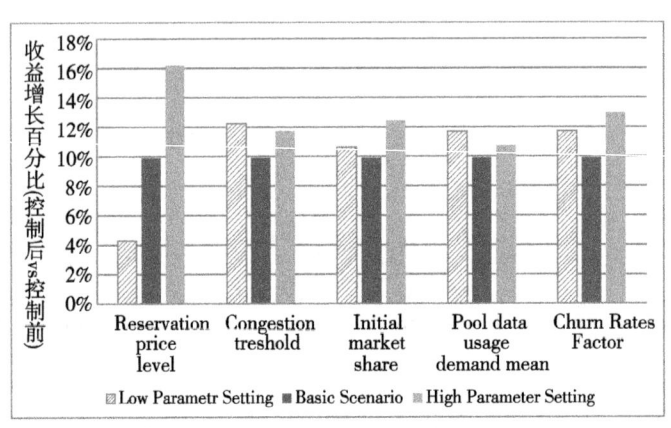

图4.5 灵敏度分析结果

1. 保留价格水平

保留价格表示用户愿意支付的最高价格，它主要受收入水平和运营商市场竞争环境的影响，低保留价格的用户在做出购买决策时更加谨慎，增加潜在用户由于套餐价格昂贵而不购买的比例，由于运营商不能迫使消费者订购与其保留价格不匹配的高价套餐，运用套餐控制的灵活性受到限制。

表4.7是保留价格水平设定为较低的 $b_0 = 40$ €时的情况，在该设定下，潜在消费者只根据 $ppe_{j,t} \leq M \cdot I_{j,t}$，$\forall 1 \leq j \leq J$，$1 \leq t \leq T$ 比较保留价格，$pp_{j,t} \leq \pi_{0,t} \cdot [F(a_j) - F(a'_j)]^+$，$\forall 1 \leq j \leq J$，$1 \leq t \leq T$ 被忽略，于是运营商丧失了利用动态定价法获利的条件，导致了收益4.30%的较低增幅。如果保留价格较高，用户可以支付更高的价格，运营商就能够使他们订购高价套餐以此获利，当保留价格 $b_0 = 60$ €时，运用动态定价法能够带来16.19%的高收益增幅，如表4.8所示。

第4章 限制网速策略下的寡头垄断动态定价模型

表4.7 低保留价格（$b_0 = 40$ €）

	套餐控制（每期）												价值函数	
	1	2	3	4	5	6	7	8	9	10	11	12	动态定价法	传统定价法
套餐1	1	1	1	1	1	1	1	0	1	1	1	—	348.82 €	334.44 €
套餐2	0	0	0	0	0	0	0	0	0	0	1	—	收益增长	
套餐3	1	1	1	1	1	1	1	1	1	1	1	—	14.38 €	
套餐4	0	0	0	1	0	1	0	0	0	0	1	—	收益增长百分比	
套餐5	1	0	1	0	1	0	1	1	1	0	1	—	4.30%	

表4.8 高保留价格（$b_0 = 60$ €）

	套餐控制（每期）												价值函数	
	1	2	3	4	5	6	7	8	9	10	11	12	动态定价法	传统定价法
套餐1	0	0	0	0	0	0	0	0	0	1	0	—	388.60 €	334.44 €
套餐2	0	0	0	0	0	0	0	0	0	0	0	—	收益增长	
套餐3	1	1	1	1	1	1	1	1	1	1	1	—	54.16 €	
套餐4	0	0	0	0	0	0	0	0	0	0	0	—	收益增长百分比	
套餐5	1	1	1	1	1	1	1	1	1	1	1	—	16.19%	

2. 拥塞临界值

网络使用量的临界值由 Ω 表示，当超出这一临界值时网络拥塞发生。动态定价法能够在不同的拥塞临界水平下适用，但是当临界值过低、网络拥塞频发的状况下运营商便没有动机进行动态定价；当临界值过高、网络保持通畅的情况下，动机同样不存在，因此在本章中我们不讨论这两种极端情况。设定 $\Omega = 0.6$ 的较低值模拟了对网络通畅要求比较高的情况，如表4.9所示，收益增幅可达到12.25%，超过基础组的结果。如果将 Ω 设定为 1，如表 4.10 所示，相应的收益增幅为 11.73%，也超过了基础组的结果。

表 4.9 低拥塞临界值（$\Omega = 0.6$）

	套餐控制（每期）												价值函数	
	1	2	3	4	5	6	7	8	9	10	11	12	动态定价法	传统定价法
套餐1	0	0	0	0	0	0	0	0	1	1	1	—	366.84 €	326.80 €
套餐2	0	0	0	0	0	0	0	0	0	0	0	—	收益增长	
套餐3	1	1	1	1	1	1	1	1	1	1	1	—	40.04 €	
套餐4	0	0	0	0	0	0	0	0	0	0	0	—	收益增长百分比	
套餐5	1	1	1	1	1	1	1	1	1	1	1	—	12.25%	

表 4.10 高拥塞临界值（$\Omega = 1$）

	套餐控制（每期）												价值函数	
	1	2	3	4	5	6	7	8	9	10	11	12	动态定价法	传统定价法
套餐1	0	0	1	0	1	0	1	0	1	1	1	—	373.66 €	334.44 €
套餐2	0	0	0	0	0	0	0	0	0	0	0	—	收益增长	
套餐3	1	1	1	1	1	1	1	1	1	1	1	—	39.21 €	
套餐4	0	1	0	0	0	0	0	0	0	0	0	—	收益增长百分比	
套餐5	1	0	1	1	1	1	1	1	1	1	1	—	11.73%	

3. 初始市场份额

为探究初始用户市场比例对不同定价方法下收益的影响，我们对初始市场份额进行灵敏度分析。为使结果更加精确，我们在保持特定套餐市场份额 $\pi_{j,init}/\pi_{i,init}$ 不变的情况下改变运营商的整体初始市场份额。在基础组下，$\pi_{SP,init}$ 为 45%，动态定价法下的运营商收益为 367.56，传统定价法下运营商收益为 334.44；在低初始市场份额情况下（$\pi_{SP,init}$ = 25%）（见表 4.11），运营商运用动态定价法收益为 368.86，运用传统定价法收益为 333.47；在高初始市场份额情况下（$\pi_{SP,init}$ = 65%）（见表 4.12），动态定价时运营商收益为 366.58，传统定价时运营商收益为 326.01。我们发现低初始市场份额时的收益增幅为 10.61%，而高市场份额时为 12.44%，相较于基础组都有所改善。

表 4.11 低初始市场份额（$\pi_{SP,init}$ = 25%）

	套餐控制（每期）												价值函数	
	1	2	3	4	5	6	7	8	9	10	11	12	动态定价法	传统定价法
套餐1	0	0	0	0	1	1	1	1	1	1	1	—	368.86 €	333.47 €
套餐2	0	0	0	0	0	0	0	0	0	1	0	—	收益增长	
套餐3	1	1	1	1	1	1	1	1	1	1	1	—	35.39 €	
套餐4	0	0	0	0	0	0	0	0	0	0	0	—	收益增长百分比	
套餐5	1	1	1	1	1	1	1	1	1	0	1	—	10.61%	

表 4.12 高初始市场份额（$\pi_{SP,init}$ = 65%）

	套餐控制（每期）												价值函数	
	1	2	3	4	5	6	7	8	9	10	11	12	动态定价法	传统定价法
套餐1	0	0	0	0	0	1	1	1	1	1	1	—	366.58 €	326.01 €
套餐2	0	0	0	0	0	0	0	0	0	0	0	—	收益增长	
套餐3	1	1	1	1	1	1	1	1	1	1	1	—	40.56 €	
套餐4	0	0	0	0	0	0	0	0	0	0	0	—	收益增长百分比	
套餐5	1	1	1	1	1	1	1	1	1	0	1	—	12.44%	

4. 潜在用户的需求均值

潜在用户根据个人的数据需求进行套餐订购决策，我们改变用户需求均值来分析对于结果的影响。分析表明该参数的变化对于目标函数最优值没有显著影响，对于高需求的潜在用户，$1/\lambda = 6\text{GB}$，收益增幅为 10.72%，如表 4.14 所示，并未明显高于基础组下的 9.90%，动态定价法效果也与基础组下模式相同；对于低需求的潜在用户，$1/\lambda = 2\text{GB}$，收益增幅为 11.7%，如表 4.13 所示，高于基础组。

表 4.13 低需求均值（$1/\lambda = 2\text{GB}$）

	套餐控制（每期）												价值函数	
	1	2	3	4	5	6	7	8	9	10	11	12	动态定价法	传统定价法
套餐1	0	1	1	0	1	0	1	0	1	1	1	—	350.31 €	313.62 €
套餐2	0	0	0	0	0	0	0	0	0	0	0	—	收益增长	
套餐3	1	1	1	1	1	1	1	1	1	1	1	—	36.69 €	
套餐4	0	0	0	1	0	0	0	0	0	0	0	—	收益增长百分比	
套餐5	1	1	1	1	1	1	1	1	1	1	1	—	11.70%	

表 4.14 高需求均值（$1/\lambda = 2\text{GB}$）

	套餐控制（每期）												价值函数	
	1	2	3	4	5	6	7	8	9	10	11	12	动态定价法	传统定价法
套餐1	0	0	0	0	0	1	1	1	1	1	1	—	361.35 €	326.36 €
套餐2	0	0	0	0	0	0	0	0	0	1	0	—	收益增长	
套餐3	1	1	1	1	1	1	1	1	1	1	1	—	35.00 €	
套餐4	0	0	0	0	0	0	0	0	0	0	0	—	收益增长百分比	
套餐5	1	1	1	1	1	1	1	1	0	1	1	—	10.72%	

第4章 限制网速策略下的寡头垄断动态定价模型

5. 离网率

离网率 θ_j 定义为订购套餐 j 的用户离开该套餐的百分比。我们将用户离网原因设定为由于网络拥塞而离网（θ_j^P）和由于超额使用流量网速受限而离网（θ_j^E）。在基础组设定的参数之上，我们使用离网因子 θ_j 来描述 θ_j^P 和 θ_j^E 之间的相关关系，$\theta_j = \theta_j^E / \theta_j^P$。为便于讨论，对于所有套餐 j，$\theta_j = \theta$。敏感性分析揭示，如果超额使用流量比网络拥塞影响程度更大（$\theta = 3$），可以实现 11.73% 的收益增长，如表 4.15 所示。如果网络拥塞比超额使用流量影响程度更大（$\theta = 1/3$），则可以实现 12.97% 的收益增长，相较于基础组的情况有显著改善，如表 4.16 所示。

表 4.15 超额使用流量比网络拥塞影响程度更大（$\theta = 3$）

	套餐控制（每期）												价值函数	
	1	2	3	4	5	6	7	8	9	10	11	12	动态定价法	传统定价法
套餐1	0	0	1	0	0	0	1	0	1	1	1	—	372.42 €	333.33 €
套餐2	0	0	0	0	0	0	0	0	0	0	0	—	收益增长	
套餐3	1	1	1	1	1	1	1	1	1	1	1	—	39.10 €	
套餐4	0	1	0	0	0	0	0	0	0	0	0	—	收益增长百分比	
套餐5	1	1	1	1	0	1	1	1	1	1	1	—	11.73%	

表 4.16 网络拥塞比超额使用流量影响程度更大（$\theta = 1/3$）

	套餐控制（每期）												价值函数	
	1	2	3	4	5	6	7	8	9	10	11	12	动态定价法	传统定价法
套餐1	0	0	0	0	0	0	0	0	1	1	1	—	373.61 €	330.70 €
套餐2	0	0	0	0	0	0	0	0	0	0	0	—	收益增长	

续表

	套餐控制（每期）												价值函数	
	1	2	3	4	5	6	7	8	9	10	11	12	动态定价法	传统定价法
套餐3	1	1	1	1	1	1	1	1	1	1	1	—	42.90 €	
套餐4	0	0	0	0	0	0	0	0	0	0	0	—	收益增长百分比	
套餐5	1	1	1	1	1	1	1	1	1	1	1	—	12.97%	

4.6 本章小结

随着移动数据流量服务成为电信运营商吸引新用户的营销重点，网络容量限制却严重阻碍了满足客户需求的能力。由于提高网络容量成本高昂，在容量有限的网络中有效管理大量用户并最大化收益的策略对运营商来说十分重要。

正是由于移动数据服务市场面临容量限制的挑战，人们寻求了很多方法来解决这个问题。但现有的方法大多针对市场推广本身，很少考虑到运筹优化的方法，在本章中我们提出了一个运用动态套餐控制定价的解决办法，运营商可以建立在目前网络容量和经济性的基础上，在每一期动态决策向用户开放哪些套餐，该方法可以运用在使用连接速度限制的电信运营商。第3章提出的原始模型主要针对中国电信市场常用的三阶段定价情形，而德国则主要采用流量超额后连接速度限制的方式，我们提出的混合整数线性规划模型假设市场潜在用户无限贴近德国移动数据服务市场的真实情况。

我们将上述规划模型导入处理软件进行了一系列数值分析发现：当用户保留价格和购买流量服务意愿较高时动态定价法效果良好；当运营

第 4 章 限制网速策略下的寡头垄断动态定价模型

商初始市场份额较大时动态定价法能够有效提高收益；若用户对于网络拥塞的厌恶程度低于因超出流量限额导致的速度限制时，动态定价法作用明显。

本章与第 3 章针对中国电信市场的研究既有相似又有不同：用户保留价格的灵敏度分析结论一致，在初始市场份额方面，第 3 章的研究表明动态定价法在运营商初始市场份额较低时效果良好，而本章则发现初始市场份额较高时该方法更有效。

第5章 竞争情况下的双寡头垄断定价模型

5.1 建模背景

在现实生活中,整个电信市场很难被一家运营商所垄断,往往存在两家或者多家运营商竞争的情况。所以,本章将市场竞争因素考虑进来,为处于竞争市场中的电信运营商提供定价模型。并且,本章考虑了异质性用户私有信息的问题,为避免不同类型的用户隐瞒甚至虚假显示自己的私有信息,电信运营商需要通过设计合理的机制来激励每个用户。因此,本章通过机制设计(Mechanism Design)的方法,使得用户在实现个人目标(如效用最大化)的同时也达到电信运营商的目标。因为当电信运营商通过合理的定价机制激励用户时,用户就会真实地根据自己的私有信息(高消费者或者低消费者)来选择使得自己效用最大化的套餐加入,而与此同时也实现了电信运营商收益最大化的目标。

但运营商在通过机制设计获得自身利润的同时,也为揭示用户的私有信息付出了信息成本(Information Rent)。信息成本一般提供给高消费的用户,用来防止高消费的用户伪装成低消费的用户。将信息成本考虑在内,电信运营商应当如何设计合理的定价机制来提高自己的利润是个具有挑战的重要问题。

本着由简单到复杂的研究思路,我们先使用机制设计的方法研究用户存在私有信息的寡头垄断市场下的运营商定价问题,为后文分析双寡

第5章　竞争情况下的双寡头垄断定价模型

头垄断市场下的运营商定价模型打好基础。然后，在此基础上，着重分析通过机制设计的方法解决用户存在私有信息的双寡头垄断市场下的电信运营商定价问题，构建在竞争环境下的电信运营商定价模型。由于多寡头垄断市场是双寡头垄断市场的自然拓展，性质较相似，因此就不再赘述多寡头垄断市场的情况。

在竞争的双寡头垄断市场环境下，由于两个电信运营商之间存在非合作博弈，他们会制定不同的定价机制吸引用户。但用户决定加入或者离开哪家运营商，不仅会考虑两个运营商的各套餐价格，还会考虑运营商网络的服务质量（是否拥塞）、转换成本等各种因素。关于网络拥塞，第4章已经着重介绍了，它是流量经营时代经常会遇到的问题，也是用户加入或离开某家电信运营商网络的重要原因。本章讨论的是竞争环境，所以此时用户还会关注另一个重要方面，就是转换成本。

所谓转换成本，是指在用户转换运营商过程中发生的成本。转换成本一般包括电信运营商为锁定用户而设置的成本，以及用户内生的成本。比如，中国的电信运营商禁止携号转网，用户在转到其他运营商后就不能再使用之前的手机号，通知所有联系人更换手机号是一件费时费力的事情；设置积分策略，用户在长期使用某运营商的服务后会积累相应积分，积分所对应的优惠政策在离网后将不能再享受。以上都是运营商而锁定用户而设置的转换成本。再如，不同的运营商之间的套餐类型、服务内容不尽相同，用户在更换运营商后需要了解新运营商的服务规则、选择适合自己的套餐都需要学习成本。这种学习成本是用户内生的转换成本。

由于种种转换成本的存在，使得用户尽管在某运营商内感知到网络拥塞，但当期末想要离网转换时，也要考虑转换成本的存在。并且，不同类型的用户转网时都有转换成本，同时，用户在两个运营商之间转网,双向都有转换成本,如图 5.1 所示。

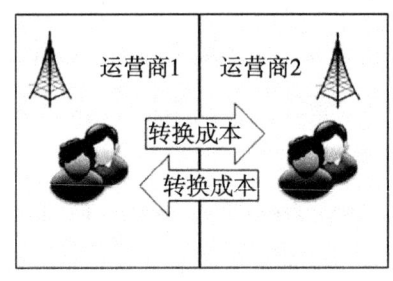

图 5.1 用户在运营商间转换示意

本章与第 3 章基于动态规划的定价模型相比,考虑了用户在实际生活中存在的私有信息,如用户的类型属于高消费者还是低消费者,融入竞争因素,并分析了用户的流量使用量(d)如何根据套餐价格、自身的类型而变化。总体而言,本章的假定更符合现实情况,但由于其分析的复杂性,我们只就单期的情形进行分析。但我们的单期模型用迭代法同样可以模拟多期的情形,具体介绍请参见 5.5.1 节。综上所述,我们总结第 3 章基于动态规划方法的定价模型和第 4 章基于机制设计方法的定价模型主要不同点如表 5.1 所示。

表 5.1 两种定价模型不同点对比一览

	第 3、4 章定价模型	第 5 章定价模型
建模方法	动态规划	机制设计
建模环境	寡头垄断市场环境 (不考虑竞争因素)	寡头垄断和双寡头垄断 市场环境(考虑竞争因素)
考虑期数	多期	单期
用户是否拥有私有信息	无,假设运营商了解用户的需求和类型	有,用户的类型是私有信息

续表

	第 3、4 章定价模型	第 5 章定价模型
用户流量使用量是否外生固定	是,假设不受运营商制定的套餐价格、用户类型的影响	否,它是用户的控制变量,受运营商制定的套餐价格、用户类型的影响

5.2 模型基本假设

我们基于机制设计方法的定价模型,根据电信运营商所处的实际情况进行以下基本假设:

(1) 用户的类型是私有信息。

在现实生活中,每个用户的流量使用量各不相同,根据他们流量使用量的多少,可以分为两大类:高消费者(H)、低消费者(L)。每个用户具体属于哪个类型只有自身知道,所以用户的类型属于私有信息。用户的类型不随加入哪个运营商而变化。在一般情况下,用户讲真话不一定是占优均衡策略,而隐瞒自己的私有信息,甚至通过伪装成其他类型的用户可以从中获利。但运营商通过机制设计的方法,使得用户追求个人利益最大化的时候就真实地透露了个人私有信息,同时达到运营商制定的目标。

比如,电信运营商可以提供两种套餐,一种套餐月租费低廉但单位流量价格较高,另一种套餐月租费较高但单位流量价格低廉。那么高消费者就会自动地选择加入第二种套餐,因为他们的流量使用量较大,第二种套餐对高消费者而言要求用户付出的总费用要低于第一种套餐。同理,低消费者会自动地选择加入第一种套餐,因为他们的流量使用量较小,第一种套餐对低消费者而言要求其付出的总费用要低于第二种套餐。因此，运营商提供的第一种套餐可以理解为针对低消费者（L）设计的低消费套餐，第二种套餐可以理解为针对高消费者（H）设计的高消费套餐。通过这两种套餐的设计，可以实现用户在根据自己的真实私有信息（高端消费者或低端消费者）选择对自己最有利套餐的同时实现电信运营商收益最大化的目标。

（2）用户流量使用量受所选套餐价格的影响。

区别于第3章中用户流量使用量恒定不变的假设，本章假设了更符合实际情况的情形：用户流量使用量并不是固定不变的，而是受套餐价格的影响。也就是说，在用户根据自己的类型选择加入相应的套餐后，用户会根据套餐价格来调整控制变量 d（用户流量使用量）使得自己的效用函数最大化。由于效用函数是关于用户类型、套餐价格和流量使用量的函数，其中用户类型是确定不变的，所以当电信运营商给出制定的套餐价格后，用户会根据相应的套餐价格决定最优的流量使用量，以此来最大化自己的效用。

（3）网络拥塞和转换成本影响用户对运营商的偏好。

在流量经营时代，用户对电信服务最主要的需求集中体现在流量服务上，而影响流量服务好坏的一个重要指标就是网络是否拥塞，用户是否可以流畅地上网，会不会出现因为网络拥塞导致网页打不开、视频经常卡等不良现象的发生。所以，网络拥塞程度会影响用户对运营商的偏好。

在竞争市场环境下，用户对一家运营商不满意可以转换到另外一家运营商，但是由于转化成本的存在，使得用户可能"敢怒不敢言"，即使用户经历了网络拥塞带来的各种不良现象，但是考虑到转换成本，依然对这家运营商有较高的偏好。因此，转换成本也会影响用户对运营商的偏好。

（4）用户对运营商的偏好结果反映在其选择该运营商的概率（β_i、β_j）和使用该运营商网络所获得的服务体验（r_m、S_m）上。

由于网络拥塞和转换成本不同导致用户对运营商的偏好不同，而用户对运营商不同的偏好反映在两个方面：用户选择该运营商进行消费的概率和用户使用该运营商网络获得的服务体验。当用户对某运营商的偏好程度越高时，用户选择该运营商消费的概率越高，使用该运营商网络获得的服务体验越好（带来的正效用越高）。反之，当用户对某运营商的偏好程度越低时，用户选择该运营商消费的概率越低，使用该运营商网络获得的服务体验越差（带来的正效用越低）。

本书，我们主要考虑市场上有 i 和 j 两个电信运营商的情形，因此用 β_i 表示用户选择运营商 i 进行消费的概率，β_j 表示用户选择运营商 j 进行消费的概率，r_m 表示运营商 i 的网络给用户所带来的服务体验，S_m 表示运营商 j 的网络给用户所带来的服务体验。

（5）运营商针对数据流量业务进行定价。

同第 3 章的定价模型相同，本章的定价也是基于对运营商的流量业务进行的。目前，各大电信运营商纷纷将经营重点转至流量业务，国外运营商已经逐渐将语音、短信业务设为免费，而只对流量业务进行收费。国内运营商，如中国移动广东分公司，开始将语音通话、短信发送都使用流量作为计费单位。所以，电信行业未来的大势所趋就是研究如何对数据流量进行定价。

5.3 基本参数和符号定义

为方便读者参考，将本章所用的所有外生参数整理列在表 5.2 中，所有决策变量整理列在表 5.3 中，所有计算参数列在表 5.4 中。

表 5.2 外生参数一览

符号	定义
δ_m	用户的类型，其中 $m \in \{H, L\}$，H 代表高消费者，L 代表低消费者
c	电信运营商每提供一单位流量所花费的成本
α	低消费者在运营商的总用户中所占的比例
d_m	第 m 类用户的流量使用量，其中 $m \in \{H, L\}$，D_H 代表高消费者的流量使用量，D_L 代表低消费者的流量使用量
d_m^i	第 m 类用户在运营商 i 中的流量使用量，其中 $m \in \{H, L\}$
d_m^j	第 m 类用户在运营商 j 中的流量使用量，其中 $m \in \{H, L\}$
β_i	用户选择运营商 i 进行消费的概率
β_j	用户选择运营商 j 进行消费的概率
r_m	电信运营商 i 的网络给第 m 类用户所带来的服务体验，其中 $m \in \{H, L\}$
S_m	电信运营商 j 的网络给第 m 类用户所带来的服务体验，其中 $m \in \{H, L\}$

表 5.3 决策变量一览

符号	定义
p_m	电信运营商为第 m 类套餐制定的单位流量的价格，其中 $m \in \{H, L\}$
p_m^i	电信运营商 i 为第 m 类套餐制定的单位流量的价格，其中 $m \in \{H, L\}$
p_m^j	电信运营商 j 为第 m 类套餐制定的单位流量的价格，其中 $m \in \{H, L\}$
l_m	电信运营商为第 m 类套餐制定的固定月租费，其中 $m \in \{H, L\}$

表 5.4 计算参数一览

符号	定义
U	用户的总效用
T_m	第 m 类用户向运营商支付的总费用，其中 $m \in \{H, L\}$

5.4 基准模型

我们先考虑垄断市场的情况，即整个市场上只有一个电信运营商垄断经营。而消费者有两种类型：θ_H 和 θ_L，其中 $\theta_H > \theta_L$，类型是消费者的私有信息。首先，我们设计一个激励相容的直接显示机制，以解决信息不完全及信息成本问题，从而实现均衡的目标。其次，考虑双寡头垄断市场，存在两个电信运营商时的策略性互动问题。

5.4.1 技术与偏好

电信运营商设计定价机制并向所有消费者宣布定价资费结构 $T = pd + l$，其中 T 为消费者需支付的总费用，p 为单位流量使用量的价格，d 为消费者的流量使用量，l 为消费者每月需缴纳的套餐月租费。所以，消费者每个月在支付一定额度的月租费后，即可以 p 的单位价格使用流量，并支付因消耗 d 单位的流量所带来的费用。最终消费者支付的总费用包括两部分：固定费用和可变费用，固定费用是指月租费，可变费用是指随流量使用量变化而变化的费用运营商的决策变量，也就是每个套餐的单位流量价格 p 和固定月租费 l。

因此，我们可以写出寡头垄断电信运营商的目标函数，即最大化利润：

$$\max_{T(p)} \alpha \left[T_L(p_L, l_L) - cd_L \right] + (1-\alpha) \left[T_H(p_H, l_H) - cd_H \right]$$

其中，α 为低消费者（L）在运营商的总消费者中所占的比例；p_L 为低消费套餐单位流量的价格；

l_L 为低消费套餐的固定月租费，$T_L(p_L, l_L)$ 表示低消费者向运营商支付的总费用；

c 为运营商每提供一单位流量所花费的成本;

cd_L 为低消费者在该期的数据流量总使用量,就表示运营商服务低消费者付出的总成本。消费者选择套餐、流量使用量的时候会最大化自己的总效用,其目标函数为:

$$\max U = \max \delta_m V(d_m) - T_m$$

其中,$V'(d) > 0$,$V''(d) < 0$。$\delta V(d)$ 为使用流量为消费者带来的正效用,T 为消费者使用流量所支付的费用;δ_m 为消费者的类型,$m = \{H, L\}$;H 为高消费者;L 为低消费者;$\delta_H > \delta_L$。当运营商提供一种定价机制后,会给定套餐的单位流量价格 p。消费者的需求函数 $d = D(p)$。

5.4.2 运营商利润最大化问题

电信运营商利润最大化问题如下:

$$\max_{T(p)} \alpha [T_L(p_L, l_L) - cd_L] + (1-\alpha)[T_H(p_H, l_H) - cd_H]$$

s.t. $\delta_H V(p_H) - T_H \geq 0$,(IRH)

$\delta_L V(p_L) - T_L \geq 0$,(IRL)

$\delta_H V(p_H) - T_H \geq \delta_H V(p_L) - T_L$,(ICH)

$\delta_L V(p_L) - T_L \geq \delta_L V(p_H) - T_H$,(ICL)

利用机制设计的五个步骤可以将上述问题转化为(转化过程见附录定理 1 的证明):

$$\max_{p_L, p_H} \alpha \underbrace{[\delta_L V(p_L) - cd_L]}_{\text{Surplus}} + (1-\alpha)\underbrace{[\delta_H V(p_H) - cd_H - (\delta_H - \delta_L)V(p_L)]}_{\text{Information Rent}}$$

从上式不难看出运营商的目标函数包括两部分,第一部分是低类型消费者的总剩余,第二部分是为了揭示消费者的私有信息所付出的信息成本。

第5章 竞争情况下的双寡头垄断定价模型

定理 1 高消费套餐单位流量价格的最优解 p_H^* 和低消费套餐单位流量价格的最优解 p_L^* 满足如下关系式：

$$\begin{cases} V'(p_H^*) = \dfrac{c}{\delta_H} D'(p_H^*) \\ V'(p_H^*) = \dfrac{c}{\delta_L \left[1 - \left(\dfrac{1-\alpha}{\alpha} \cdot \dfrac{\delta_H - \delta_L}{\delta_L}\right)\right]} D'(p_L^*) > \dfrac{c}{\delta_L} D'(p_L^*) \end{cases}$$

并且，低类型消费者的最优使用量低于高类型消费者的最优使用量，即消费扭曲定理 $d_L^* < d_H^*$。

证明见附录。电信运营商希望通过降低高类型消费者的单位流量价格来避免高类型消费者伪装成低类型消费者消费，让这些高类型消费者真实地报告自己的类型，增加高类型消费者的需求，与完全信息下相比，非完全信息下的机制设计使高类型消费者的需求并没有增加，低类型消费者的需求反而减少，低类型消费者的消费扭曲来源于运营商提供给高类型消费者的信息成本。所以，要想改善低类型消费者的消费扭曲，应当减少提供给高类型消费者的信息成本。

运营商的利润包含两部分，低类型消费者的总剩余和为了揭示高类型消费者的私有信息所付出的信息成本。所以运营商的核心利润来源于第一部分，来源于低类型消费者的总剩余。这一点结论有悖于我们往常的直觉，以为高类型消费者才是我们的核心利润来源，实际却刚好相反。所以，电信运营商应当更关注和激励低类型消费者（如神州行、动感地带等低品牌消费者），通过各种优惠措施激励低类型消费者，提高他们的总剩余。

5.5 竞争情况下的双寡头垄断定价模型

本节将讨论双寡头垄断市场情形。假设市场上有两个电信运营商，由于他们提供类似的通信服务（主要包括数据流量、语音、短信等服务），两个电信运营商之间存在非合作博弈策略选择。同时，因为政府要求每个运营商定期向社会披露自己的市场占有率、成本、利润等信息，所以我们假定两个运营商相互完全了解对方的信息。

假设市场上的两个运营商分别是运营商 i 和运营商 j，由于这两个运营商具有对称性，不失一般性分析运营商的最优定价机制。

5.5.1 非线性双寡头定价机制设计

网络拥塞和转换成本影响消费者对运营商的偏好，而消费者对运营商的偏好结果反映在其使用该运营商网络所获得的服务体验（S_m^i、S_m^j）上。

由于消费者在两运营商 i 和运营商 j 之间面临消费选择问题。令 S_m^i 表示运营商 i 的网络给类型的消费者所带来的服务体验，S_m^j 表示运营商 j 的网络给 m 类型的消费者所带来的服务体验。S_m^i / S_m^j 可以看成两个运营商之间的服务差异，反映消费者在两运营商之间的消费替代弹性。消费者的效用函数 $V(d)$ 可以表示为：

$$V(d) = \ln\left[S_m^i (d_m^i)^2 + S_m^j (d_m^j)^2 \right]$$

系数 S_m^i，S_m^j 是由消费者经历了上一期使用运营商 i 和运营商 j 的网络后，感知网络的服务质量和拥塞程度，影响消费者对运营商 i 和运营商 j 的偏好，得到的运营商 i 和运营商 j 服务质量的好坏所给消费者带来效用的程度。上一期运营商的网络拥塞越高，消费者感知到的该运营商给其带来的服务体验、效用程度越低；反之亦然。

第 5 章 竞争情况下的双寡头垄断定价模型

所以，消费者在当期使用完运营商的网络后，会判断出运营商的网络拥塞程度和转换成本大小，改变自己对两个运营商的倾向，进而改变对下期使用该运营商网络所获得的服务体验的估计（S_m^i, S_m^j）。如此往复，消费者根据上期在运营商的使用情况不断改变下期选择的偏好。图 5.2 形象化地说明了这一过程。

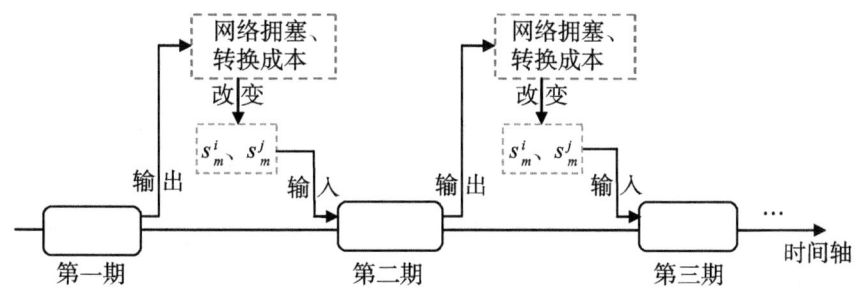

图 5.2 消费者根据使用情况不断改变选择的多期流程

该过程在实际生活中属于多期选择问题，但本章提出的单期模型同样可以模拟反映多期问题。如图 5.3 所示，可以将单期输出的"网络拥塞、转换成本"改变消费者对运营商的偏好"S_m^i, S_m^j"，再迭代输入单期模型，用自回馈系统来模拟多期的流程。

自回馈过程如下：设第 n 次迭代，步长为 $\mu^{(n-1)}$，"网络拥塞、转换成本"带来的改变量为 ΔS_m^i, ΔS_m^j，则第迭代得到的 $S_m^{i(n)}$, $S_m^{j(n)}$ 可以表示为：

$$\begin{cases} S_m^{i(n)} = \mu^{(n-1)} S_m^{i(n-1)} + (1-\mu^{(n-1)}) \Delta S_m^i, \\ S_m^{j(n)} = \mu^{(n-1)} S_m^{j(n-1)} + (1-\mu^{(n-1)}) \Delta S_m^j \end{cases}$$

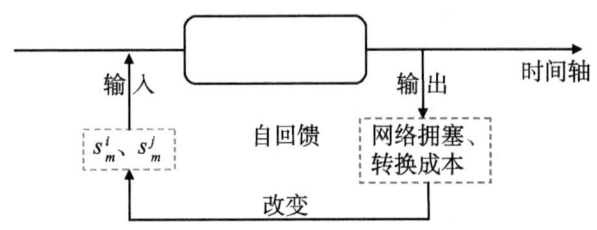

图 5.3 单期自回馈系统模拟多期流程

因此，通过选择合适的 μ，就可以实现用单期模型来模拟多期。我们继续分析消费者的问题。根据电信运营商制定的资费结构，消费者在双寡头垄断模型中向运营商 i 支付的费用可以表示为：$T_m^i = p_m^i d_m^i + l_m^i$，消费者向运营商 j 支付的费用可以表示为：$T_m^j = p_m^j d_m^j + l_m^j$。则消费者的效用函数可以表示为：

$$U_m = \delta_m \ln \left[s_m^i (d_m^i)^2 + s_m^j (d_m^j)^2 \right] - T_m^i - T_m^j$$

$$= \delta_m \ln \left[s_m^i (d_m^i)^2 + s_m^j (d_m^j)^2 \right] - p_m^i d_m^i - l_m^i - p_m^j d_m^j - l_m^j, \quad m = L, H$$

其中，δ_m 为消费者的类型；

d_m^i 为类型为的消费者选择运营商 i 消费的流量使用量；

d_m^j 为类型为 m 的消费者选择运营商 j 消费的流量使用量；

p_m^i 为运营商 i 针对第 m 类型消费者提供的套餐的单位流量价格；

p_m^j 为运营商 j 针对第 m 类型消费者提供的套餐的单位流量价格；

l_m^i 为运营商 i 针对第 m 类型消费者提供的套餐的固定月租费；

l_m^j 为运营商 j 针对第 m 类型消费者提供的套餐的固定月租费。

根据上述讨论的结果，消费者对运营商 i 和运营商 j 的偏好体现在使用该运营商网络所获得的服务体验 (s_m^i, s_m^j) 上。当运营商 i 和运营商 j 制定出各自的定价机制后，消费者消费选择的问题可以表示为：

$$\max \delta_m \ln \left[s_m^i (d_m^i)^2 + s_m^j (d_m^j)^2 \right] - p_m^i d_m^i - l_m^i - p_m^j d_m^j - l_m^j, \quad m = L, H$$

第5章 竞争情况下的双寡头垄断定价模型

然后，我们来讨论运营商的问题，由于在完全信息非合作博弈中两个运营商具有对称性，我们站在运营商 i 的角度进行分析。那么，在双寡头垄断市场中，电信运营商的目标函数可以表示为：

$$\max \alpha \left[T_L(p_L^i, p_H^i) - c d_L^i \right] + (1-\alpha) \left[T_H(p_L^i, p_H^i) - c d_H^i \right]$$

其中，α 为低消费者（L）在运营商 i 的总消费者中所占的比例；p_L^i 为运营商 i 提供的低消费套餐的单位流量价格；p_H^i 为运营商 i 提供的高消费套餐的单位流量价格；$T_L(p_L^i, p_H^i)$ 为在给出低消费套餐和高消费套餐的单位流量价格后，低消费者选择套餐并使用后支付的总费用；c 为运营商 i 每提供一单位流量所花费的成本；d_L^i 为低消费者在运营商 i 处消费的流量使用量；$c d_L^i$ 为运营商 i 为向低消费者提供流量服务而付出的总成本；$(1-\alpha)$ 为高消费者（H）在运营商的总消费者中所占的比例；$T_H(p_L^i, p_H^i)$ 为在给出低消费套餐和高消费套餐的单位流量价格后，高消费者选择套餐并使用后支付的总费用；d_H^i 为高消费者在运营商处消费的流量使用量；$c d_H^i$ 为运营商为向高消费者提供流量服务而付出的总成本。

该目标函数表示电信运营商 i 的目标是从所有消费者（含低消费者和高消费者）处获得的总利润最大化。根据上一节分析，运营商定价的约束表述为：

$$\delta_H V(p_H^i) - T_H^i \geq 0, \text{ (IRH)}$$

$$\delta_L V(p_L^i) - T_L^i \geq 0, \text{ (IRL)}$$

$$\delta_H V(p_H^i) - T_H^i \geq \delta_H V(p_L^i) - T_L^i, \text{ (ICH)}$$

$$\delta_L V(p_L^i) - T_L^i \geq \delta_L V(p_H^i) - T_H^i, \text{ (ICL)}$$

5.5.2 模型分析

首先，我们来求解消费者选择的问题，分析消费者面对运营商 i 和

运营商 j 的定价机制如何选择套餐加入并如何选择具体的流量使用量。消费者选择的问题如下：

$$\max \delta_m \ln \left[s_m^i (d_m^i)^2 + s_m^j (d_m^j) \right] - p_m^i d_m^i - l_m^i - p_m^j d_m^j - l_m^j, \ m = L, H$$

得到消费者的最优流量使用量：

$$d_m^i = \frac{2 s_m^j p_m^i}{s_m^j (p_m^i)^2 + s_m^i (p_m^j)^2}$$

再来求解电信运营商的定价问题，我们可以写出电信运营商的定价问题如下：

$$\max \alpha \left[T_L (p_L^i, p_H^i) - c d_L^i \right] + (1-\alpha) \left[T_H (p_L^i, p_H^i) - c d_H^i \right]$$

$$\text{s.t.} \ \delta_H V(p_H^i) - T_H^i \geq 0, \ (IRH)$$

$$\delta_L V(p_L^i) - T_L^i \geq 0, \ (IRL)$$

$$\delta_H V(p_H^i) - T_H^i \geq \delta_H V(p_L^i) - T_L^i, \ (ICH)$$

$$\delta_L V(p_L^i) - T_L^i \geq \delta_L V(p_H^i) - T_H^i, \ (ICL)$$

然后，将消费者的最优流量使用量代入运营商 i 的定价问题进行求解。对参数进行赋值，令 $\delta_L = 0.6$，$\delta_H = 1.0$，$\alpha = 0.8$，$c = 2$，$s_L^i = 2$，$s_L^j = 5$，$s_H^i = 4$，$s_H^j = 7$。通过比较静态分析，我们可以得到运营商制定的单位流量价格 p_L^i 和 p_H^i 的最优反应曲线，如图 5.4 和图 5.5 所示。

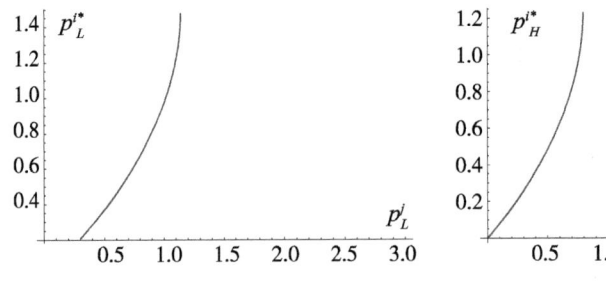
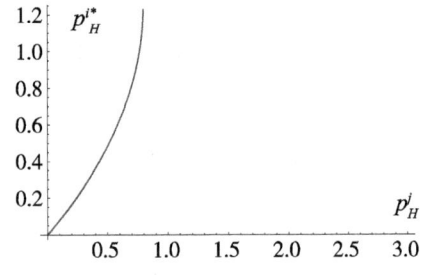

图 5.4 低消费套餐的最优单位流量价格　　图 5.5 高消费套餐的最优单位流量价格

从图 5.4 中可以看出，电信运营商 i 为低类型消费者制定的最优单

第 5 章 竞争情况下的双寡头垄断定价模型

位流量价格 p_L^{i*} 随着运营商 j 为低类型消费者提供的单位流量价格 p_L^j 的增长而增长。同理，从图 5.5 中可以看出，电信运营商 i 为高类型消费者制定的最优单位流量价格 p_H^{i*} 随着运营商 j 为高类型消费者提供的单位流量价格 p_H^j 的增长而增长。为验证该结论的稳定性，我们在不同的 10 组参数设置下重复该数值试验，发现结论保持不变。

同时，我们发现低消费套餐的最优单位流量价格 p_L^{i*} 普遍高于高消费套餐的最优单位流量价格 p_H^{i*}，产生这种现象是因为在两阶段定价机制中，消费者需先支付每月的套餐月租费，再以单位价格使用流量。而由于高消费套餐往往制定较高的套餐月租费，所以其最优的单位流量价格比低消费套餐的最优单位流量价格要低。

此外，电信运营商最优定价与消费者对该运营商的服务体验成正比，与消费者对竞争对手运营商的服务体验成反比。如图 5.6 所示，无论是低消费套餐还是高消费套餐，运营商 i 的最优定价都同消费者对运营商 i 的服务体验 (s_L^i, s_H^i) 呈正相关关系，与消费者对竞争对手运营商 j 的服务体验 (s_L^j, s_H^j) 呈反相关关系。所以，运营商要想提高自己的议价权，需要不断提升自己的服务质量，避免发生网络拥塞，使用户在自己网络中的服务体验优于竞争对手网络中的服务体验。

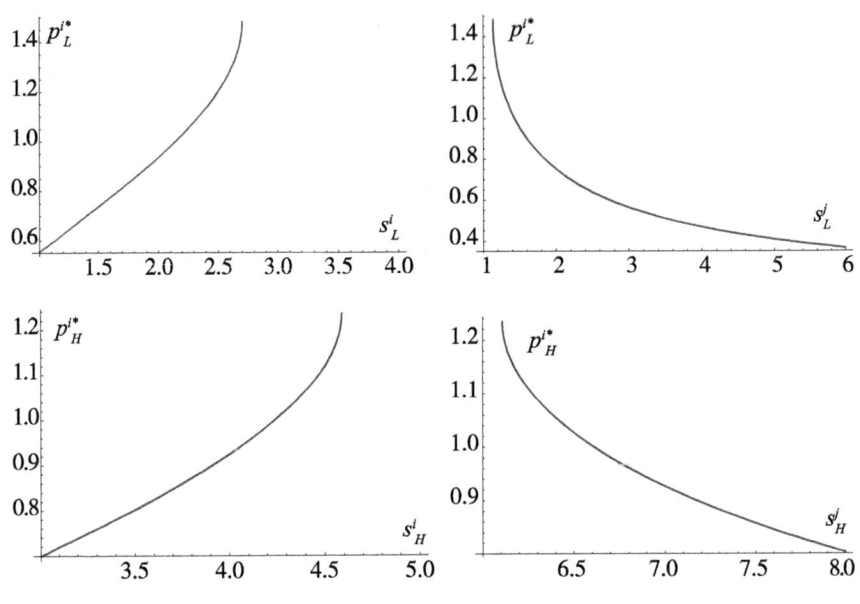

图 5.6　最优定价随消费者服务体验的变化趋势

5.6　中国电信运营商案例

以中国最大的两家电信运营商：中国移动和中国联通为例，在 3G 时代，由于中国移动采用中国自有的 TD-SCDMA 技术制式，峰值速率只有 2.8Mbps，而中国联通采用国际领先的 WCDMA 技术制式，峰值速率为 21~42Mbps。上网速度的缓慢给中国移动带来的是用户体验差，大量用户离网，因此在套餐设计方面中国移动的起始流量基准要低于中国联通，而且资费水平也偏低。为方便控制变量分析，下面以两个运营商的 3G 上网卡（只含数据流量，不含语音时长和短信）为例进行分析，资费对比如表 5.5 所示。

第 5 章 竞争情况下的双寡头垄断定价模型

表 5.5 中国移动和中国联通 3G 上网卡资费对比

中国移动		中国联通	
套餐月费	包含流量	套餐月费	包含流量
5 元	30M	150 元	3G
20 元	150M	200 元	5G
50 元	500M	300 元	10G
100 元	2G		
200 元	5G		

进入 4G 时代,中国移动和中国联通都拿到了 TD – LTE 制式的 4G 牌照,两个运营商提供的网络峰值速率都能达到 100Mbps。但由于中国移动在 2015 年年底 4G 基站规模已达到 107 万个,而中国联通的 4G 基站规模却刚达到 40 万个。伴随着上网速度的加快,网络的广泛覆盖,用户体验大幅提升,中国移动在 4G 时代成功实现"逆袭"。由于 4G 时代各大运营商都不再主推上网卡,上网卡的资费过于单一,我们这里选取在 4G 时代各大运营商普遍推广的"自定义套餐"中的流量包(只含数据流量,不含语音时长和短信)资费进行分析。从表 5.6 中不难看出,在套餐设计方面中国移动的起始流量基准反而要高于中国联通,而且资费水平也普遍高于中国联通。中国移动定价的上调归功于它为用户提供的服务体验的提升,且优于竞争对手中国联通提供的服务体验,这也证明了本章提出的观点:电信运营商最优定价与消费者对该运营商的服务体验成正比,而与消费者对竞争对手运营商的服务体验成反比。

表 5.6 中国移动和中国联通 4G 上网流量包资费对比

中国移动		中国联通	
套餐月费	包含流量	套餐月费	包含流量
30 元	500M	8 元	100M

续表

中国移动		中国联通	
套餐月费	包含流量	套餐月费	包含流量
40元	700M	16元	300M
50元	1G	24元	500M
70元	2G	48元	1G
100元	3G	72元	2G
130元	4G	96元	3G
180元	6G	120元	4G
280元	11G	152元	6G
		232元	11G

从表5.5和表5.6中,我们还发现从3G时代到4G时代,三大运营商技术提升带来网速加快的同时还带来了资费的降低。如图5.7所示,伴随着竞争对手中国联通从3G到4G的资费下调,中国移动的资费也相应下调。例如,中国移动在3G时代500MB流量的上网卡需要50元,而4G时代500MB的流量包在中国联通仅需24元,因此中国移动下调资费到30元。这与本章的另外一个观点也不谋而合:电信运营商的最优定价随竞争对手的价格同向变动。

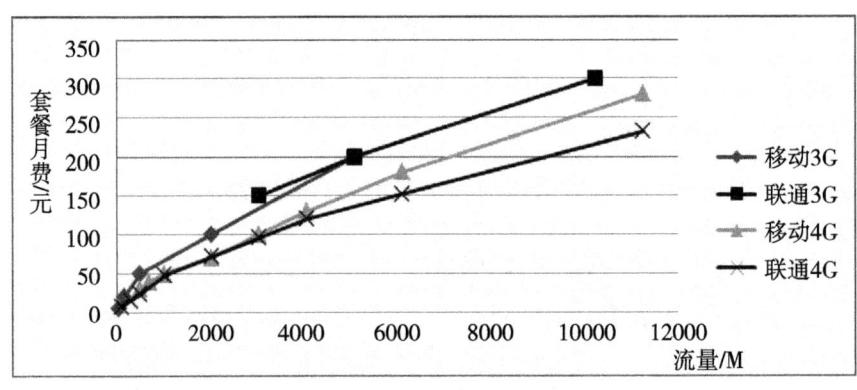

图5.7 中国移动和中国联通流量资费对比

5.7 本章小结

本章围绕电信运营商定价问题展开研究，分析了寡头垄断市场下的定价模型和双寡头垄断市场下的定价模型。本章研究的问题与传统文献研究的问题最大区别在于我们假设寡头市场中存在竞争。因此在考虑设计机制去揭示消费者私有信息的同时，还要把竞争对手的定价策略考虑进来。

通过寡头垄断定价模型的分析求解，我们得到如下结论。

（1）低类型消费者的最优使用量低于高类型消费者的最优使用量。低类型消费者的消费扭曲来源于运营商提供给高类型消费者过高的信息成本。电信运营商如果提供给高类型消费者（如全球通消费者等）大折扣的优惠，高类型消费者也许并不在意这种优惠，需求量不会较大幅度改变，但是低类型消费者（如神州行、动感地带消费者等）注意到高类型消费者的优惠而不满，反而降低了低类型消费者在该运营商处的消费。因此，要想改善低类型消费者的不满和消费扭曲，需要降低对高类型消费者的优惠幅度。

（2）运营商的核心利润来源于低类型消费者的总剩余。这一点结论有悖于我们往常的直觉，以为高类型消费者才是我们的核心利润来源，实际却刚好相反。所以，要想提高运营商的利润，应当给低类型消费者各种优惠服务，激励他们的消费，增加他们的社会福利总剩余。

在寡头垄断定价模型的基础上，我们重点分析了更为复杂的双寡头垄断定价模型。在竞争环境下，两个电信运营商之间存在非合作博弈，所以我们综合考虑了在流量经营时代由于网络资源有限所带来的网络拥塞因素，以及用户在运营商间转换时需付出的转换成本因素。通过求解模型发现运营商的最优定价无解析解，但通过数值分析我们发现如下结论。

（1）电信运营商的最优定价随竞争对手的价格同向变动。当竞争对手的价格上升时，我们的定价也可以相应上浮，这也与实际经验相吻合。

（2）电信运营商最优定价与消费者对该运营商的服务体验成正比，与消费者对竞争对手运营商的服务体验成反比。所以，运营商不应当将注意力集中在价格战上，而应当不断优化自己网络的服务质量，避免发生网络拥塞，提高消费者的服务体验和满意度，进而才能有涨价的空间。在流量经营时代，盲目的价格战而忽略网络的服务质量只会恶性循环，而合理制定价格，保证网络服务质量，反而可以赢得市场的主动权。

第6章 码号资源约束下的手机卡分配模型

6.1 建模背景

除了网络资源,电信运营商还拥有的另外一个独特的资源是码号资源。由于政府对码号资源的管制,每个运营商拥有的手机号码总数都是有限的。而手机卡与手机号码是一一对应的,所以电信运营商拥有的手机卡(SIM卡)资源也十分有限。

随着电信市场的日趋饱和,国内三大电信运营商之间的竞争也越来越激烈。尤其在42家虚拟运营商获得工信部颁发的移动通信转售业务的经营牌照后,运营商间抢夺用户的大战显得更加激烈。各大运营商面向新用户的手机卡销售,除了通过自有渠道(营业厅)进行外,还广泛地利用各类型社会渠道进行大面积销售手机卡,吸引新用户入网。一般来讲,电信运营商的社会渠道主要包括以下四类,如表6.1所示。

表6.1 电信运营商社会渠道的主要类型

社会渠道类型	代表商家
连锁渠道商	迪信通、中复电讯
大卖场	王府井百货、苏宁电器中的一整层
店面	专营店、报刊亭、便利店
专区	家乐福、物美超市内某区域

可以说，电信运营商的社会渠道覆盖大到各连锁卖场，小到沿街店面，不仅覆盖面广，而且多元化，能覆盖不同的市场和人群。相关数据显示①，社会渠道在拉动新用户入网率方面发挥着重要的作用，以广东联通为例，社会渠道带动新用户入网人数占所有渠道的65%，而广东电信的社会渠道带动的新用户人数占比也超过50%。社会渠道在电信运营商的渠道运营中扮演着不可忽视的重要角色。电信运营商显然也意识到这点，一方面不断地发展新的社会渠道，另一方面以激活酬金和在网酬金来激励社会渠道为其不断地拉动新用户。

由于总的手机卡资源是有限的，随着社会渠道数量的不断增加，电信运营商对社会渠道手机卡的分配管理显得越发困难。电信运营商一般每周或每月会对所有社会渠道发放新的手机卡，但是社会渠道的数量是巨大的，每个城市都有几十上百家大大小小的社会渠道代理商，所以每周或每月如何确定向每个社会渠道新发放多少种手机卡，以及每种手机卡发放多少数量便成了一个难题。

同时，电信运营商为了客户区分，针对新入网用户的不同特征推出对应不同套餐的手机卡。以中国移动为例，它主要通过社会渠道销售五类预付费手机卡，分别是：神州行5元卡、神州行畅听卡、神州行家园卡、标准神州行卡、动感地带卡。神州行5元卡的主要目标客户群为外来务工和长期出差人员，提供优惠的漫游服务和低廉的长途资费。神州行畅听卡的主要目标客户群为当地社区居民，提供优惠的本地通信资费。神州行家园卡的主要目标客户群为郊区用户，在指定郊区范围内拨打电话资费更低。标准神州行卡的主要目标客户群为来当地短期出差、旅游的用户，月租费为零，用多少付多少，不用不付费。动感地带卡的

---

① 2014年运营商渠道转型探索分析报告，中国行业咨询网。

第6章 码号资源约束下的手机卡分配模型

主要目标客户群为年轻的大学生，提供充足的短信包和上网流量，并推出多种个性化服务。并且，运营商一般会通过合约计划等各种优惠活动绑定用户，要求每种手机卡对应的套餐在数月内不能变更，因此新用户在入网时往往对手机卡所对应套餐的选择非常谨慎。

由于通过社会渠道销售的手机卡基本都属于预付费手机卡，先付费后使用服务。所以为了方便用户开卡即能使用，不管哪种套餐的手机卡，每张手机卡中一般充有一定金额的预存话费。以中国移动为例，手机卡上预存的话费有0元、30元、50元、100元四档。所以五类预付费卡又根据所含预存话费的多少细分为20种手机卡，例如，神州行5元卡（含30元预存话费）、神州行畅听卡（含50元预存话费）、动感地带卡（含100元预存话费）等。这20种卡全部投放在社会渠道，所以手机卡类型的繁杂又增加了电信运营商对手机卡进行分配管理的难度。

社会渠道代理商几十上百家，手机卡类型也有几十种，而为了快速响应市场变化，运营商常常需要每周或每月就进行一次手机卡的分配，这三大因素无疑给电信运营商合理分配手机卡带来了巨大的挑战。据我们所知，目前运营商主要通过管理者直接或者按比例将手机卡发放给各社会渠道代理商。所以，代理商中经常出现有的类型手机卡不够用，但有的类型手机卡却卖不完的现象。而且不同代理商缺少或富余的手机卡类型也各不相同。因此，电信运营商如何根据各渠道代理商历史销售手机卡的数据，来进行每周或每月手机卡分配计划的决策（Assortment Planning）是一个亟待解决的问题。

6.2 运营商手机卡分配需考虑的主要特征

电信运营商在手机卡分配过程中,需要综合考虑三个方面的因素来制订手机卡的分配计划。这三个方面包括手机卡相关的属性、用户选择和购买手机卡的行为及代理商的销售能力。下面将分别阐述这三个方面的主要特征,进而说明电信运营商在手机卡分配过程中需要考虑的所有主要特征,为后期搭建模型打好基础。

其中,下面阐述的第一、二个特征属于手机卡相关的特征,第三、四个特征属于用户相关的特征,第五、六个特征属于代理商相关的特征。

(1) 手机码号资源有限。

手机卡又称为 SIM(Subscriber Identity Module)卡,是电信用户身份的识别卡。虽然不同的手机卡样式各异,但它们都内含大规模集成电路,具有存储用户个人信息、加密密钥和电话号码簿等功能。因此,每个手机卡都对应一个手机号,电信运营通过手机卡识别用户,无论用户使用几个手机,只要其手机卡不变,手机号码也不会发生变化。用户通过手机卡连接电信运营商的网络,使用其语音、短信、流量等通信服务。同时,电信运营商也将该手机所产生的通信费用(话费)记录在该手机卡对应的号码账户上。

由于手机号码的唯一性,手机码号资源非常紧俏,并非运营商想发行多少手机卡都可以发行多少,而要受码号资源的限制。随着 42 家虚拟运营商的加入,每个电信运营商可以分得的码号资源更加有限。而且,由于中国人对吉祥号码"6""8"的追捧,对不吉利号码"4"的规避,电信运营商实际可以利用的手机号码,尤其是吉祥手机号码,更显得稀少。手机码号资源有限相应地导致可以分配的手机卡数量也变得非常有限,如何科学合理地给代理商分配手机卡来实现运营商收益最大化,就显得更加重要了。

(2) 每张手机卡都有对应的套餐类型和预存话费。

由于手机卡只有选择了套餐才能开通使用,所以为了方便广大用户使用,运营商一般会在手机卡中提前设置好初始的套餐类型。根据对应的套餐类型的不同,手机卡种类也不相同。除此之外,通过社会渠道销售的手机卡基本都属于预付费类型的手机卡,需要先付费后使用,为了方便用户的使用,运营商在手机卡内还一般都提前预充了一定金额的话费,用户可以根据自身的消费能力选择一定额度预存话费的手机卡。

因此,每张手机卡在通过社会渠道售出时,除了已经被写入了手机号码,还具有一定的属性,主要包括相应的套餐类型和已预存的话费两大属性。每个属性中又有很多等级(Level)。以中国移动为例,其通过社会渠道销售的手机卡中"套餐类型"属性主要有五种等级,分别是神州行标准套餐、神州行5元套餐、神州行畅听套餐、神州行家园套餐、动感地带套餐。"预存话费"属性也有四种等级,分别是无预存、预存30元、预存50元、预存100元。综合这两个属性,中国移动销售的卡就有 $5 \times 4 = 20$ 种不同的手机卡,如含30元话费的神州行标准卡、含50元话费的神州行5元卡、含50元话费的动感地带卡等。

(3) 用户根据属性选择最想购买的手机卡。

由于不同手机卡之间的区别主要体现在套餐类型和预存话费两大属性上,所以用户在购买手机卡之前,会通过宣传单、广告栏、上网查询等各种方式提前对各手机卡在这两个属性方面的各等级进行了解,并根据自己对套餐类型的偏好在"相应的套餐类型"属性中选择合适的等级,根据自己对预存话费的偏好在"已预存的话费"属性中选择合适的等级，两个等级所对应的手机卡即为用户最想购买的手机卡。比如，某用户长期出差，喜欢低廉的长途资费和优惠的漫游服务，所以他在"相应的套餐类型"属性中倾向于选择"神州行5元套餐"这一等级，由于他觉得每次充话费太麻烦，喜欢一次性多充值，所以他在"已预存的话费"中倾向于选择"预存100元"的等级，两个属性结合考虑，该用户最想购买的手机卡就是"含100元预存话费的神州行5元卡"。

为了形象化地说明用户选择最想购买手机卡的决策分析过程，我们利用层次分析法，在图6.1中将用户的决策分析图画出。从图6.1中可以看到用户为了实现"选择手机卡"这一目标，会考虑"相应的套餐类型"和"已预存的话费"两大属性，从每个属性中选择一个自己最偏好的等级，并根据选择的两个等级找到对应的手机卡类型，即为用户想要购买的手机卡。

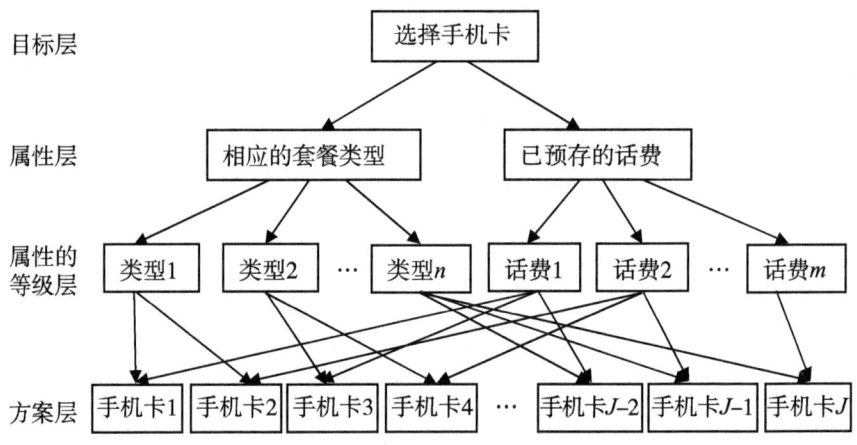

图6.1 电信用户选择手机卡的决策分析

在实际生活中，由于"相应的套餐类型"这一属性是相对抽象的属性，其等级也是运营商设置的套餐名称，用户常常无法直观地量化自己需求所对应的等级，所以我们发现用户在对"相应的套餐类型"这一属性分析选择时，往往会将其细分，考虑其包含的更直观、更易衡量的子属性，如月租费、套餐内免费流量、套餐内免费通话时长、套餐内短信数、超套餐后流量资费、超套餐后通话资费、通话优惠范围等。而每个子属性中也包含很多等级，如月租费分为 5 元、10 元、38 元三种等级，套餐内流量分为 0M、200M 两种等级，套餐内通话时长分为 0 分钟、60 分钟、80 分钟三种等级。所以，用户会在每个（子）属性的等级中选择自己最偏好的等级，进而通过查找满足所有属性自己偏好等级的手机卡来确定自己最想购买的手机卡类型。

因此，如图 6.2 所示，我们画出在用户考虑子属性情况下的选择手机卡的决策分析图，该图更具体全面地反映用户根据自己对各等级的偏好而对应选择手机卡的过程，更符合实际用户的选择过程。比如，用户对"神州行标准套餐、神州行 5 元套餐、神州行畅听套餐、神州行家园套餐、动感地带套餐"各套餐的区别没有直观的感受，那么他会分析各个套餐在月租费、套餐内免费流量、套餐内免费通话时长等子属性上的区别，进而根据自己的需求选择合适的手机卡。

其实，无论从属性层还是子属性层分析，我们都是通过用户对（子）属性中各等级的偏好，来分析用户最终选择哪种手机卡。不同的是，前者考虑的属性较少，后者考虑的子属性较多。所以，在本书 6.4 节建模时，统一按照属性（Attribute）来对待，但在实际电信运营商运用该模型分析用户需求时，可以根据其需考虑的属性的多少，来决定是在属性层还是子属性层进行分析。

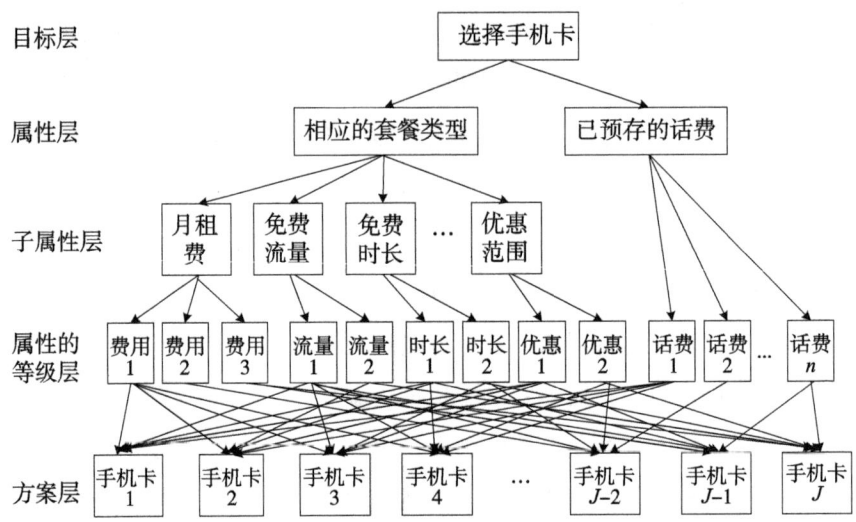

图 6.2 考虑子属性的电信用户选择手机卡决策分析

(4) 用户在最想购买的卡缺货时可能转而购买其他手机卡。

当用户根据手机卡的各属性选择了自己偏好的等级，进而选择了最想购买的手机卡后，他到达代理商店购买该类型的手机卡。如果该代理商店销售这种类型的手机卡，则用户直接购买该手机卡。但如果，当用户到达某代理商店却发现最想购买的手机卡缺货时，用户可能转而购买其他类型的手机卡，也有可能不购买直接离开。整个过程如图 6.3 所示。

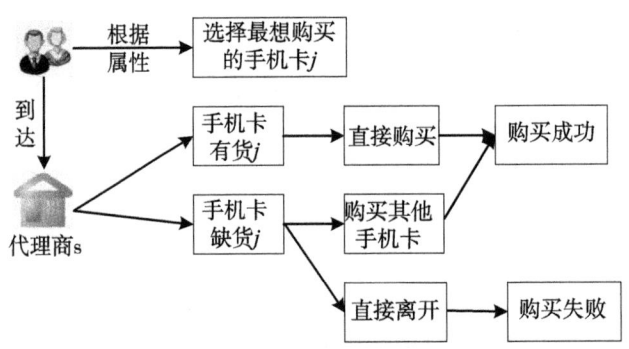

图 6.3 用户选择和购买手机卡的流程

第6章 码号资源约束下的手机卡分配模型

用户是否转而购买（或者说替代购买）其他类型的手机卡，以及替代购买的概率取决于其他手机卡是否与其最想购买的手机卡"相似"。从用户选择手机卡的过程我们可知，用户选择手机卡的依据是手机卡各属性的等级是否满足自己的偏好，所以我们想判断在用户眼里其他手机卡与其最想购买的手机卡是否相似，就应当分析其他手机卡各属性的等级与用户最想购买手机卡各属性的等级之间的替代概率。以图6.4为例，比如用户最想购买的手机卡在"免费流量"属性上的等级为"流量2"，但是当这样类型的手机卡缺货时，用户就可能转而购买等级为"流量1"或"流量3"或"流量4"三个等级所对应的手机卡。但从"流量2"替代到这三个等级的概率不一定相同。

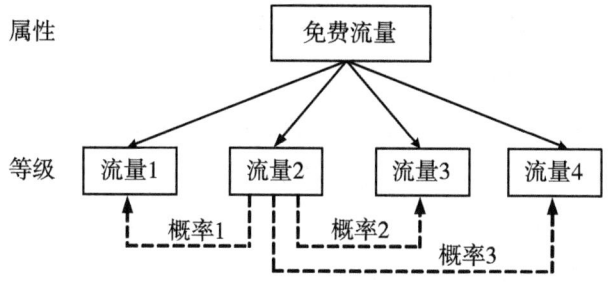

图6.4 手机卡属性的各等级间的替代概率

由于每种手机卡都有并列的多个属性，所以将每个属性的替代概率相乘，得到的就是整个手机卡被其他类型手机卡替代的概率。比如，用户最想购买的手机卡是"含100元预存话费的神州行5元卡"，但当他抵达代理商时，他发现这类型手机卡缺货，所以他就考虑是否转而购买其他手机卡。这时候他会寻找类似的手机卡，假设在套餐类型属性下，"神州行5元套餐"这个等级替代到"神州行畅听套餐"等级的概率是0.3，在预存话费属性下，"含100元预存话费"这个等级替代到"含50元预存话费"等级的概率是0.8，那么该用户从最想购买的"含100

元预存话费的神州行5元卡"替代为购买"含50元预存话费的神州行畅听卡"的概率即为 $0.3 \times 0.8 = 0.24$。同理,可以求得"含100元预存话费的神州行5元卡"被其他类型手机卡替代的概率。

(5) 每个代理商的目标客户群和销售能力各不相同。

每个代理商由于所处的地理位置、店面大小、装修水平等各不相同,所以面向的目标客户群也不尽相同。由于不同目标客户群青睐的手机卡类型不同,所以每个代理商处各手机卡的销量也差别很大,有的手机卡在这家代理商处是畅销卡,在另外一家代理商处却成了滞销卡。

比如,处于市中心商务区装修豪华的大店,主要针对公司职员,而公司职员主要青睐"神州行畅听卡""神州行5元卡"等适合出差、通话优惠的手机卡,所以这类手机卡比较畅销,其他类型手机卡相对不太好卖。处于大学旁边超市内的门店,主要针对在校大学生,而在校大学生主要喜欢"动感地带卡"等包含大量短信包和流量包的手机卡,所以这类手机卡在该门店供不应求。处于郊区的报刊亭代理店,主要针对郊区居民,而郊区居民偏爱在郊区通话能优惠的"神州行家园卡",所以这种手机卡在郊区卖的要明显好于其他类型手机卡。

同时,即便所处的位置相近,店面大小、装修水平类似,两家代理商手机卡的销量也可能差别很大,因为代理人员的能力和代理店的口碑也会影响最终的销量。但代理商的销售能力都可以体现在手机卡的历史销售数据上。所以,在手机卡资源有限的情况下,如何根据各代理商的历史销售数据来分析他们的畅销/滞销手机卡的种类、每种卡的销售能力,进而为各代理商制订手机卡种类和数量的分配计划就显得非常重要。

(6) 社会渠道代理商数量庞大。

电信运营商的社会渠道代理商数量非常庞大,每个城市都有几十上百家大大小小的社会渠道代理商。所以，尽管各代理商间畅销/滞销手机卡的种类各不相同、销售能力各不相同，但还是不能给每个代理商都设计一种手机卡组合的分配方案，因为随着分配方案的增多管理成本逐渐增高。如果每个代理商只有一种手机卡组合的分配方案，运营商的管理成本太高。所以运营商应当在分配方案的本地化（Localization）和控制管理成本两方面进行权衡（Trade-off）。为此，我们提出了根据历史销售数据设计一定数量（该数量应小于总代理商数）的手机卡组合，再为每个代理商分配一个手机卡组合，并确定相应分配的手机卡数量的思路。销售情况类似的代理商可能被分配到相同的手机卡组合。这样，既考虑不同代理商之间销售手机卡种类和数量的差别，又避免为每个代理商"定制"手机卡组合的分配方案带来的高额管理成本。

6.3 基本参数和符号定义

为方便读者参考，将本章所用的所有外生参数整理列在表 6.2 中，所有决策变量整理列在表 6.3 中，所有计算参数列在表 6.4 中。

表 6.2 外生参数一览

符号	定义
J	电信运营商提供的所有手机卡的种类，$i, j \in \{1, 2, \cdots, J\}$
S	市场上所有代理商的数量，$s \in \{1, 2, \cdots, S\}$
q_j^s	在代理商 s 处打算购买手机卡 j 的用户的数量
q^s	在代理商 s 处打算购买不同手机卡的总的用户数量（总需求）
r_j	每个使用手机卡 j 的用户每月平均为运营商贡献的收入
B	每个手机卡组合中最多允许容纳的手机卡种类
L	电信运营商可以接受的最多的手机卡组合的种类，$1 \leq L \leq S$

续表

符号	定义
A	每张手机卡所具有的总属性个数,$a \in \{1, 2, \cdots, A\}$
U_a	属性 a 的总等级个数,$u, v \in \{1, 2, \cdots, U_a\}$
n_j^s	代理商 s 在过去的某期内关于手机卡 j 的销量
Q_j	电信运营商拥有的手机卡 j 的总数量

表 6.3 决策变量一览

符号	定义
O	从所有手机卡中选择一定种类的手机卡,所形成的手机卡组合,$O \subseteq \{1, 2, \cdots, J\}$
l_s	电信运营商分配给代理商的手机卡组合的编号,$l_s \in \{1, 2, \cdots, L\}$
$I_{l,j}$	二元变量,表示手机卡组合 l 中是否包含手机卡 j,对于任意的 $1 \leq j \leq J$,$1 \leq l \leq L$
$W_{s,l}$	二元变量,表示代理商 s 是否被分配手机卡组合 l,对于任意的 $1 \leq s \leq S$,$1 \leq l \leq L$
$WI_{s,l,j}$	$WI_{s,l,j} = W_{s,l} \cdot I_{l,j}$
$y_{s,j}$	电信运营商分配给代理商 s 的手机卡 j 的数量

表 6.4 计算参数一览

符号	定义
p_{au}^s	在代理商 s 处打算在属性 a 中选择等级 u 的用户比例
p_j^s	在代理商 s 处打算选择手机卡 j 的用户比例
α_{auv}^s	本打算在属性 a 中选择等级 u 的用户愿意替代选择等级 v 的替代概率
α_{ji}^s	本打算选择手机卡 j 的用户愿意替代选择手机卡 i 的替代概率
$p_i^s(O_{l_s})$	当代理商被分配的手机卡组合是 O_{l_s} 时,用户购买手机卡 i 的概率,$i \in O_{l_s}$
$p^s(O_{l_s})$	当代理商被分配的手机卡组合是 O_{l_s} 时,用户购买任意手机卡的总概率

续表

符号	定义
$R_i^s(O_{ls})$	当代理商被分配的手机卡组合是 O_{ls} 时,该代理商 s 销售的手机卡以后每月平均为运营商所带来的收入
$pw(x)$	分段线性近似函数
z_g	二元变量,表示点 (x, y) 是否位于分段线性近似函数的线段 g 上
a_g	分段线性近似函数的线段 g 的斜率
b_g	分段线性近似函数的线段 g 的截距

6.4 运营商手机卡分配模型

6.4.1 需求和替代概率估计模型

本章考虑一个电信运营商和 S 个代理商的情况。设该电信运营商总共提供 J 类型的手机卡,$1 \leqslant j \leqslant J$。每张手机卡有很多属性,例如,月租费、套餐内免费流量、超套餐后流量资费、通话优惠范围等。定义 A 为这些属性的总个数,$1 \leqslant a \leqslant A$,$U_a$ 为属性 a 的总等级个数。我们可以通过历史销售数据来估计每个属性的各等级的用户需求。由于一张手机卡可以认为是一系列属性等级的集合,并且从 5.2 节的分析中我们得知,用户选择手机卡也是基于对手机卡各属性的偏好。所以,通过估计每个属性的需求,可以估计各种类型手机卡的需求。令 f_{au}^s 表示在代理商 s 处打算在属性 a 中选择等级 u 的用户比例,其中 $u = 1, 2, \cdots, U_a$。那么,由于手机卡 j 在属性 $1, 2, \cdots, A$ 上的等级分别是 $j_1, j_2, \cdots, j_A$,所以最想购买的手机卡类型为 j 的用户比例 p_j^s 可以表示为:$p_j^s = \prod_{a=1}^{a=A} p_{aj_a}^s$。这说明用户只有在手机卡的属性 1 上选择等级 j_1,且在手机卡的属性 2 上选择等级 j_2……且在手机卡的属性 A 上选择等级 j_A,用户才会想要购买

手机卡 j。由于 p_j^s 表示在代理商 s 处最想购买手机卡 j 的用户比例，它反映了手机卡 j 的需求情况。

定义 α_{auv}^s 为本打算在属性 a 中选择等级 u 的用户愿意替代选择等级 v 的替代概率。通过定义，我们可知 $\alpha_{auv}^s = 1$。当属性的等级 v 无法替代等级 u 时，$\alpha_{auv}^s = 0$，$\pi_{auv}^s = 0$。令本打算选择手机卡 j 的用户愿意替代选择手机卡 i 的替代概率为 α_{ji}^s。由于手机卡 j 在属性 1，2，$\cdots$，A 上的等级分别是 j_1，j_2，$\cdots$，j_A，手机卡 i 在属性上的等级分别是 i_1，i_2，$\cdots$，j_A，那么 $\alpha_{ji}^s = \prod_{a=1}^{a=A} \alpha_{a j_a i_a}^s$。它表示用户只有在手机卡的属性 1 上从等级 j_1 愿意替代为等级 i_1，且在手机卡的属性 2 上从等级 j_2 愿意替代为等级 i_2……且在手机卡的属性 A 上从等级 j_A 愿意替代为等级 i_A，用户才会在最想购买的手机卡 j 缺货时转而购买手机卡 i。

从所有的手机卡 $\{1, 2, \cdots, J\}$ 中，我们选择一个子集 O 作为一个手机卡组合，$O \subseteq \{1, 2, \cdots, J\}$，分配给一类代理商。令 l_s 表示分配给代理商 s 的手机卡组合的编号，O_{l_s} 表示分配给代理商 s 的手机卡组合。当用户在代理商 s 处发现他最想购买的手机卡 j 在售，即 $j \in O_{l_s}, j \in O_{l_s}$ 时，我们假设用户就一定会购买。但如果他最想买的手机卡缺货，他会以 α_{ji}^s 的概率选择其他手机卡 i 来替代或者不购买直接离开代理商。

为了估计用户的需求和替代概率，采用最大似然法（Maximum Likelihood Method）。这种方法在 Fisher 和 Vaidyanathan（2014）等学者进行零售领域分配计划的文章中也曾使用，并且获得的估算结果准确度较高，因此本书也尝试在电信领域的手机卡分配计划问题中引用该方法进行需求估计。通过过去的一段历史时期内每个代理商的每种手机卡的销售数据进行估计。令在该历史时期内，代理商 s 的手机卡 j 的销量为 n_j^s。我们可以写出用户从特定的手机卡组合 O_{l_s}，$i \in O_{l_s}$ 中购买手机卡 i 的概率：$P_i^s(O_{l_s}) = p_i^s + \sum_{j \notin O_{l_s}} p_j^s \alpha_{ji}^s$。该式反映了用户购买手机卡 i 的总需求来源于两部分,一部分源于原始需求(Primary Demand),另一部分源于替代需求(Substitution Demand)。然后,我们可以获得用户在被分配了手机卡组合 O_{ls} 的代理商 s 处购买手机卡的总概率为 $P^s(O_{ls}) = \sum_{i \in O_{ls}} P_j^s(O_{ls})$。

由于对各代理商的需求和替代概率的估计过程都是相同的,这里仅就其中一家代理商 s 的需求和替代概率的估计流程进行说明。假设每个用户购买都是一个独立随机过程。某历史时期内观察到的销量 $n^s = \{n_j^s\}\ j \in O_{ls}$ 的似然函数(Likelihood Function)可以表示为:

$$LH(p, \alpha) = C \prod_{i \in O_{ls}} [P_i^s(O_{ls}) / P^s(O_{ls})]^{ni}$$

其中比例常数 $C = (\sum ni \notin O_{ls})! / \sum_{i \in O_{ls}} ni!$。由于似然函数中包含连乘会导致非线性,所以引入对数似然函数来简化运算,通过最大化对数似然函数来估计参数 p 和 α。因此得到需求和替代概率的估计模型如下:

$$MLLH(p, \alpha) = \max \sum_{i \in O_{ls}} n_i^s \log P_i^s(O_{ls}) - (\sum_{i \in O_{ls}} n_i^s) \log P^s(O_{ls})$$

s.t. $p_j^s = \prod_{a=1}^{a=A} p_{aj_a}^s, \quad \forall 1 \leq j \leq J$

$\alpha_{ji}^s = \prod_{a=1}^{a=A} \alpha_{aj_a i_a}^s, \quad \forall 1 \leq j \leq J$ and $1 \leq i \leq J$

$\sum_{u=1}^{u=U_a} p_{au}^s = 1, \quad \forall 1 \leq a \leq A$

$\sum_{v=1}^{u=U_a} \alpha_{auv}^s \leq 1, \quad \forall 1 \leq j \leq J$ and $u \neq v$

$P_i^s(O_{ls}) = p_i^s + \sum_{j \notin O_{ls}} p_j^s \alpha_{ji}^s, \quad \forall 1 \leq i \leq J, i \in O_{ls}, 1 \leq l_s \leq L$

$P_i^s(O_{ls}) = \sum_{i \in O_{ls}} p_j^s(O_{ls}), \quad \forall 1 \leq l_s \leq L$

$p_{au}^s, \alpha_{auv}^s \in [0, 1], \quad \forall 1 \leq a \leq A, 1 \leq u \leq U_a$ and $1 \leq v \leq U_a$

通过该模型可以估计各手机卡及属性的原始需求概率 p_{au}^s、p_j^s,替代概率 α_{auv}^s、α_{ji}^s 以及总需求概率 $P_i^s(O_{ls})$、$P^s(O_{ls})$。然后,我们就可以

预测出代理商 s 处的手机卡总需求数量 $q^s = \sum_{i \in O_{ls}} n_i^s / P^s(O_{ls})$，并相应得到每种手机卡的原始需求数量和替代需求数量。如果代理商 s 被分配的手机卡组合 O_{ls} 中含有手机卡 i，手机卡 i 的原始需求数量为 $q_i^s = q^s \cdot p_i^s$。如果手机卡组合 O_{ls} 中不包含手机卡 j，打算购买手机卡 j 的原始需求用户就会替代购买其他手机卡，替代购买手机卡 i 的需求数量为 $q_j^s \cdot \alpha_{ji}^s$。因此在手机卡组合 O_{ls} 中的手机卡 i 的总需求数量（购买数量）为 $q_i^s + \sum_{j \notin O_{ls}} q_j^s \cdot \alpha_{ji}^s$。

6.4.2 手机卡分配计划模型

手机卡分配计划模型是指电信运营商通过设计一系列的手机卡组合 O_{ls}, $l_s \in \{1, 2, \cdots, L\}$，并分配给各代理商，以实现电信运营商总收益最大化。定义 B 为每种手机卡组合中容纳的手机卡种类的上限，因此 $|O_{ls}| \leq B$。定义 L 为电信运营商由于管理成本限制所能接受的最多的手机卡组合的种类，$1 \leq L \leq S$。一般而言，随着 L 增大直到接近代理商总数 S，运营商总收益不断增加，随着 L 减小直到接近 1，管理成本不断降低。因此运营商应该选择恰当的 L 进行收益和管理成本间的权衡。

电信运营商进行手机卡分配计划的过程，如图 6.5 所示。电信运营商设计手机卡组合 O_1，O_2，$\cdots$，O_L，并为各代理商 1，2，$\cdots$，S 分配一个手机卡组合。不同手机卡组合中的手机卡类型存在差别，但每种手机卡组合中的手机卡类型总数的上限是相同的。为节约管理成本，一种手机卡组合可能被分配给多家代理商，但一家代理商只能拥有一种手机卡组合。

第6章 码号资源约束下的手机卡分配模型

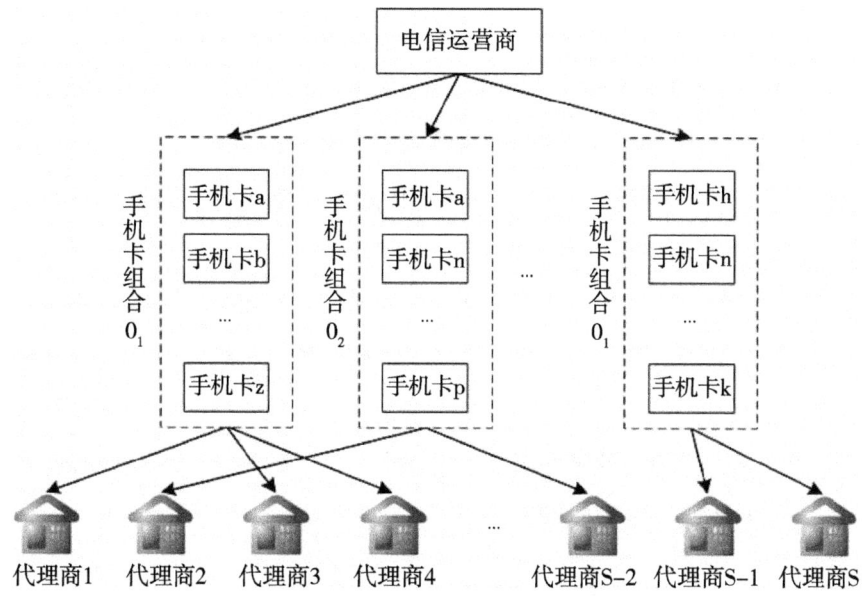

图6.5 电信运营商手机卡分配计划过程示意

根据6.4.1节预测得到代理商处用户的总需求为 $q^s D^s$，当所有手机卡都在代理商 s 处销售时，手机卡 j 的需求可以表示为 $q_j^s = p_j^s \cdot q^s D_j^s = f_j \cdot D^s$。但是，代理商往往并不会同时销售所有卡，所以当用户到达代理商 s，发现他最想购买的手机卡 j 缺货时，也就是说 $j \notin O_{ls}$ 时，他可能会替代购买其他正在代理商 s 处销售的手机卡。

此外，电信行业和其他行业的一个很大的区别体现在：电信运营商的收入主要来源于用户持续地通过手机卡使用电信业务所支付的费用，而非来自用户新入网时购买手机卡的费用。销售手机卡的收入对于运营商来说微乎其微，但是用户加入运营商网络后每月使用运营商的服务并付出的费用才是运营商重点关注的收入来源。令 r_j 表示每个使用手机卡 j 的用户每月为电信运营商所带来的平均收入。因此，可以写出电信运营商从代理商 s 单期销售的所有手机卡中获得的每月的总收入：

$$R^s(O_{ls}) = \sum_{j \in O_{ls}} q_j^s r_j + \sum_{j \notin O_{ls}} q_j^s \alpha_{ji}^s r_i,$$

其中，$q_j^s r_j$ 为最想购买手机卡 j 的用户由于手机卡 j 在代理商 s 处销售而直接购买，之后每月该用户平均为运营商贡献的收入；$q_j^s \alpha_{ji}^s r_i$ 为最想购买手机卡 j 的用户由于手机卡 j 在代理商处缺货而替代购买手机卡 i，之后每月该用户平均为运营商贡献的收入。

上式反映代理商给运营商带来的收入，而运营商为各代理商进行手机卡分配计划的目标是最大化它从各代理商销售的手机卡中获得的每月总收入 $\sum_{s=1}^{s=S} R^s(O_{ls})$。结合每种手机卡组合中不同手机卡类型的上限约束，以及运营商设计的不同手机卡组合种类的上限约束，可以写出电信运营商手机卡分配计划问题的模型。

$$\max \sum_{s=1}^{s=S} \sum_{j \in O_{ls}} q_j^s r_j + \sum_{s=1}^{s=S} \sum_{j \notin O_{ls}} q_j^s \alpha_{ji}^s r_i$$
$$\text{s. t.} \quad |O_{ls}| \leq B, \quad \forall\, 1 \leq l_s \leq L$$
$$1 \leq L \leq S$$

6.4.3 考虑码号资源有限的手机卡分配计划模型

由于政府对电信运营商码号资源的管制，每个电信运营商所拥有的手机号码是有限的，手机号码所对应的手机卡也就是有限的。面对数量有限的手机卡，电信运营商在制订手机卡分配计划时就需要协同考虑手机卡种类和手机卡数量的分配问题。在 6.4.2 节中，我们只讨论了手机卡种类的分配计划问题，在本小节中，将会把手机卡数量的分配计划问题也考虑进来，协同为每个代理商进行手机卡种类和数量的分配。

设 Q_j 表示电信运营商拥有的手机卡 j 的总数量，引入变量 $y_{s,j}$ 来表示分配给代理商 s 的手机卡 j 的数量。由于不同代理商所处的位置、销售能力各不相同，因此即使两个代理商被分配的手机卡组合相同，也就是说手机卡种类相同，它们应该被分配的各类型手机卡的数量也应当各不相同。考虑到运营商拥有的码号资源即手机卡资源有限，我们更应当根据各代理商历史销售手机卡的数据预测需求，并在预测的需求基础上，为代理商协同分配手机卡的种类和数量。

为此，我们搭建考虑码号资源有限的电信运营商手机卡分配计划模型如下：

$$\max \sum_{s=1}^{S} \sum_{j=1}^{J} r_i \cdot y_{s,j}$$
$$\text{s.t.} \quad y_{s,j} \leq q_j^s + \sum_{i \notin O_{ls}} q_i^s \cdot \alpha_{ji}^s, \quad \forall 1 \leq s \leq S, \ 1 \leq j \leq J$$
$$\sum_{s=1}^{S} y_{s,j} \leq Q_j, \quad \forall 1 \leq j \leq J$$
$$|O_{ls}| \leq B, \quad \forall 1 \leq l_s \leq L$$
$$y_{s,j} \geq 0, \quad \forall 1 \leq s \leq S, \ 1 \leq j \leq J$$

由于电信运营商拥有的手机卡数量有限，我们要求分配给每个代理商的每个类型手机卡的数量都要不大于用户的需求，这样保证有限的手机卡都可以销售出去。目标函数中 $r_j \cdot y_{s,j}$ 表示从代理商 s 处购买手机卡 j 的用户，加入运营商网络后这些用户每月平均为运营商贡献的收入。第一个约束表示每个代理商被分配的每类型手机卡的数量全部可以销售出去。第二个约束表示运营商分配给各代理商的手机卡总数满足手机卡资源约束。第三个约束表示每个手机卡组合中的手机卡的种类最多不超过 B 种。第四个约束表示运营商最多采用的手机卡组合类型不超过 S 种。第五个约束限制了运营商分配给每个代理商的每类型手机卡的数量非负。

6.5 求解方法

6.5.1 需求和替代概率的估计

由于本章利用最大似然法进行需求和替代概率的估计，但该问题是一个非线性、非凸的问题。为了解决该问题，引入 β_{ji}^s，定义 $\beta_{ji}^s = p_j^s \cdot \alpha_{ji}^s$ 表示从最想购买手机卡为 j 的需求替代到手机卡 i 的需求概率。然后，进行对数变换。引入如下七个新的变量并定义如下：

$$\tilde{P}_i^s = \ln(P_i^s) \qquad (6-1)$$

$$\tilde{P}^s = \ln(P^s) \qquad (6-2)$$

$$\tilde{p}_j^s = \ln(p_j^s) \qquad (6-3)$$

$$\tilde{p}_{au}^s = \ln(p_{au}^s) \qquad (6-4)$$

$$\tilde{\alpha}_{auv}^s = \ln(\alpha_{auv}^s) \qquad (6-5)$$

$$\tilde{\alpha}_{ji}^s = \ln(\alpha_{ji}^s) \qquad (6-6)$$

$$\tilde{\beta}_{ji}^s = \ln(\beta_{ji}^s) \qquad (6-7)$$

用这些新的变量代表现有变量的对数形式，这样之前的非线性约束就可以等价地转换为线性约束。例如，原约束 $p_j^s = \prod_{a=1}^A p_{aj_a}^s$ 可以等价变换为：$\tilde{p}_j^s = \sum_{a=1}^A \tilde{p}_{aj_a}^s$。类似的，原约束 $\alpha_{ji}^s = \prod_{a=1}^A \alpha_{aj_a i_a}^s$ 可以等价变换为：$\tilde{\alpha}_{ji}^s \sum_{a=1}^A \tilde{\alpha}_{aj_a i_a}^s$ 由于引入了新的变量 $\tilde{P}_i^s$，$\tilde{P}^s$，$\tilde{p}_j^s$，$\tilde{p}_{au}^s$，$\tilde{\alpha}_{auv}^s$，$\tilde{\alpha}_{ji}^s$，$\tilde{\delta}_{ji}^s$，我们需要将式（6-1）到式（6-7）作为新约束加入原问题中。这样原问题就可以等价地转化为：

$$MLLH(p,\alpha) = \max\left(\sum_{i \in O_{ls}} n_i^s \tilde{P}_i^s - \left(\sum_{i \in O_{ls}} n_i^s\right)\tilde{P}^s\right)$$

$$\text{s.t.} \sum_{u=1}^{u=U_a} p_{au}^s = 1, \forall 1 \leq a \leq A \qquad (6-8)$$

第6章 码号资源约束下的手机卡分配模型

$$\sum_{u=1}^{u=U_a} \alpha_{auv}^s \leq 1, \forall 1 \leq j \leq J \text{ and } u \neq v \qquad (6-9)$$

$$P_i^s(O_{ls}) = p_i^s + \sum_{j \notin O_{ls}} \beta_{ji}^s, \forall 1 \leq i \leq J, i \in O_{ls}, 1 \leq l_s \leq L \qquad (6-10)$$

$$P^s(O_{ls}) = \sum_{i \in O_{ls}} P_i^s(O_{ls}), \forall 1 \leq l_s \leq L \qquad (6-11)$$

$$\tilde{p}_j^s = \sum_{a=1}^{A} \tilde{p}_{aj_a}^s, \forall 1 \leq j \leq J \qquad (6-12)$$

$$\tilde{\alpha}_{ji}^s = \sum_{a=1}^{A} \tilde{\alpha}_{aj_a i_a}^s, \forall 1 \leq j \leq J \text{ and } 1 \leq i \leq J \qquad (6-13)$$

$$\tilde{P}_i^s = \ln(P_i^s), \forall 1 \leq i \leq J \qquad (6-14)$$

$$\tilde{P}^s = \ln(P^s) \qquad (6-15)$$

$$\tilde{p}_j^s = \ln(p_j^s), \forall 1 \leq j \leq J \qquad (6-16)$$

$$\tilde{p}_{au}^s = \ln(p_{au}^s), \forall 1 \leq a \leq A, \text{ and } 1 \leq u \leq U_a \qquad (6-17)$$

$$\tilde{\alpha}_{auv}^s = \ln(\alpha_{auv}^s), \forall 1 \leq a \leq A, 1 \leq u \leq U_a \text{ and } 1 \leq v \leq U_a \qquad (6-18)$$

$$\tilde{\alpha}_{ji}^s = \ln(\alpha_{ji}^s), \forall 1 \leq j \leq J \text{ and } 1 \leq i \leq J \qquad (6-19)$$

$$\tilde{\beta}_{ji}^s = \ln(\alpha_{ji}^s), \forall 1 \leq j \leq J \text{ and } 1 \leq i \leq J \qquad (6-20)$$

$$\tilde{\beta}_{ji}^s = \tilde{p}_j^s + \tilde{\alpha}_{ji}^s \qquad (6-21)$$

$$p_{av}^s, \alpha_{auv}^s \in [0,1], \forall 1 \leq a \leq A, 1 \leq u \leq U_a \text{ and } 1 \leq v \leq U_a \qquad (6-22)$$

由于新加入的约束（6-14）到（6-20）是非线性的，所以我们使用分段线性近似（Piecewise Linear Approximation）的方法来转化这几个非线性约束。以转化约束 $\tilde{P}_i^s = \ln(P_i^s)$ 为例，通过在对数函数 $\ln(P_i^s)$ 上取多个点，并用线段连接相邻的两点，利用多条线段来近似代表对数函数。由于概率 $0 \leq P_i^s \leq 1$，所以只画出该函数 $P_i^s \in [0,1]$ 在的部分，如图6.6所示。

如图6.6所示，相邻两点间的距离取决于总点数的多少。随着所取总点数的增加，相邻两点间的距离不断缩短，分段线性近似方法的准确度不断提升，但同时计算复杂度也在上升。因此，为平衡准确度和复杂度，选择离散点集：

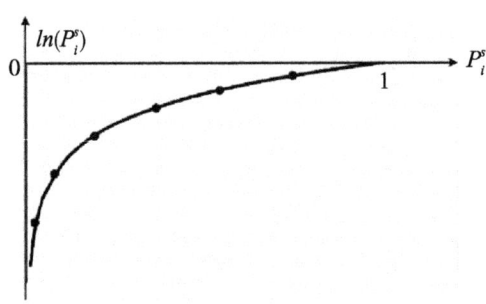

图 6.6 对数函数的转化

$$\left[\frac{1}{2^L},\frac{1}{2^{L-1}},\cdots,\frac{1}{2^l},\frac{\left[\frac{10}{2^l}\right]}{10},\frac{\left[\frac{10}{2^l}\right]}{10}+0.05,\frac{\left[\frac{10}{2^l}\right]}{10}+0.1,\frac{\left[\frac{10}{2^l}\right]}{10}+0.15,\cdots,1\right] \quad (6-23)$$

分别对它们取对数后，得到对应的值的集合 y_g

$$\left[-L\ln2,-(L-1)\ln2,\cdots,-l\ln2,\ln(\frac{\left[\frac{10}{2^l}\right]}{10}),\ln(\frac{\left[\frac{10}{2^l}\right]}{10}+0.05),\ln(\frac{\left[\frac{10}{2^l}\right]}{10}+0.1),\ln(\frac{\left[\frac{10}{2^l}\right]}{10}+0.15),\cdots,0\right].$$

例如，当 $l=3$，$L=15$ 时，离散点集为：

$$\left[\frac{1}{2^{15}},\frac{1}{2^{14}},\cdots,\frac{1}{8},0.2,0.25,0.3,\cdots,1\right]$$

取对数后，对应的值的集合为：

$[-15\ln2,-14\ln2,\cdots-3\ln2,\ln0.2,\ln0.25,\ln0.3,\cdots,0]$

通过这种方法，可以利用式（6-23）中的离散点来将对数函数离散化，为表示离散点之间的取值，使用线性近似函数。为了方便标记，用 $pw(x)$ 来代表分段的线性近似函数。因此，近似地将之前的非线性规划模型转化为如下的混合整数线性规划模型。

$$MLLH(p,\alpha)=\max(\sum_{i\in O_{ls}}n_i^s\tilde{P}_i^s-(\sum_{i\in O_{ls}}n_i^s)\tilde{P}^s)$$

140

s.t. $\sum_{u=1}^{u=U_a} p_{au}^s = 1$, $\forall 1 \leq a \leq A$

$\sum_{u=1}^{u=U_a} \alpha_{auv}^s \leq 1$, $\forall 1 \leq j \leq J$ and $u \neq v$

$P_i^s(O_{ls}) = p_i^s + \sum_{j \notin O_{ls}} \beta_{ji}^s$, $\forall 1 \leq i \leq J, i \in O_{ls}, 1 \leq l_s \leq L$

$P^s(O_{ls}) = \sum_{i \in O_{ls}} P_i^s(O_{ls})$, $\forall 1 \leq l_s \leq L$

$\tilde{p}_j^s = \sum_{a=1}^{A} \tilde{p}_{aj_a}^s$, $\forall 1 \leq j \leq J$

$\tilde{\alpha}_{ji}^s = \sum_{a=1}^{A} \tilde{\alpha}_{aj_a i_a}^s$, $\forall 1 \leq j \leq J$ and $1 \leq i \leq J$

$\tilde{P}_i^s = pw(P_i^s)$, $\forall 1 \leq i \leq J$

$\tilde{P}^s = pw(P^s)$

$\tilde{p}_j^s = pw(p_j^s)$, $\forall 1 \leq j \leq J$

$\tilde{p}_{au}^s = pw(p_{au}^s)$, $\forall 1 \leq a \leq A$, and $1 \leq u \leq U_a$

$\tilde{\alpha}_{auv}^s = pw(\alpha_{auv}^s)$, $\forall 1 \leq a \leq A, 1 \leq u \leq U_a$ and $1 \leq v \leq U_a$

$\tilde{\alpha}_{ji}^s = pw(\alpha_{ji}^s)$, $\forall 1 \leq j \leq J$ and $1 \leq i \leq J$

$\tilde{\beta}_{ji}^s = pw(\alpha_{ji}^s)$, $\forall 1 \leq j \leq J$ and $1 \leq i \leq J$

$\tilde{\beta}_{ji}^s = \tilde{p}_j^s + \tilde{\alpha}_{ji}^s$

$p_{av}^s, \alpha_{auv}^s \in [0,1]$, $\forall 1 \leq a \leq A, 1 \leq u \leq U_a$ and $1 \leq v \leq U_a$

如图6.7所示中的虚线表示了分段线性函数$pw(x)$，设线段的总段数为G，令z_g表示点(x, y)是否在线段g上（$1 \leq g \leq G$），即

$$z_g = \begin{cases} 1, & \text{如果点在线段} g \text{上} \\ 0, & \text{如果点不在线段} g \text{上} \end{cases}$$

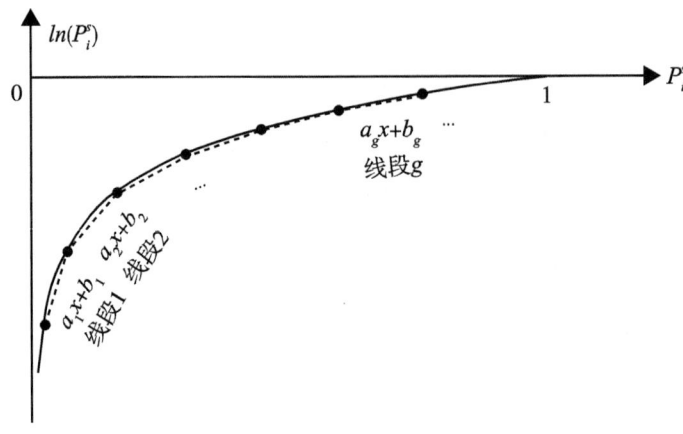

图 6.7 分段线性化求解

当 $z_g = 1$ 时，该段的 $pw(x)$ 函数可以表示为：$pw(x) = a_g x + b_g$，由定义可知，每个点 (x, y) 只能位于总段数 G 其中的一段，所以 $\sum_{g=1}^{G} z_g = 1$。系数 a_g 表示线段 g 的斜率，b_g 表示线段 g 的截距。令线段 g 的左端点表示为 (x_g, y_g)，右端点表示为 (x_{g+1}, y_{g+1})，则 $a_g = \dfrac{y_{g+1} - y_g}{x_{g+1} - x_g}$，$b_g = \dfrac{x_{g+1} y_g - x_g y_{g+1}}{x_{g+1} - x_g}$。因此 $pw(x)$ 需要满足以下约束条件：

$$a_g x + b_g - M(1 - z_g) \leq pw(x) \leq a_g x + b_g + M(1 - z_g), \forall 1 \leq g \leq G$$

$$\sum_{g=1}^{G} = 1$$

$$z_g \in \{0, 1\}, \forall 1 \leq g \leq G$$

$$a_g = \frac{y_{g+1} - y_g}{x_{g+1} - x_g}, \forall 1 \leq g \leq G$$

$$b_g = \frac{x_{g+1} y_g - x_g y_{g+1}}{x_{g+1} - x_g}, \forall 1 \leq g \leq G$$

这样，我们就成功地通过对数转换和分段线性近似的方法将原来非线性的需求和替代概率估计模型转化为如下的混合整数线性规划模型。

第6章 码号资源约束下的手机卡分配模型

该混合整数线性规划模型可以利用 Cplex、Xpress 等优化软件来高效求解。

$$MLLH(p,\alpha) = \max\left(\sum_{i \in O_{ls}} n_i^s \tilde{P}_i^s - \left(\sum_{i \in O_{ls}} n_i^s\right)\tilde{P}^s\right)$$

s. t. $\sum_{u=1}^{u=U_a} p_{au}^s = 1$, $\forall\, 1 \leq a \leq A$

$\sum_{u=1}^{u=U_a} \alpha_{auv}^s \leq 1$, $\forall\, 1 \leq j \leq J$ and $u \neq v$

$P_i^s(O_{ls}) = p_i^s + \sum_{j \notin O_{ls}} \beta_{ji}^s$, $\forall\, 1 \leq i \leq J, i \in O_{ls}, 1 \leq l_s \leq L$

$P^s(O_{ls}) = \sum_{i \in O_{ls}} P_i^s(O_{ls})$, $\forall\, 1 \leq l_s \leq L$

$\tilde{p}_j^s = \sum_{a=1}^{A} \tilde{p}_{aj_a}^s$, $\forall\, 1 \leq j \leq J$

$\tilde{\alpha}_{ji}^s = \sum_{a=1}^{A} \tilde{\alpha}_{aj_a i_a}^s$, $\forall\, 1 \leq j \leq J$ and $1 \leq i \leq J$

$\tilde{P}_i^s = pw(P_i^s)$, $\forall\, 1 \leq i \leq J$

$\tilde{P}^s = pw(P^s)$

$\tilde{p}_j^s = pw(p_j^s)$, $\forall\, 1 \leq j \leq J$

$\tilde{p}_{au}^s = pw(p_{au}^s)$, $\forall\, 1 \leq a \leq A$, and $1 \leq u \leq U_a$

$\tilde{\alpha}_{auv}^s = pw(\alpha_{auv}^s)$, $\forall\, 1 \leq a \leq A, 1 \leq u \leq U_a$ and $1 \leq v \leq U_a$

$\tilde{\alpha}_{ji}^s = pw(\alpha_{ji}^s)$, $\forall\, 1 \leq j \leq J$ and $1 \leq i \leq J$

$\tilde{\beta}_{ji}^s = pw(\alpha_{ji}^s)$, $\forall\, 1 \leq j \leq J$ and $1 \leq i \leq J$

$\tilde{\beta}_{ji}^s = \tilde{p}_j^s + \tilde{\alpha}_{ji}^s$

$p_{av}^s, \alpha_{auv}^s \in [0,1]$, $\forall\, 1 \leq a \leq A, 1 \leq u \leq U_a$ and $1 \leq v \leq U_a$

$a_g x + b_g - M(1-z_g) \leq pw(x) \leq a_g x + b_g + M(1-z_g)$, $\forall\, 1 \leq g \leq G$

$\sum_{g=1}^{G} = 1$

$z_g \in \{0,1\}$, $\forall\, 1 \leq g \leq G$

$$a_g = \frac{y_{g+1} - y_g}{x_{g+1} - x_g}, \forall 1 \leq g \leq G$$

$$b_g = \frac{x_{g+1}y_g - x_g y_{g+1}}{x_{g+1} - x_g}, \forall 1 \leq g \leq G$$

6.5.2 手机卡分配计划的最优化

本小节我们讨论只考虑手机卡种类、不考虑手机卡数量的分配计划最优化问题。为了说明代理商 s 是否被分配了手机卡 j,我们引入两个新的二元变量。定义 $I_{l,j}$ 表示手机卡 j 是否包含在第 l 个手机卡组合中,其中 $1 \leq j \leq J$,$1 \leq l \leq L$.

$$I_{l,j} = \begin{cases} 1, & \text{如果第 } l \text{ 个手机卡组合中包含手机卡 } j \\ 0, & \text{如果第 } l \text{ 个手机卡组合中不包含手机卡 } j \end{cases}$$

定义 $W_{s,l}$ 表示代理商 s 是否被分配了第 l 个手机卡组合,其中 $1 \leq s \leq S$,$1 \leq l \leq L$.

$$W_{s,l} = \begin{cases} 1, & \text{如果代理商 } s \text{ 被分配了第 } l \text{ 个手机卡组合} \\ 0, & \text{如果代理商 } s \text{ 没有被分配第 } l \text{ 个手机卡组合} \end{cases}$$

利用这两个新的二元变量,可以将电信运营商进行手机卡分配的目标函数表示为:

$$\max \sum_{j=1}^{J} \sum_{s=1}^{S} \sum_{l=1}^{L} W_{s,l} \cdot I_{l,j} \cdot q_j^s \cdot r_j + \sum_{j=1}^{J} \sum_{s=1}^{S} \sum_{l=1}^{L} W_{s,l} \cdot (1 - I_{l,j}) \cdot q_j^s \cdot \alpha_{ji}^s \cdot r_i$$

其中,$\sum_{j=1}^{J} \sum_{s=1}^{S} \sum_{l=1}^{L} W_{s,l} \cdot I_{l,j} \cdot q_j^s \cdot r_j$ 为最想购买手机卡 j 的用户由于手机卡 j 在代理商处销售而直接购买,之后每月该用户平均为运营商贡献的收入;$\sum_{j=1}^{J} \sum_{s=1}^{S} \sum_{l=1}^{L} W_{s,l} \cdot (1 - I_{l,j}) \cdot q_j^s \cdot \alpha_{ji}^s \cdot r_i$ 为最想购买手机卡 j 的用户由于手机卡 j 在代理商处缺货而替代购买手机卡 i,之后每月该用户平均为运营商贡献的收入。

由于每个手机卡组合中所容纳的不同类型手机卡的最大数量为 B,

运营商设计的不同类型的手机卡组合最多种类为 S，所以得到以下约束条件：

$$\sum_{j=1}^{J} I_{l,j} \leq B, \quad \forall\, 1 \leq l \leq L$$

$$1 \leq L \leq S$$

这样，电信运营商的分配计划问题可以等价地写成如下形式：

$$\max \sum_{j=1}^{J}\sum_{s=1}^{S}\sum_{l=1}^{L} W_{s,l} \cdot I_{l,j} \cdot q_j^s \cdot r_j + \sum_{j=1}^{J}\sum_{s=1}^{S}\sum_{l=1}^{L} W_{s,l} \cdot (1 - I_{l,j}) \cdot l_j^s \cdot \alpha_{ji}^s \cdot r_i$$

$$\text{s.t.} \quad \sum_{j=1}^{J} I_{l,j} \leq B, \quad \forall\, 1 \leq l \leq L$$

$$1 \leq L \leq S$$

我们注意到这个形式中仍然存在非线性项 $W_{s,l} \cdot I_{l,j}$ 所以引入一个新的二元变量 $WI_{s,l,j}$，并令：

$$WI_{s,l,j} = W_{s,l} \cdot I_{l,j} \tag{6-24}$$

尽管式（6-24）还是非线性的，但可以使其线性化。利用以下的线性约束条件来表示式（6-24）。

$$\begin{aligned} WI_{s,l,j} &\leq W_{s,l} \\ WI_{s,l,j} &\leq I_{l,j} \\ WI_{s,l,j} &\geq W_{s,l} + I_{l,j} - 1 \end{aligned} \tag{6-25}$$

式（6-25）非常容易被证明等价于式（6-24），所以此处证明省略。

最后，利用这个新的二元变量 $WI_{s,l,j}$，之前非线性的分配计划优化问题就可以等价地转化为以下的混合整数线性规划问题。我们可以使用专业优化软件，如 Cplex、Xpress 等来快速求解。

$$\max \sum_{j=1}^{J}\sum_{s=1}^{S}\sum_{l=1}^{L} WI_{s,l,j} \cdot q_j^s \cdot r_j + \sum_{j=1}^{J}\sum_{s=1}^{S}\sum_{l=1}^{L} (W_{s,l} - WI_{s,l,j}) \cdot q_j^s \cdot \alpha_{ji}^s \cdot r_i$$

$$\text{s.t.} \quad \sum_{j=1}^{J} I_{l,j} \leq B, \quad \forall\, 1 \leq l \leq L$$

$1 \leqslant L \leqslant S$

$WI_{s,l,j} \leqslant W_{s,l}, \quad \forall 1 \leqslant s \leqslant S, \ 1 \leqslant l \leqslant L, \ 1 \leqslant j \leqslant J$

$WI_{s,l,j} \leqslant I_{l,j}, \quad \forall 1 \leqslant s \leqslant S, \ 1 \leqslant l \leqslant L, \ 1 \leqslant j \leqslant J$

$WI_{s,l,j} \leqslant W_{s,l} + I_{l,j} - 1, \quad \forall 1 \leqslant s \leqslant S, \ 1 \leqslant l \leqslant L, \ 1 \leqslant j \leqslant J$

6.5.3 考虑码号资源有限的手机卡分配计划最优化

本小节我们讨论当码号资源有限，电信运营商需要同时考虑手机卡种类和手机卡数量的分配计划最优化问题。基于历史的销售数据，可以通过 6.5.1 节预测出每个代理商 s 处各手机卡的原始需求 q_j^s 和当某手机卡在代理商处不销售时用户替代购买其他手机卡的替代概率 α_{ji}^s。

我们继续使用 6.5.2 节中引入的两个二元变量，$I_{l,j}$ 表示手机卡 j 是否包含在第 l 个手机卡组合中，$W_{s,l}$ 表示代理商 s 是否被分配了第 l 个手机卡组合。当电信运营商拥有的手机卡 j 的总数量为 Q_j 时，引入一个新的变量 $y_{s,j,l}$ 来表示运营商应当给代理商 s 分配的手机卡组合 l 和手机卡组合中各手机卡 j 的数量。这里 $y_{s,j,l}$ 反映了三个维度的信息：代理商 s 被分配了第 l 个手机卡组合，第 l 个手机卡组合里包含手机卡 j，代理商 s 被分配到的手机卡 j 的数量为 y。

此时，可以将 6.4.3 节中的非线性规划模型等价地转换为一个混合整数线性规划问题：

$$\max \sum_{l=1}^{L} \sum_{s=1}^{S} \sum_{j=1}^{J} r_j \cdot y_{s,j,l}$$

$$\text{s.t.} \quad \sum_{l=1}^{L} y_{s,j,l} \leqslant q_j^s + \sum_{i=1}^{J} q_i^s \cdot (1 - I_{l,j}) \cdot \alpha_{ij}^s, \forall 1 \leqslant s \leqslant S, 1 \leqslant j \leqslant J \quad (6-26)$$

$$\sum_{j=1}^{J} y_{s,j,l} \leqslant M \cdot W_{s,l}, \forall 1 \leqslant s \leqslant S, 1 \leqslant l \leqslant L \quad (6-27)$$

$$\sum_{s=1}^{S} y_{s,j,l} \leqslant M \cdot I_{l,j}, \forall 1 \leqslant l \leqslant L, 1 \leqslant j \leqslant J \quad (6-28)$$

$$\sum_{s=1}^{S}\sum_{l=1}^{L} y_{s,j,l} \leq Q_j, \forall 1 \leq j \leq J \qquad (6-29)$$

$$\sum_{l=1}^{L} W_{s,l} = 1, \forall 1 \leq s \leq S \qquad (6-30)$$

$$\sum_{j=1}^{J} I_{l,j} \leq B, \forall 1 \leq l \leq L \qquad (6-31)$$

$$1 \leq L \leq S \qquad (6-32)$$

$$W_{s,l} \in \{0,1\}, \forall 1 \leq l \leq L, 1 \leq s \leq S \qquad (6-33)$$

$$I_{l,j} \in \{0,1\}, \forall 1 \leq l \leq L, 1 \leq j \leq J \qquad (6-34)$$

$$y_{s,j,l} \geq 0, \forall 1 \leq s \leq S, 1 \leq j \leq J, 1 \leq l \leq L \qquad (6-35)$$

在这个模型中，新增加了五个约束，其中约束（6-27）表示代理商 s 被分配了手机卡组合 l，约束（6-28）表示手机卡组合 l 中包含手机卡 j，约束（6-30）表示每个代理商只会被分配一个手机卡组合，约束（6-33）和约束（6-34）说明 $I_{l,j}$ 和 $W_{s,l}$ 都是二元变量。

该混合整数线性规划模型同样可以通过 Cplex、Xpress 等专业优化软件来快速求解，我们将在下一节的数值算例中展示运用该模型来优化电信运营商的手机卡分配计划的效果。

6.6 数值试验及分析

在本节中，我们将上述的需求估计和分配计划优化的方法运用到中国的一个大型电信运营商的实际数据中。通过原始需求、替代概率的估计，我们得出了相关的管理启示。通过分配计划的优化，我们发现该优化算法可以帮助该电信运营商提高 23.69% 的收益。

6.6.1 试验背景

中国某大型电信运营商为我们学术研究提供了北京市某片区内 21

家社会渠道代理商从 2013 年 1 月 1 日至 9 月 30 日的全部手机卡销售数据，共 163780 条。每条销售数据都详细记录了所售手机卡类型、销售时间、销售代理商名称、手机卡对应的手机号码等信息。在此期间，该电信运营商销售的手机卡类型一共有 10 种，为了后文介绍方便，我们这里简称这 10 种卡为"卡 1，卡 2，…，卡 10"。手机卡有很多属性，根据用户调研，我们选取了其中用户最关心的五种属性进行分析，它们分别是：月套餐费、套餐内免费服务、套餐外资费、郊区特惠、预存话费。其中，"月套餐费"代表手机卡对应的套餐要求用户每月支付的固定费用，"套餐内免费服务"代表手机卡对应的套餐内包含的免费主叫通话时长、数据流量和短信条数，"套餐外资费"代表手机卡对应的套餐免费服务之外的单位通话时长、单位数据流量、单位短信的资费，"郊区特惠"代表手机卡是否为向郊区居民特别推出的在郊区通话时有优惠额度的卡，"预存话费"代表手机卡中已预先充入的话费。表 6.5 列举了十种卡在用户最关心的这五个属性下的信息。

表 6.5 10 种手机卡在各属性下的信息

手机卡类型	月套餐费	套餐内免费服务	套餐外资费	郊区特惠	预存话费
卡 1	5 元	主叫时长 0 分钟 数据流量 0MB 短信 0 条	0.12 元/分钟 1 元/MB 0.1 元/条	否	30 元
卡 2	10 元	主叫时长 60 分钟 数据流量 0MB 短信 0 条	0.20 元/分钟 1 元/MB 0.15 元/条	否	30 元
卡 3	38 元	主叫时长 80 分钟 数据流量 200MB 短信 200 条	0.12 元/分钟 0.5 元/MB 0.1 元/条	否	30 元

第6章 码号资源约束下的手机卡分配模型

续表

手机卡类型	月套餐费	套餐内免费服务	套餐外资费	郊区特惠	预存话费
卡4	10元	主叫时长60分钟 数据流量0MB 短信0条	0.20元/分钟 1元/MB 0.15元/条	否	0元
卡5	5元	主叫时长0分钟 数据流量0MB 短信0条	0.12元/分钟 1元/MB 0.1元/条	否	0元
卡6	38元	主叫时长80分钟 数据流量200MB 短信200条	0.12元/分钟 0.5元/MB 0.1元/条	否	0元
卡7	5元	主叫时长0分钟 数据流量0MB 短信0条	0.20元/分钟 1元/MB 0.15元/条	是	0元
卡8	5元	主叫时长0分钟 数据流量0MB 短信0条	0.12元/分钟 1元/MB 0.1元/条	否	50元
卡9	10元	主叫时长60分钟 数据流量0MB 短信0条	0.20元/分钟 1元/MB 0.15元/条	否	50元
卡10	38元	主叫时长80分钟 数据流量200MB 短信200条	0.12元/分钟 0.5元/MB 0.1元/条	否	50元

通过对163780条销售数据的统计分析,我们发现同一家社会渠道代理商在同一个月份销售的不同类型的手机卡数量差异很大。以2013年5月的销售数据为例,从图6.8中可以看出,代理商2在5月最好卖的手机卡是卡1,共卖出1032张,但该月手机卡8、卡9、卡10的销量

却接近为0。更为有趣的是，不同代理商的手机卡销量分布也各不相同，我们可以对比看图6.9，发现代理商6在5月的销量分布与代理商2的销量分布曲线几乎完全不同。代理商6在5月卖得最畅销的手机卡是卡2，共卖出717张，而卡1仅卖出216张。

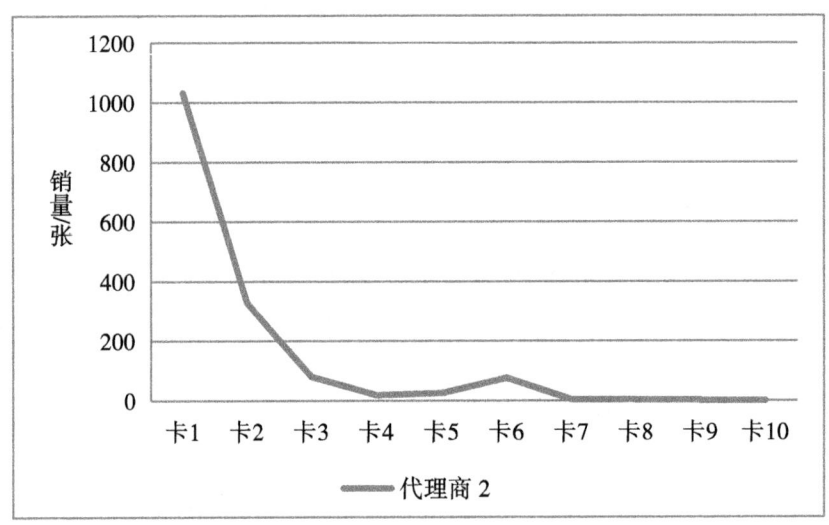

图6.8 代理商2中各手机卡的销量分布

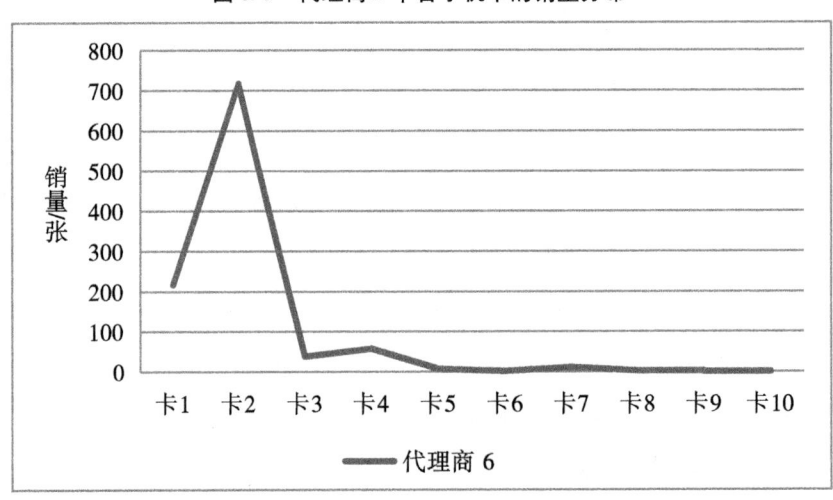

图6.9 代理商6中各手机卡的销量分布

第6章 码号资源约束下的手机卡分配模型

同样地,在我们观察同一种手机卡在不同代理商处销量的差异时,我们发现这种差异非常大,有的卡在这家代理商是畅销卡,但在另外一家代理商处却成了滞销卡。还是以2013年5月的销售数据为例,从图6.10中可以看出,手机卡1在代理商8的销量高达1102张,但在代理商15的销量却仅有24张,并且该手机卡在各销售商的销量不断波动。对比观察图6.11,我们发现不同手机卡在各代理商处的销量分布曲线也各不相同。这些差异是由多方面原因造成的,比如,代理商的位置不同会导致周边目标客户群不同,销售人员素质不同也会影响各代理商的销售能力。

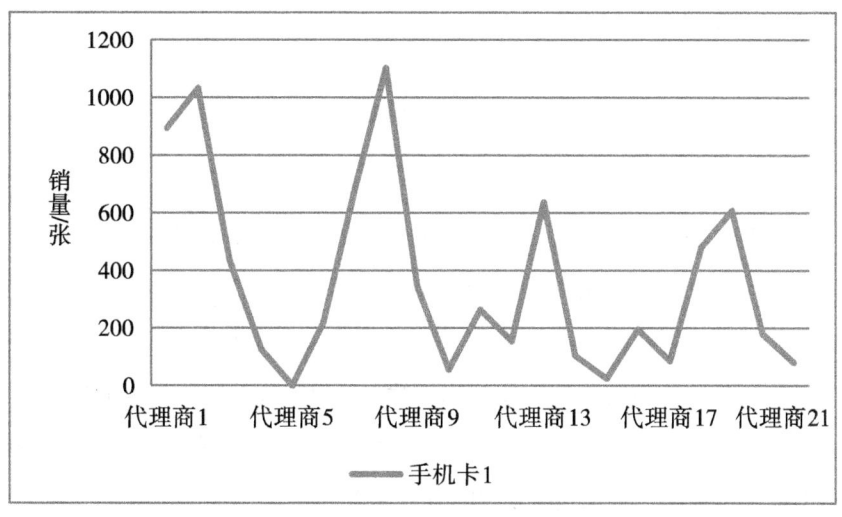

图6.10　手机卡1在各代理商处的销量分布图

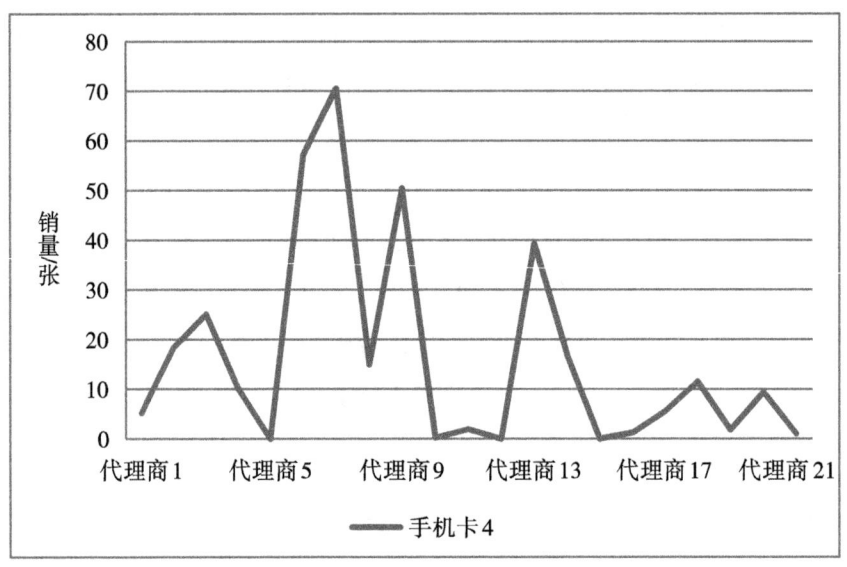

图 6.11　手机卡 4 在各代理商处的销量分布

考虑到各代理商和各手机卡的差异性,电信运营商如何"因地制宜"地制订手机卡分配计划就显得尤为重要。此外,由于电信运营商的收入主要来源于用户购买手机卡后每月通过手机卡使用运营商网络所支付的服务费,而非销售手机卡的卡费,所以该大型电信运营商为我们提供了他们统计的每类手机卡用户入网后的 APRU(Average Monthly Revenue Per Unit)值(每位用户平均每月为运营商贡献的收入)。我们将本书中提到的 10 种卡用户的 APRU 值列在表 6.6。

表 6.6　10 种手机卡用户的 APRU 值

	手机卡 1	手机卡 2	手机卡 3	手机卡 4	手机卡 5
ARPU 值	57.8 元	62.2 元	65.4 元	60.1 元	55.3 元
	手机卡 6	手机卡 7	手机卡 8	手机卡 9	手机卡 10
ARPU 值	63.2 元	32.3 元	59.8 元	64.1 元	66.8 元

6.6.2 数据处理

由于手机卡的五个属性中"月套餐费、套餐内资费、套餐外服务"这三个属性间存在较强的相关性,为了需求估计的准确性,我们先将这三个属性合并为一个新的属性,称为"套餐类型",并在"套餐类型"下划分"高端、中端、低端"三个等级,这样每张手机卡都拥有独立的三个属性,分别是:套餐类型、郊区特惠、预存话费。因此,按照这三个独立属性重新梳理了 10 种手机卡的相关信息如表 6.7 所示。

表 6.7 10 种手机卡在三个独立属性下的信息

手机卡类型	套餐类型	郊区特惠	预存话费/元
卡 1	低端	否	30
卡 2	中端	否	30
卡 3	高端	否	30
卡 4	中端	否	0
卡 5	低端	否	0
卡 6	高端	否	0
卡 7	低端	是	0
卡 8	低端	否	50
卡 9	中端	否	50
卡 10	高端	否	50

我们发现 10 种手机卡在"套餐类型"属性下分布于 3 个等级,分别是:低端、中端、高端,在"郊区特惠"属性下分布于两个等级,分别是:是、否,在"预存话费"属性下分布于三个等级,分别是:0 元、30 元、50 元。为后文计算和分析方便,我们将每种属性下的各等级编号列在表 6.8 中。这样,就可以简化重新写出 10 种手机卡在 3 个独立

属性下的对应等级编号信息，如表6.9所示。

表6.8 对三个属性中各等级的编号

属性	套餐类型			郊区是否通话优惠		预存话费		
等级编号	0	1	2	0	1	0	1	2
对应的值	低端	中端	高端	否	是	0元	30元	50元

表6.9 10种手机卡在3个属性下的对应等级编号信息

手机卡类型	套餐类型	郊区是否通话优惠	预存话费
卡1	0	0	1
卡2	1	0	1
卡3	2	0	1
卡4	1	0	0
卡5	0	0	0
卡6	2	0	0
卡7	0	1	0
卡8	0	0	2
卡9	1	0	2
卡10	2	0	2

在这样的设置下，可以将销售数据中的每种手机卡都用一系列属性等级的组合表示出来，如卡1可以看作是"001"，即第一个属性"套餐类型"的等级为0，第二个属性"郊区特惠"的等级为0，第三个属性"预存话费"的等级为1。因此，通过使用最大似然法，可以根据历史销售数据估计出每个代理商的用户对各属性等级的需求情况及对各手机卡的需求情况。

另外，在估计替代概率方面，该电信运营商的负责人根据实际情况为我们进行了参数简化。首先,他告诉我们用户对"套餐类型"属性是最敏感的,在"套餐类型"属性下的不同等级之间用户的替代概率非常小,可以忽略不计,因此这里假设在"套餐类型"属性下各等级之间不存在替代转化。其次,用户在"郊区特惠"属性下替代是非对称的,也就是说,由于郊区特惠卡只在郊区打电话优惠,而且需要额外支付一定的业务费,所以城市的用户替代选择这种手机卡的概率较低,而郊区用户替代选择非特惠手机卡的概率相对较高。最后,在"预存话费"属性下,用户的替代概率是比较高的,当用户最想购买的等级不可购买时,用户会替代购买相邻的等级。基于这些实际情况,我们假设三个概率参数来表示"郊区特惠"和"预存话费"属性的各等级间的替代概率,如表 6.10 和表 6.11 所示。

表 6.10 "郊区特惠"属性下各等级的替代概率

从 \ 到	郊区特惠	
	等级 0	等级 1
等级 0	1	d
等级 1	b	1

表 6.11 "预存话费"属性下各等级的替代概率

从 \ 到	预存话费	
	等级 0	等级 1
等级 0	1	c
等级 1	c/2	1
等级 2	0	c

基于以上的数据处理和参数设置，可以利用 6.5 节中的求解方法，通过优化软件进行快速求解。求解的结果与分析将在下一小节中讨论。

6.6.3 结果及分析

1. 需求估计结果及分析

我们分别在属性层和产品层为 21 家代理商估计了用户的原始需求和替代概率。在属性层，我们估计了每家代理商处用户对各手机卡属性中不同等级的原始需求和替代概率。在产品层，我们估计了每家代理商处用户对各手机卡的原始需求和替代概率。通过这些需求结果的分析，可以得到一些有意义的管理启示。

首先，关注属性层的估计结果，表 6.12 显示了三个属性中各等级的原始需求估计结果（21 家代理商的平均值），表 6.13 显示了三个属性中各等级间的替代概率估计结果（21 家代理商的平均值）。我们发现用户在"套餐类型"属性下需求分布相对平均，而且各等级间的替代概率为 0，也就是说，用户对于选择套餐类型是比较理性的，会坚持选择自己想买的类型，不会轻易选择替代为其他套餐类型。因此我们建议该电信运营商在分配手机卡时，应当保证每个代理商分得的手机卡在套餐类型的各等级中都至少对应有一个。

表 6.12 三个属性各等级的原始需求比例估计结果

属性	套餐类型	郊区特惠	预存话费
等级 0	44.9%	70.8%	6.3%
等级 1	31.4%	29.2%	87.5%
等级 2	23.7%	—	6.2%

表6.13　三个属性各等级间的替代概率估计结果

	套餐类型			郊区特惠		预存话费		
	等级0	等级1	等级2	等级0	等级1	等级0	等级1	等级2
等级0	1	0	0	1	12%	1	37%	0
等级1	0	1	0	59%	1	18%	1	18%
等级2	0	0	1	—	—	0	37%	1

在属性层的分析结果中,我们还发现一个很重要的现象,那就是超过87%的用户在"预存话费"属性中选择"等级1"(预充30元档)。这与我们直观想象的结果大相径庭,因为从运营商提供给我们的各手机卡的APRU值中我们发现大部分手机卡的月均消费在50~70元,为保证话费充足,"预存话费"属性中"等级2"(预充50元档)应该最受欢迎,但结果显示,只有6.2%的用户愿意选择预充50元。

这说明当新用户刚入网时对自己未来消费使用情况还不是很了解,所以他们会避免选择过高或过低的等级,而选择中间的等级。这与营销学中的厌恶极端(Extremeness Aversion)理论不谋而合。因此,我们建议运营商在分配手机卡时,可以同时提供三种等级的手机卡为用户选择进行参照,但是应当多提供预充话费30元档的手机卡,因为用户在观察了预充话费的高档和低档后,更可能选择中间档。同时,我们也注意到本打算选择等级0或等级2的用户在这两个等级对应的手机卡不销售时,也会以较高的概率(37%)替代购买等级1对应的手机卡。所以,当码号资源有限时,电信运营商更应当优先分配在"预存话费"属性中对应于等级1的手机卡。

然后,我们来分析产品层的估计结果。我们发现尽管21家代理商处各产品的需求差异很大,但在用户替代行为中有一个不变的规律,那就是当用户到达某代理商店发现他本打算购买的手机卡缺货时,他替代购买可能性最大的是该代理商店销量最好的手机卡。这种现象应当归功于用户的从众心理,在用户对替代购买哪种手机卡缺乏想法的时候,他往往会受到周围人群的影响,选择大部分周围人在使用的手机卡类型。据此,我们对电信运营商提出的建议是,当码号资源有限、手机卡数量有限时,电信运营商应该为各代理商优先分配历史销售记录中他们最畅销的卡,一方面因为该卡的原始需求比较高;另一方面该卡对其他缺货手机卡的替代性也非常强。

2. 分配计划优化结果及分析

在原始需求和替代概率估计的基础上,我们为该电信运营商的21家代理商进行了手机卡分配计划的优化。当设定 $L=3$,即运营商共使用3种手机卡组合,$B=7$,即每个手机卡组合中最多允许7种不同类型的手机卡时,我们根据最优化分配计划模型利用 Xpress 软件,可以求得电信运营商此时应当采取的手机卡分配计划。表6.14显示了最优的分配计划中每种手机卡组合包含的手机卡类型,我们可以看到组合1中包含7种手机卡,组合2中包含6种手机卡,组合3中包含7种手机卡,都没有超过设定的上限。表6.15显示了每种手机卡组合分别被分配到了哪些代理商,显示了代理商和手机卡组合的对应关系。通过表6.14和表6.15,我们很容易得到每个代理商被分配的所有手机卡的类型。

表6.14 每种手机卡组合中包含的手机卡类型

手机卡组合	包含的手机卡	总计
组合1	卡1,卡2,卡3,卡4,卡6,卡7,卡9	7
组合2	卡1,卡5,卡7,卡8,卡9,卡10	6
组合3	卡2,卡3,卡5,卡7,卡8,卡9,卡10	7

第6章 码号资源约束下的手机卡分配模型

表6.15 代理商与手机卡组合的对应关系

代理商	手机卡组合
代理商1，代理商3，代理商7，代理商8，代理商9，代理商13，代理商14，代理商15，代理商18，代理商21	组合1
代理商2，代理商11，代理商12，代理商16	组合2
代理商4，代理商5，代理商6，代理商10，代理商17，代理商19，代理商20	组合3

当我们将码号资源约束考虑进来，为21家代理商每月同时分配手机卡种类和手机卡数量时，我们将最优手机卡分配结果列在表6.16。利用表6.16，结合表6.6中该电信运营商提供给我们10种手机卡的用户APRU值（平均每位用户每月为运营商贡献的收入），可以计算出通过我们的优化方法为该电信运营商带来的每月总收益为1067174.70元，比原收益862777.10元提高23.69%。

表6.16 各代理商被分配的最优手机卡种类与数量

	卡1	卡2	卡3	卡4	卡5	卡6	卡7	卡8	卡9	卡10
代理商1	748	96	203	56	0	56	133	0	0	0
代理商2	964	0	0	0	261	0	0	271	0	94
代理商3	456	483	624	0	0	134	89	0	0	0
代理商4	0	154	92	0	0	0	0	30	42	24
代理商5	0	33	34	0	0	0	9	13	9	9
代理商6	0	721	188	0	0	0	0	0	156	52
代理商7	733	738	482	202	0	127	124	0	0	0
代理商8	988	532	503	0	0	0	157	0	0	0
代理商9	335	466	280	128	0	74	54	0	128	0

续表

	卡1	卡2	卡3	卡4	卡5	卡6	卡7	卡8	卡9	卡10
代理商10	0	39	32	0	14	0	0	15	0	8
代理商11	270	0	0	0	71	0	37	76	76	39
代理商12	158	0	0	0	40	0	27	43	23	22
代理商13	628	436	282	123	0	0	110	0	0	0
代理商14	89	177	93	0	0	25	14	0	0	0
代理商15	26	19	7	0	0	0	0	0	0	0
代理商16	199	0	0	0	52	0	30	55	13	32
代理商17	0	121	45	0	17	0	0	21	0	21
代理商18	433	146	141	41	0	0	47	0	41	0
代理商19	0	89	67	0	140	0	112	153	27	27
代理商20	0	143	116	0	50	0	0	53	0	33
代理商21	93	76	0	4	0	0	14	0	0	0

通过参数的敏感性分析，我们发现手机卡组合种类 L 和每种手机卡组合中包含的手机卡数量 B 对优化结果都有影响。如图 6.12 所示，当 $L=5$ 时，优化结果得出的电信运营商的总收益比其他两条线都要高，这表明，当电信运营商考虑不同代理商的本地化（Localization）因素越多，分配的手机卡计划越多时，各代理商贡献的收益就越多。所以在管理成本允许的前提下，电信运营商可以适当多提供一些手机卡组合。

当我们保持 L 不变，分析每种手机卡组合中包含的手机卡数量 B 对优化结果的影响时，我们发现电信运营商的总收益随着 B 的增加也在上升，也就是说，每种手机卡组合中提供的手机卡种类越多，代理商销售手机卡的情况就越好。但是当 $B \geq 5$ 后，电信运营商的总收益就几乎保持不变，所以当码号资源有限时，运营商给每个代理商分配的手机卡种

第6章 码号资源约束下的手机卡分配模型

类最多5种即可。

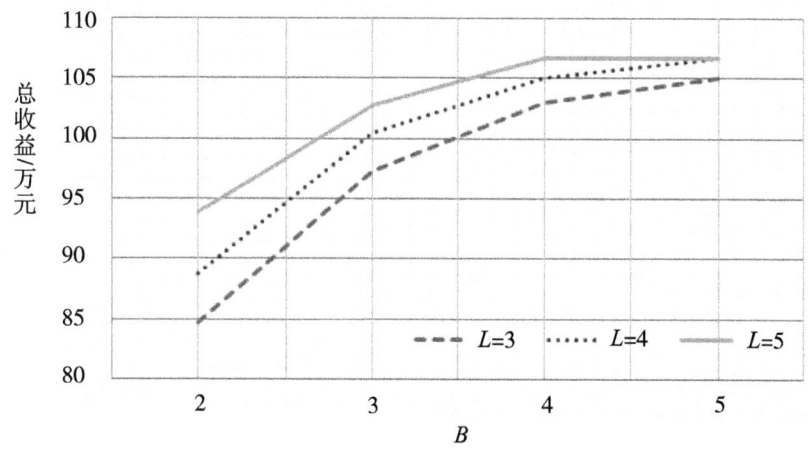

图 6.12 L 和 B 对优化结果的影响

3. 运算时间

本数值试验所采用的数据都是运营商提供的真实数据,但是受真实数据的限制,该试验的规模较小。为了检验我们的方法在大规模问题中的可行性,我们又拓展利用模拟数据来进行大规模问题的试验,并记录了每次试验的运算时间。

首先,检验需求估计模型在大规模问题中的可行性。由于需求估计的规模取决于四方面因素,分别是:属性的个数、属性中等级的个数、手机卡种类的个数、代理商的个数。不同的运营商提供的手机卡属性的个数是相同的,本试验中已考虑所有属性。但是属性中等级的个数和手机卡种类的个数在不同运营商中是大不相同的。因此,我们利用不同的等级个数和手机卡种类个数进行以下八组试验,并记录了在每个试验下本书方法为单个代理商估计需求的运算时间,如表 6.17 所示。

表 6.17　单个代理商需求估计的运算时间

	手机卡种类的个数	属性中等级的个数	运算时间/秒
试验 1	10	3	4.1
试验 2	15	3	4.3
试验 3	10	4	8.5
试验 4	15	4	9.4
试验 5	20	4	10.1
试验 6	10	5	14.1
试验 7	15	5	14.6
试验 8	20	5	15.3

从表 6.17 中可以看出，我们的方法为单个代理商估计需求的时间不超过 16 秒。而在实际的电信领域，问题规模一般不会超过试验 8，所以我们的需求估计模型可以快速求解各类实际问题。

此外，代理商的个数对需求估计模型运算时间的影响是显而易见的。由于每次运算都只能为一个代理商估计需求，所以当代理商个数增加，总需求估计时间线性增长。比如，电信运营商在某城市共有 100 个代理商，那么总需求估计的运算时间大约为 15.34 × 100 = 1534 秒（25.6 分钟）。因此，代理商的个数也不会制约我们的需求估计方法在真实的大规模电信领域中的应用。

在分析完影响需求估计模型规模的四个因素后，继续分析分配计划模型。影响分配计划模型规模的因素主要有两方面：手机卡种类的个数和代理商的个数。在之前的数值试验中，我们利用真实的数据检验了当运营商提供 10 种手机卡、有 21 个代理商时的情况。当规模变大，我们又利用模拟数据进行了以下 15 组试验，并在表 6.18 中记录了各试验下利用本书的方法对所有代理商进行手机卡分配计划的运算时间。

表6.18 分配计划的运算时间

	手机卡种类的个数	代理商的个数	运算时间/秒
试验1	10	21	6.9
试验2	10	40	5.7
试验3	10	60	4.3
试验4	10	80	5.9
试验5	10	100	13.5
试验6	15	21	38.9
试验7	15	40	20.6
试验8	15	60	13.4
试验9	15	80	28.5
试验10	15	100	39.3
试验11	20	21	70.1
试验12	20	40	60.8
试验13	20	60	45.9
试验14	20	80	57.3
试验15	20	100	68.4

从表6.18中可以看出,我们的方法对所有代理商进行手机卡分配计划的运算时间不超过70秒。而在实际的电信领域,问题规模一般不会超过试验15,所以我们的分配计划模型可以广泛地应用在电信运营商的实际问题中。

综上所述,本书提出的需求估计模型和分配计划模型可以高效地求解各大电信运营商在实际手机卡分配过程中遇到的问题规模,具有较强的可行性和实用性。

6.7　本章小结

在码号资源约束下,本章考虑了手机卡的分配计划问题。随着电信行业竞争的不断升级,电信运营商广泛地发展包括苏宁、国美、便利店、报刊亭等在内的各类型社会渠道代理商,通过这些代理商来向新用户销售手机卡。然而社会渠道代理商数量庞大,并且每家代理商的销售能力参差不齐,所以为根据各代理商实际情况合理地分配手机卡,电信运营商需要先根据历史销售数据估计每个代理商处用户的需求。其中,由于用户在最想购买的手机卡缺货时,可能存在替代购买其他手机卡的行为,所以我们需要同时估计每种手机卡用户的原始需求和替代概率。

由于用户对手机卡的选择和替代行为都是基于其对手机卡各属性的偏好。所以我们将每种手机卡看成是一系列属性等级的组合,通过先估计属性层面的需求和替代概率可以更准确地估计产品层各手机卡的需求和替代概率。我们采用最大似然法来实现这种估计,并且通过对数转换和分段线性近似的方法,我们成功地将复杂的原问题转化为混合整数线性规划问题求解。

在需求和替代概率估计结果的基础上,我们又创新地将零售领域内广泛使用的分配计划方法应用在电信行业,根据历史销售数据设计一定种类的手机卡组合,再为每个代理商分配其中的一种手机卡组合,并根据手机卡资源约束确定各类型手机卡的分配数量。通过分配计划的方法,我们既考虑到各代理商之间的差异,又避免了为每个代理商单独"定制"手机卡组合所带来的高额管理成本,实现了手机卡资源的高效分配。

第 6 章　码号资源约束下的手机卡分配模型

在数值试验中,我们利用某大型电信运营商真实的数据进行检验,发现通过我们的需求估计和分配计划模型可以提高运营商 23.69% 的收益。此外,我们根据需求估计结果和分配计划模型的参数敏感性分析为电信运营商优化手机卡的分配计划提出了丰富的管理建议。

第7章 本书总结

7.1 本书的主要工作

本书研究了电信行业中的定价和手机卡分配问题。电信业作为重要的生产性服务行业，不仅在我国的经济发展中扮演着重要的角色，而且与居民生活息息相关。由于电信行业的主体是各电信运营商，所以我们站在电信运营商的角度，帮助其分析如何在资源有限的情况下对用户科学地进行业务定价、对代理商合理地分配手机卡，以达到提高电信运营商收益的目标。具体来说，本书的主要工作体现在以下三个方面。

首先，在国内外电信运营商都纷纷将经营重心从语音业务转向数据流量业务的背景下，我们提出了在流量经营时代考虑网络拥塞的动态定价模型。该模型基于流量经营时代移动通信网络的四个重要特征。

（1）网络容量（网络资源）固定。

（2）不同用户使用的数据流量不同，但是分享相同的网络容量。

（3）当用户数据总使用量小于网络容量时，多余网络容量浪费。

（4）当用户数据总使用量超过网络容量时，网络拥塞现象出现，用户体验下降甚至离网。

从这四个特征中我们发现，并非电信运营商开放的套餐越多越好，因为过多新用户的到来，容易造成整个网络拥塞，导致新、老用户一起离网。但也并非电信运营商开放的套餐越少越好，因为过少新用户的加入，有可能导致网络容量的浪费。所以，电信运营商应当每期期初根据观察网络内用户人数、用户选用的套餐、每个套餐流量分布等数据动态地进行定价。这种动态定价主要通过每期动态调整各套餐的开关，使得面向新用户的套餐价格每期动态变化来实现。

由于该动态定价问题是一个随机动态规划问题，当电信用户数较大时，系统维度很高，所以我们将电信的超大用户数近似取为趋近于无穷大，并通过多个步骤将问题降维，最终等价地转化为维度很低的混合整数线性规划进行求解。在数值试验中，我们利用国内某大型电信运营商真实的数据来检验该动态定价法的效果。结果表明，这种优化定价可以使得电信运营商总收入增加 15.93%~34.67%，并且由于模型中考虑了用户对运营商网络服务质量的体验，结果中每期净入网率稳定增长。电信行业中普遍存在的"增量不增收"和"大进大出"的困境得到明显改善。

其次，我们将竞争因素考虑进来，分析双寡头垄断定价模型。由于在双寡头垄断市场环境下，两个电信运营商之间存在非合作博弈，所以我们不仅需要考虑由网络资源有限带来的网络拥塞现象，还需要考虑用户在运营商间转换时发生的转换成本。同时，为避免用户隐瞒甚至虚假显示关于自己类型的私有信息，尤其防止高消费者伪装选择低套餐，我们采用机制设计的方法，帮助电信运营商设计合理的机制使得用户在实现个人目标（如效用最大化）的同时也达到电信运营商的目标（如收益最大化）。但电信运营商在通过机制设计获得自身收益的同时，也会为揭示用户的私有信息付出一定的信息成本。将信息成本考虑在内，本书为电信运营商进行定价的机制设计提出了管理建议。在具体的效用函数下，我们给出了处于双寡头垄断竞争环境下的电信运营商应提供的高、低两种套餐的最优单位流量价格和最优套餐月租费的解析解。利用参数敏感性分析，我们还为电信运营商进行定价机制设计提供了实施建议。

最后，由于困扰电信运营商的资源约束除网络资源外，还有政府管制的码号资源约束，所以我们帮助电信运营商在码号资源约束下进行手机卡的分配计划。分配手机卡的对象是电信运营商的各社会渠道代理商。随着电信行业竞争的不断升级，电信运营商广泛地发展包括苏宁、国美、便利店、报刊亭等在内的各类型社会渠道代理商，通过这些代理商来向新用户销售手机卡。面对每个城市几十上百家的代理商，电信运营商每月应当如何向每个代理商确定分配的手机卡类型和数量就成了一个棘手的难题。为根据各代理商实际情况合理地分配手机卡，电信运营商需要先根据历史销售数据估计每个代理商处用户的需求。其中，由于用户在最想购买的手机卡缺货时，可能存在替代购买其他手机卡的行为，所以我们需要同时估计每种手机卡用户的原始需求和替代概率。

考虑到用户的选择和替代行为都是基于对手机卡各属性的偏好，所以本书先着眼于更实质的属性层，通过对手机卡各属性的原始需求和替代概率的估计，进而来计算产品层各手机卡的原始需求和替代概率。我们采用最大似然法来实现这种估计，并且通过对数转换和分段线性近似的方法，我们成功地将复杂的原问题转化为混合整数规划问题求解。在需求和替代概率估计结果的基础上，我们又通过分配计划模型设计一系列手机卡组合，并分配给各代理商。在数值试验中，我们利用某大型电信运营商真实的数据进行检验，发现通过我们的需求估计和分配计划模型可以提高运营商23.69%的收益。另外，我们根据需求估计结果和分配计划的参数敏感性分析为电信运营商优化手机卡的分配计划提出了实际性的操作建议。

7.2 本书的创新点

本书的创新点主要体现在以下4个方面。

第一，在电信运营商向流量经营转型的背景下，本书提出了考虑网络拥塞的动态定价模型。传统的关于电信行业定价的研究集中于对语音业务的定价，而随着智能手机、移动互联网的普及，电信运营商进入流量经营时代，主要收入来源于数据流量业务。相比传统的语音业务，数据流量业务占用运营商的网络资源更多，更容易引起网络拥塞现象。频繁的网络拥塞容易导致用户体验差甚至离网。基于此，本书创新地在考虑网络拥塞的前提下，分析针对电信运营商流量业务的定价方法，提出可以根据网络内用户流量使用情况的变化而进行动态定价的模型。

第二，运用机制设计的方法帮助非合作博弈中的电信运营商合理定价，并考虑了异质性消费者在不同运营商间的选择问题。机制设计作为现代经济学的重要理论，已经被广泛地应用在定价领域，但却鲜有论文研究当机制设计者在竞争的环境中面对拥有私有信息的异质性消费者如何定价的问题。本书创新地研究了这个问题，分析了异质性消费者同时面对不同电信运营商如何选择的过程，进而针对性地给出了运营商在这种情况下的最优定价策略。

第三，通过分析手机卡的属性来估计各类型手机卡的原始需求和替代概率，并利用对数转换和分段线性近似将非线性规划问题转化为混合整数线性规划问题求解。传统的需求估计方法大多直接对产品层进行估计，然而很多行业中，用户对产品属性的关注要远高于产品本身，他们主要从属性的层面来进行选择和替代的决策，比如，电信业中的手机卡选择问题。所以，本书创新地利用最大似然法，先估计用户对手机卡各属性的原始需求和替代概率，进而再估计各类型手机卡的原始需求和替代概率。由于该估计模型是非线性规划模型，本书又通过对数转换和分段线性近似的方法巧妙地将其转化为混合整数线性规划模型进行快速求解。

第四，在估计需求的基础上，本书提出了考虑码号资源约束的电信运营商手机卡分配计划模型，该模型可以同时确定分配给各代理商的手机卡类型和手机卡数量。由于当码号资源有限、代理商数量较大时，电信运营商如何向各代理商进行资源配置就变得非常困难。所以本书创新地将零售领域内广泛使用的分配计划（Assortment Planning）方法应用在电信行业，首先根据历史销售数据设计一定种类的手机卡组合，再为每个代理商分配其中的一种手机卡组合。通过分配计划的方法，我们既考虑到各代理商之间的差异，又避免了为每个代理商单独"定制"手机卡组合所带来的高额管理成本。

7.3　未来研究展望

目前，国内外关于电信行业收益管理的研究并不多见，本书在电信行业收益管理的领域内具体研究了动态定价、需求估计和资源分配问题。基于此，未来的研究工作还有很多拓展的可能性。

第一，考虑不同时段的动态定价模型。目前我们提出的动态定价模型从宏观的角度，以月为单位，帮助电信运营商根据每月网络内用户的流量使用情况动态调整价格，避免用户因为网络拥塞而服务体验差甚至离网。未来的研究中可以从微观的角度，考虑不同时段的动态定价。比如，在用户集中手机上网的忙时，价格相应上升，在很少用户上网的闲时，价格相应下调。但如何区分忙时、闲时及确定用户在不同时间段的

第 7 章 本书总结

价格敏感度，还需要电信运营商更多的数据支持。

第二，在竞争定价模型中考虑多类异质性消费者。目前我们的竞争定价模型中考虑了两类异质性消费者，分别是高消费者和低消费者，每类消费者的类型属于自己的私有信息，所以我们使用机制设计的方法求解。在未来的研究中，我们可以将异质性消费者的类型从两类拓展到多类，分析面对多类异质性消费者时电信运营商的定价机制设计问题。

第三，在需求估计的基础上进行预测分析。当考虑用户的替代行为时，我们通过历史销售数据观察到的需求就包括原始需求和替代需求两部分，所以我们无法简单地根据历史销售数据直接预测将来的需求。因此本书通过最大似然法首先估计了各手机卡的原始需求和替代需求。在以后的研究中，我们可以在这两部分需求估计的基础上，考虑时间序列因素，对将来的需求进行预测，并在此基础上进行电信运营商的手机卡分配问题研究。

附　录

附录 A　第 3 章证明

A.1　定理 3-1 证明

证明：我们通过归纳法来证明。首先考虑最后一期，$t=T$，

$$\lim_{N\to\infty} \frac{V_T(X_T)}{N}$$

$$= \lim_{N\to\infty} \frac{\sum_{j=1}^{J} X_{j,T} \cdot E\{b_j + c_j [\tilde{D} - a_j]^+\}}{N}$$

$$= \sum_{j=1}^{J} \lim_{N\to\infty} \frac{X_{j,T}}{N} \cdot E\{b_j + c_j [\tilde{D} - a_j]^+\}$$

$$= \sum_{j=1}^{J} \pi_{j,T} \cdot E\{b_j + c_j [\tilde{D} - a_j]^+\}$$

$$= \bar{V}(\pi_T)$$

然后，我们进入归纳阶段，假设 $\lim_{N\to\infty} \frac{V_{t+1}(X_{t+1})}{N} = \bar{V}_{t+1}(\pi_{t+1})$，那么有：

$$\lim_{N\to\infty} \frac{V_t(X_t)}{N}$$

$$= \lim_{N\to\infty} \frac{\sum_{j=1}^{J} X_{j,t} \cdot E\{b_j + c_j [\tilde{D} - a_j]^+\}}{N} + \qquad (A-1)$$

$$\lim_{N \to \infty} \frac{\max_{I_t \in [0,1]^{|J|}} \{ \sum_{j=1}^{J} E(\tilde{Y}_{j,t}) \cdot E\{b_j + c_j [\tilde{D} - a_j]^+\} + E[V_{t+1}(\tilde{X}_{t+1})] \}}{N}$$

$$= \sum_{j=1}^{J} \pi_{j,T} \cdot E\{b_j + c_j [\tilde{D} - a_j]^+\} +$$

$$\max_{I_t \in [0,1]^{|J|}} \left\{ \lim_{N \to \infty} \frac{\sum_{j=1}^{J} E(\tilde{Y}_{j,t}) \cdot E\{b_j + c_j [\tilde{D} - a_j]^+\} + E[V_{t+1}(\tilde{X}_{t+1})]}{N} \right\}$$

其中，根据多项分布的性质 $\tilde{Y}_{j,t}$，项可以变形为：

$$\lim_{N \to \infty} \frac{\sum_{j=1}^{J} E(\tilde{Y}_{j,t}) \cdot E\{b_j + c_j [\tilde{D} - a_j]^+\}}{N}$$

$$= \lim_{N \to \infty} \frac{(N - \sum_{j=1}^{J} X_{j,t}) \cdot \sum_{j=1}^{J} p_{j,t} \cdot E\{b_j + c_j [\tilde{D} - a_j]^+\}}{N}$$

$$= (1 - \sum_{j=1}^{J} \pi_{j,t}) \cdot \sum_{j=1}^{J} p_{j,t} \cdot E\{b_j + c_j [\tilde{D} - a_j]^+\}$$

根据有限收敛定理，将求极限和求期望顺序互换，得到：

$$\lim_{N \to \infty} \frac{E[V_{t+1}(\tilde{X}_{t+1})]}{N} = E\left[\lim_{N \to \infty} \frac{[V_{t+1}(\tilde{X}_{t+1})]}{N} \right] = E[\bar{V}_{t+1}(\pi_{t+1})]$$

根据强大数定律，

$$\pi_{j,t+1} = \lim_{N \to \infty} \frac{\tilde{X}_{j,t+1}}{N}$$

$$= \lim_{N \to \infty} \frac{X_{j,t} + \tilde{Y}_{j,t} - \tilde{L}_{j,t}}{N}$$

$$= \pi_{j,t} \cdot (1 - \theta_j) + (1 - \sum_{j=1}^{J} \pi_{j,t}) \cdot p_{j,t}$$

用向量的形式可以表示为 $\pi_{t+1} = A_t \cdot \pi_t + B_t$。根据归纳法，容易得出：

$$\lim_{N \to \infty} \frac{E[V_{t+1}(\tilde{X}_{t+1})]}{N} = \bar{V}_{t+1}(A_t \cdot \pi_t + B_t)$$

最后，我们得到：

$$\lim_{N \to \infty} \frac{V_t(X_t)}{N}$$

$$= \sum_{j=1}^{J} \pi_{j,t} \cdot E\{b_j + c_j[\tilde{D} - a_j]\} +$$

$$\max_{I_t \in [0,1]^{|J|}} \{(1 - \sum_{j=1}^{J} \pi_{j,t}) \cdot \sum_{j=1}^{J} (p_{j,t} \cdot E\{b_j + c_j[\tilde{D} - a_j]^+\}) + \bar{V}_{t+1}(A_t \cdot \pi_t + B_t)\}$$

$$= \bar{V}_t(\pi_t), \quad \forall 1 \leq t \leq T$$

证毕。

A.2 定理 3-2 证明

该证明包括四个步骤。前两个步骤证明 $z_p(\bar{\pi}) \geq \bar{V}_1(\bar{\pi})$，后两个步骤证明 $\bar{V}_1(\bar{\pi}) \geq z_p(\bar{\pi})$。

步骤一：如果给定 (π^*, I^*) 是模型 (3-1) 的最优解，存在 $L_t^*, K_t^*, \prod_t^*$ 使得 $(\pi^*, L_t^*, K_t^*, \prod_t^*)$ 是模型 (3-3) 的可行解。

令 π^* 为模型 (3-1) 中 π 的唯一最优解或是最优解中的其中一个解，使 $I_t^*, \forall 1 \leq t < T$，作为优控方案。然后可得：

$$\pi_{t+1}^* = A_t(\pi_t^*) \cdot \pi_t^* + B_t(I_t^*), \quad \forall 1 \leq t < T, \quad (A-2)$$

$$0 \leq \pi_{j,1}^* \leq 1, \quad \forall 1 \leq j < J, \ 1 \leq t \leq T,$$

$$0 \leq \sum_{j=1}^{J} \pi_{j,1}^* \leq 1, \quad \forall 1 \leq t \leq T,$$

$$\pi_{j,1}^* = \bar{\pi}_{j,t}, \quad \forall 1 \leq j < J.$$

特别地，约束条件 (A-2) 表明：

$$\pi_{j,t+1}^* = \sum_{i=1}^{J} [A_t(\pi_t^*)]_{j,i} \cdot \pi_{i,t}^* + [B_t(I_t^*)]_j$$

$$= [1 - \theta_{j,t}(\pi_t^*) - p_j(I_t^*)] \cdot \pi_{j,t}^* +$$

$$\sum_{i \neq j} (-p_{j,t}(I_t^*)) \cdot \pi_{j,t}^* + p_{j,t}(I_t^*)$$

$$= p_{j,t}(I_t^*)(1 - \sum_{i=1}^{J}\pi_{i,t}^*) + [1 - \theta_{j,t}(\pi_t^*)] \cdot \pi_{j,t}^*$$

$$= p_{j,t}(I_t^*) \cdot \pi_{0,t}^* + [1 - \theta_{j,t}(\pi_t^*)] \cdot \pi_{j,t}^*$$

$$= \hat{A}(I_t^*, \pi_t^*)_{j,0} \cdot \pi_{0,t}^* + \hat{A}(I_t^*, \pi_t^*)_{j,j} \cdot \pi_{j,t}^*,$$

$$\pi_{0,t+1}^* = 1 - \sum_{j=1}^{J}\pi_{j,t+1}^*$$

$$= 1 - \sum_{j=1}^{J}(p_{j,t}(I_t^*) \cdot \pi_{0,t}^* + [1 - \theta_{j,t}(\pi_t^*)] \cdot \pi_{j,t}^*)$$

$$= \pi_{0,t}^* \cdot (1 - \sum_{j=1}^{J}(p_{j,t}(I_t^*)) + \sum_{j=1}^{J}\theta_{j,t}(\pi_t^*)] \cdot \pi_{j,t}^*$$

$$= \hat{A}(I_t^*, \pi_t^*)_{0,0} \cdot \pi_{0,t}^* + \sum_{j=1}^{J}\hat{A}(I_t^*, \pi_t^*)_{0,j} \cdot \pi_{j,t}^*$$

可得结论，$\pi_{t+1}^* = \hat{A}(I_t^*, \pi_t^*) \cdot \pi_t^*$。回顾定义 $S(I_t^*, 1)$ 和 $S(I_t^*, 0)$，可得：

$$\pi_{t+1}^* = \begin{cases} S(I_t^*, 1) \cdot \pi_t^* & (\text{if} \sum_{j=1}^{J}\alpha_j \cdot \pi_{j,t}^* \geq \Omega) \\ S(I_t^*, 0) \cdot \pi_t^* & (\text{if} \sum_{j=1}^{J}\alpha_j \cdot \pi_{j,t}^* < \Omega) \end{cases} \quad (A-3)$$

然后，可如下构建 L^*，如果 $\sum_{j=1}^{J}\alpha_j \cdot \pi_{j,t}^* \geq \Omega$，$L_t^* = 1$，否则 $L_t^* = 0$。我们可推断出 (π^*, I_t^*, L^*) 是下式的可行解：

$$\pi_{t+1} \geq S(I_t, 1) \cdot \pi_t - M \cdot (1 - L_t), \quad 1 \leq t < T,$$

$$\pi_{t+1} \geq S(I_t, 0) \cdot \pi_t - M \cdot L_t, \quad 1 \leq t < T, \quad (A-4)$$

$$-M \cdot (1 - L_t) \leq \sum_{j=1}^{J}\alpha_j \cdot \pi_{j,t} - \Omega \leq M \cdot L_t, \quad 1 \leq t < T$$

然后可如下构建 K_I^*，对于所有的 $I_t \in \{0, 1\}^J$，如果 $I_t = I_t^*$，$K_{I_t,t}^* = 1$，否则 $K_{I_t,t}^* = 0$，对于 $\Pi_{I_t,t}^* = \pi_{0,t}^* \cdot K_{I_t,t}^*$，$\forall I_t \in \{0, 1\}^J$ 构建 Π_I^*。进一步地，我们表明 $(\pi^*, L^*, K_I^*, \Pi_I^*)$ 是下式的可行解。

$$\pi_{t+1} \geq S(I_t, 1) \cdot \pi_t - M \cdot (1 - L_t) - M \cdot (1 - K_{I_t,t}),$$

$$\forall I_t \in \{0, 1\}^J, 1 \leq t < T$$

$$\pi_{t+1} \geq S(I_t, 0) \cdot \pi_t - M \cdot L_t - M \cdot (1 - K_{I_t,t}),$$

$$\forall I_t \in \{0, 1\}^J, \ 1 \leq t < T, \quad (A-5)$$

$$\sum_{I_t \in \{0,1\}^J} K_{I_t,t} = 1, \ \forall 1 \leq t < T, \ K_{I_t,t} \in \{0, 1\},$$

$$\forall I_t \in \{0, 1\}^J, \ \forall 1 \leq t < T$$

$$\Pi_{I_t,t} \leq \pi_{0,t}, \ \forall 1 \leq t < T, \ I_t \in \{0, 1\}^J, \ \Pi_{I_t,t} \leq K_{I_t,t}$$

$$\forall 1 \leq t < T, \ I_t \in \{0, 1\}^J,$$

可得结论 $(\pi^*, L^*, K_I^*, \Pi_I^*)$ 满足模型 (3-3) 中的约束条件，因此 $(\pi^*, L^*, K_I^*, \Pi_I^*)$ 是模型 (3-3) 的可行解。

步骤二：证明 $z_p(\bar{\pi}) \geq \bar{V}_1(\bar{\pi})$。

由于 (π^*, I^*) 是模型 (3-1) 的最优解，$(\pi^*, L^*, K_I^*, \Pi_I^*)$ 是模型 (3-3) 的可行解，所以可得：

$$\bar{V}_1(\bar{\pi}) = \sum_{j=1}^{J} \pi_{j,1}^* \cdot E\{b_j + c_j \cdot [\tilde{D} - a_j]^+\} +$$
$$(1 - \sum_{j=1}^{J} \pi_{j,1}^*) \sum_{j=1}^{J} p_{j,1}(I_1^*) \cdot E\{b_j + c_j \cdot [\tilde{D} - a_j]^+\} +$$
$$\bar{V}_2(\pi_2^*)$$

$$= \sum_{t=1}^{T} \sum_{j=1}^{J} \pi_{j,t}^* \cdot E\{b_j + c_j \cdot [\tilde{D} - a_j]^+\} +$$
$$\sum_{t=1}^{T-1} (1 - \sum_{j=1}^{J} \pi_{j,t}^*) \sum_{j=1}^{J} p_{j,t}(I_1^*) \cdot E\{b_j + c_j \cdot [\tilde{D} - a_j]^+\}$$

$$= \sum_{t=1}^{T} \sum_{j=1}^{J} \pi_{j,t}^* \cdot E\{b_j + c_j \cdot [\tilde{D} - a_j]^+\} +$$
$$\sum_{t=1}^{T-1} \sum_{j=1}^{J} \pi_{0,t}^* \sum_{I_t \in \{0,1\}^J} p_{j,t}(I_t) \cdot K_{I_t,t}^* \cdot E\{b_j + c_j \cdot [\tilde{D} - a_j]^+\}$$

$$= \sum_{t=1}^{T} \sum_{j=1}^{J} \pi_{0,t}^* \cdot E\{b_j + c_j \cdot [\tilde{D} - a_j]^+\} +$$
$$\sum_{t=1}^{T-1} \sum_{j=1}^{J} \sum_{I_t \in \{0,1\}^J} p_{j,t}(I_t) \cdot \Pi_{I_t,t}^* \cdot E\{b_j + c_j \cdot [\tilde{D} - a_j]^+\}$$

由于 $(\pi^*, L^*, K_I^*, \Pi_I^*)$ 是模型 (3-3) 的可行解，可得

$$z_p(\bar{\pi}) \geq \sum_{t=1}^{T}\sum_{j=1}^{J} \pi_{j,t}^* \cdot E\{b_j + c_j \cdot [\tilde{D} - a_j]^+\} +$$
$$\sum_{t=1}^{T-1}\sum_{j=1}^{J}\sum_{I_t \in \{0,1\}^J} p_{j,t}(I_t) \cdot \prod_{I_t,t}^* \cdot E\{b_j + c_j \cdot [\tilde{D} - a_j]^+\}$$
$$= \bar{V}_1(\bar{\pi})$$

步骤三：如果给定 $(\hat{\pi}, \hat{L}, \hat{K}, \hat{\prod}_I)$ 是模型（3-3）的最优解，那么存在 $\hat{I}$ 使得 $(\hat{\pi}, \hat{I})$ 是模型（3-1）的可行解。

如果我们定义 $(\hat{\pi}, \hat{L}, \hat{K}, \hat{\prod}_I)$ 是模型（3-3）的唯一最优解或者最优解中的其中一个解，那么 $(\hat{\pi}, \hat{L}, \hat{K}, \hat{\prod}_I)$ 必是模型（3-3）的可行解。

$$\hat{\pi}_{t+1} \geq S(I_t, 1) \cdot \hat{\pi}_t - M \cdot (1 - \hat{K}_{I_t,t}) - M \cdot (1 - \hat{L}_t),$$
$$\forall I_t \in \{0, 1\}^J, 1 \leq t < T, \quad (A-6)$$

$$\hat{\pi}_{t+1} \geq S(I_t, 0) \cdot \hat{\pi}_t - M \cdot (1 - \hat{K}_{I_t,t}) - M \cdot \hat{L}_t,$$
$$\forall I_t \in \{0, 1\}^J, 1 \leq t < T, \quad (A-7)$$

$$\sum_{j=0}^{J} \hat{\pi}_{j,t} = 1, \forall 1 \leq t < T, \quad 0 \leq \hat{\pi}_{j,t} < 1,$$
$$\forall 1 \leq j < J, 1 \leq t < T, \quad (A-8)$$

$$\sum_{I_t \in \{0,1\}^J} \hat{K}_{I_t,t} = 1, \forall 1 \leq t < T, \quad \hat{K}_{I_t,t} \in \{0, 1\},$$
$$\forall I_t \in \{0, 1\}^J, 1 \leq t < T, \quad (A-9)$$

$$-M \cdot (1 - \hat{L}_t) \leq \sum_{j=1}^{J} \alpha_j \cdot \hat{\pi}_{j,t} - \Omega \leq M \cdot \hat{L}_t, \forall 1 \leq t < T, \quad (A-10)$$

$$\hat{L}_t \in \{0, 1\} \quad \forall 1 \leq t < T, \quad (A-11)$$

令 $\hat{I}_t$ 为 I_t，则 $\hat{K}_{I_t,t} = 1$。如果 $\sum_{j=1}^{J} \alpha_j \cdot \hat{\pi}_{j,t} \geq \Omega$，则式（A-10）和（A-11）可推出 $\hat{L}_t = 1$。当 $I_t = \hat{I}_t$，式（A-6）变为 $\hat{\pi}_{t+1} \geq S(\hat{I}_t, 1) \cdot \hat{\pi}_t$。由于式（A-8），可得 $\hat{\pi}_{t+1} = S(\hat{I}_t, 1) \cdot \hat{\pi}_t$。同样地，如果 $\sum_{j=1}^{J} \alpha_j \cdot \hat{\pi}_{j,t} < \Omega$，必须有 $\hat{L}_t = 0$ 和 $\hat{\pi}_{t+1} \geq S(\hat{I}_t, 0) \cdot \hat{\pi}_t$。根据 $\hat{A}(\hat{I}_t, \hat{\pi}_t)$ 的定

义可知 $(\hat{\pi}_t, \hat{I}_t)$, 满足

$$\hat{\pi}_{t+1} = \hat{A}(\hat{I}_t, \hat{\pi}_t) \cdot \hat{\pi}_t, \quad \forall 1 \leq t < T. \quad (A-12)$$

约束条件 (A-12) 可表示为

$$\begin{aligned}
\hat{\pi}_{j,t+1} &= p_{j,t}(\hat{I}_t) \cdot \hat{\pi}_{0,t} + [1 - \theta_{j,t}(\hat{\pi}_t)] \cdot \hat{\pi}_{j,t} \\
&= p_{j,t}(\hat{I}_t) + (1 - \sum_{i=1}^{J} \hat{\pi}_{j,t}) + [1 - \theta_{j,t}(\hat{\pi}_t)] \cdot \hat{\pi}_{j,t} \\
&= p_{j,t}(\hat{I}_t) + [1 - \theta_{j,t}(\hat{\pi}_t) - p_{j,t}(\hat{I}_t)] \cdot \hat{\pi}_{j,t} \\
&\quad - p_{j,t}(\hat{I}_t) \cdot \sum_{i \neq j} \hat{\pi}_{i,t} \\
&= \sum_{i=1}^{J} A_t(\hat{\pi}_t)_{j,i} \cdot \hat{\pi}_{i,t} + B_t(\hat{I}_t)_j
\end{aligned}$$

可得结论, $(\hat{\pi}_t, \hat{I}_t)$ 满足

$$\hat{\pi}_{t+1} = A_t(\hat{\pi}_t) \cdot \hat{\pi}_t + B_t(\hat{I}_t). \quad (A-13)$$

由于 $\sum_{j=0}^{J} \hat{\pi}_{j,t} = 1$, $\forall 1 \leq t < T$, 而且 $0 \leq \hat{\pi}_{j,t} \leq 1$, $\forall 1 \leq j < J$, $1 \leq t \leq T$ 可得:

$$0 \leq \sum_{j=1}^{J} \hat{\pi}_{j,t} \leq 1, \quad \forall 1 \leq t < T. \quad (A-14)$$

结合约束条件 (A-13) 和 (A-14), 得到满足模型 (3-1) 中的所有约束条件, 因此 $(\hat{\pi}, \hat{I})$ 是模型 (3-1) 的可行解。

步骤四: 证明 $\hat{V}_1(\bar{\pi}) \geq z_p(\bar{\pi})$

根据归纳法证明此结果。当 $T=1$ 时,

$$\begin{aligned}
z_p(\bar{\pi}) &= \sum_{j=1}^{J} \hat{\pi}_{j,1} \cdot E\{b_j + c_j \cdot [\tilde{D} - a_j]^+\} \\
&= \bar{V}_1(\bar{\pi})
\end{aligned}$$

当 $T \leq \tau$, 假定 $\bar{V}_1(\bar{\pi}) \geq z_p(\bar{\pi})$。在 $T \leq \tau + 1$ 的情况下, 根据归纳, 可得:

$$\bar{V}_2(\hat{\pi})_2 \geq \sum_{t=2}^{T} \sum_{j=1}^{J} \hat{\pi}_{j,t} \cdot E\{b_j + c_j \cdot [\tilde{D} - a_j]^+\} +$$

$$\sum_{t=2}^{T-1}\sum_{j=1}^{J} [(1-\sum_{i=1}^{J})\hat{\pi}_{i,t}] \cdot p_{j,t}(\hat{I}_t) \cdot$$
$$E\{b_j + c_j \cdot [\tilde{D}-a_j]^+\}$$

可证明得

$$\bar{V}_1(\bar{\pi}) = \max_{I_1 \in (0,1)^J} \{\sum_{j=1}^{J}\hat{\pi}_j \cdot E\{b_j + c_j \cdot [\tilde{D}-a_j]^+\} +$$
$$(1-\sum_{i=1}^{J})\hat{\pi}_i)\sum_{j=1}^{J} p_{j,1}(I_1) \cdot E\{b_j + c_j \cdot [\tilde{D}-a_j]^+\} +$$
$$\bar{V}_2(A_1 \cdot \bar{\pi} + B_1)\}$$
$$\geq \sum_{j=1}^{J}\hat{\pi}_{j,1} \cdot E\{b_j + c_j \cdot [\tilde{D}-a_j]^+\} + \hat{\pi}_{0,1}\sum_{j=1}^{J} p_{j,1}(\hat{I}_1) \cdot$$
$$E\{b_j + c_j \cdot [\tilde{D}-a_j]^+\} + \hat{V}_2(\hat{\pi}_2)$$
$$\geq \sum_{t=1}^{T}\sum_{j=1}^{J}\hat{\pi}_{j,t} \cdot E\{b_j + c_j \cdot [\tilde{D}-a_j]^+\} + \sum_{t=1}^{T-1}\sum_{j=1}^{J}\hat{\pi}_{0,t} \cdot p_{j,t}(\hat{I}_t) \cdot$$
$$E\{b_j + c_j \cdot [\tilde{D}-a_j]^+\}$$
$$= \sum_{t=1}^{T}\sum_{j=1}^{J}\hat{\pi}_{j,t} \cdot E\{b_j + c_j \cdot [\tilde{D}-a_j]^+\} +$$
$$\sum_{t=1}^{T-1}\sum_{j=1}^{J}\sum_{I_t \in (0,1)^J}\hat{\pi}_{0,t} \cdot p_{j,t}(I_t) \cdot \hat{K}_{I_t,t} \cdot E\{b_j + c_j \cdot [\tilde{D}-a_j]^+\}$$
$$= \sum_{t=1}^{T}\sum_{j=1}^{J}\hat{\pi}_{j,t} \cdot E\{b_j + c_j \cdot [\tilde{D}-a_j]^+\} +$$
$$\sum_{t=1}^{T-1}\sum_{j=1}^{J}\sum_{I_t \in (0,1)^J} p_{j,t}(I_t) \tilde{\prod}_{I_t,t} \cdot E\{b_j + c_j \cdot [\tilde{D}-a_j]^+\}$$
$$= z_p(\bar{\pi})$$

因此，得到 $\bar{V}_1(\bar{\pi}) \geq z_p(\bar{\pi})$。

综合四个证明步骤，可得结论 $\bar{V}_1(\bar{\pi}) = z_p(\bar{\pi})$。定理 3-2 成立。

A.3 定理 3-3 证明

该证明包括四个步骤。前两个步骤证明 $\hat{z}_p(\bar{\pi}) \geq z_p(\bar{\pi})$，后两个

步骤证明 $z_p(\hat{\pi}) \geq \hat{z}_p(\hat{\pi})$。

步骤一:如果给定 $(\pi^*, L^*, K_I^*, \Pi_I^*)$ 是模型 (3-3) 的最优解,那么存在 β^*, γ^*, I^* 和 pp^* 使得 $(\pi^*, L^*, \beta^*, \gamma^*, I^*$ 和 $pp^*)$ 是模型 (3-8) 的可行解。

令 $(\pi^*, L^*, K_I^*, \Pi_I^*)$ 是模型 (3-3) 的唯一最优解或者优解中的其中一个解,则 $(\pi^*, L^*, K_I^*, \Pi_I^*)$ 必是模型 (3-3) 的可行解,满足以下约束条件:

$$\pi_{t+1}^* \geq S(I_t, 1) \cdot \pi_t^* - M \cdot (1 - L_t^*) - M \cdot (1 - K_{I_t,t}^*),$$
$$\forall I_t \in \{0, 1\}^J, \tag{A-15}$$

$$\pi_{t+1}^* \geq S(I_t, 0) \cdot \pi_t^* - M \cdot L_t^* - M \cdot (1 - K_{I_t,t}^*),$$
$$\forall I_t \in \{0, 1\}^J, \tag{A-16}$$

$$\sum_{j=0}^{J} \pi_{j,t}^* = 1, \quad 0 \leq \pi_{j,t}^* \leq 1, \quad \forall 1 \leq j \leq J, \tag{A-17}$$

$$\sum_{I_t \in \{0,1\}^J} K_{I_t,t}^* = 1, \quad K_{I_t,t}^* \in \{0, 1\}, \quad \forall I_t \in \{0, 1\}^J, \tag{A-18}$$

$$-M \cdot (1 - L_t^*) \leq \sum_{j=1}^{J} \alpha_j \cdot \pi_{j,t}^* - \Omega \leq M \cdot L_t^*, \tag{A-19}$$

$$L_t^* \in \{0, 1\}. \tag{A-20}$$

通过 $I_t^* = \sum_{I_t \in \{0,1\}^J} I_t \cdot K_{I_t,t}^*$ 构建 I_t^*。显然地,当 $I_t = I_t^*$ 时,$K_{I_t,t}^* = 1$,否则 $K_{I_t,t}^* = 0$。式 (A-15) 表明如果 $K_{I_t,t}^* = 1$ 且 $L_t^* = 1$,则 $\pi_{t+1}^* \geq S(I_t^*, 1) \cdot \pi_t^*$。特别地,$\pi^*$ 满足

$$\pi_{j,t+1}^* \geq S(I_t^*, 1)_{j,0} \cdot \pi_{0,t}^* + S(I_t^*, 1)_{j,j} \cdot \pi_{j,t}^*$$
$$= p_{j,t}(I_t^*) \cdot \pi_{0,t}^* + (1 - \bar{\theta}_j) \cdot \pi_{j,t}^*, \quad \forall 1 \leq j \leq J,$$

$$\pi_{0,t+1}^* \geq S(I_t^*, 1)_{j,0} \cdot \pi_{0,t}^* + \sum_{j=1}^{J} S(I_t^*, 1)_{j,j} \cdot \pi_{j,t} \tag{A-21}$$
$$= \left[1 - \sum_{j=1}^{J} p_{j,t}(I_t^*)\right] \cdot \pi_{0,t}^* + \sum_{j=1}^{J} \bar{\theta}_j \cdot \pi_{j,t}^*$$

将式 (A-21) 中的两个不等式加和有:

$$\sum_{j=0}^{J} \pi_{j,t+1}^* \geqslant \left[1 - \sum_{j=1}^{J} p_{j,t}^*(I_t^*)\right] \cdot \pi_{0,t}^* + \sum_{j=1}^{J} p_{j,t}^*(I_t^*) \cdot \pi_{0,t}^*$$

$$+ \sum_{j=1}^{J}(1-\bar{\theta}_j) \cdot \pi_{j,t}^* + \sum_{j=1}^{J} \bar{\theta}_j \cdot \pi_{j,t}^*$$

$$= \pi_{0,t}^* + \sum_{j=1}^{J} \pi_{j,t}^* = \sum_{j=0}^{J} \pi_{j,t}^*$$

由于式（A-17），可得：

$$\begin{aligned}&\pi_{j,t+1}^* = p_{j,t}^*(I_t^*) \cdot \pi_{0,t}^* + (1-\bar{\theta}_j) \cdot \pi_{j,t}^*, \quad \forall 1 \leqslant j \leqslant J, \\ &\pi_{0,t+1}^* = \left[1 - \sum_{j=1}^{J} p_{j,t}^*(I_t^*)\right] \cdot \pi_{0,t}^* + \sum_{j=1}^{J} \bar{\theta}_j \cdot \pi_{j,t}^* \end{aligned} \quad (A-22)$$

同样地，当 $K_{I_t,t}^* = 1$ 且 $L_t^* = 0$ 时，式（A-22）变为

$$\begin{aligned}&\pi_{j,t+1}^* = \pi_{j,t}^* + p_{j,t} \cdot \pi_{0,t}^*, \quad \forall 1 \leqslant j \leqslant J, \\ &\pi_{0,t+1}^* = \pi_{0,t}^* - \sum_{j=1}^{J} p_{j,t}^*(I_t^*) \cdot \pi_{0,t}^* \end{aligned} \quad (A-23)$$

我们构建 $\beta_{j,t}^* = p_{j,t}(I_t^*) \cdot \pi_{0,t}^*$ 和

$$\gamma_{j,t}^* = \begin{cases} \bar{\theta}_j \cdot \pi_{j,t}^*, & \text{if } \sum_{j=1}^{J} \alpha_j \cdot \pi_{j,t}^* \geqslant \Omega, \\ 0, & \text{if } \sum_{j=1}^{J} \alpha_j \cdot \pi_{j,t}^* < \Omega. \end{cases}$$

根据 $\beta_{j,t}^*$ 和 $\gamma_{j,t}^*$ 的定义，式（A-22）和式（A-23）可改写为：

$$\begin{aligned}&\pi_{j,t+1}^* = \pi_{j,t}^* + \beta_{j,t}^* - \gamma_{j,t}^*, \quad \forall 1 \leqslant j \leqslant J, \\ &\pi_{0,t+1}^* = \pi_{0,t}^* - \sum_{j=1}^{J} \beta_{j,t}^* + \sum_{j=1}^{J} \gamma_{j,t}^* \end{aligned} \quad (A-24)$$

令 $I_{j,t}^*$ 为 I_t^* 的第 j 个元素。当 $I_{j,t}^* = 0$，根据 $\beta_{j,t}^*$ 的定义，可得 $\beta_{j,t}^* = 0$。当 $I_{j,t}^* = 1$，$\beta_{j,t}^* = p_{j,t}^*(I_t^*) \cdot \pi_{0,t}^*$ 因此 $\beta_{j,t}^*$ 必须满足：

$$-M \cdot I_{j,t}^* \leqslant \beta_{j,t} \leqslant M \cdot I_{j,t}^* \quad (A-25)$$

根据 $\gamma_{j,t}^*$ 的定义，当 $L_t^* = 1$，$\gamma_{j,t} = \bar{\theta}_j \cdot \pi_{j,t}^*$。当 $L_t^* = 0$，$\gamma_{j,t} = 0$。因此，$\gamma_{j,t}^*$ 满足如下约束条件：

$$\pi_{j,t}^* \cdot \bar{\theta}_j - M(1-L_t^*) \leqslant \gamma_{j,t} \leqslant \pi_{j,t}^* \cdot \bar{\theta}_j + M(1-L_t^*), \quad (A-26)$$

$$-M \cdot L_t^* \leqslant \gamma_{j,t} \leqslant M \cdot L_t^* \quad (A-27)$$

回顾 $X_{i,j}$ 的定义,则有:

$$X_{i,j} = \frac{b_j - b_i}{c_i} + a_i,$$

在假设(3-1)下,套餐 i 和套餐 j 仅对应一个 $X_{i,j}$。当用户流量使用量小于 $X_{i,j}$ 时,套餐 i 比套餐 j 更受用户青睐。当用户流量使用量大于 $X_{i,j}$ 时,情况相反。下面,我们来说明 $p_{j,t}(I_t^*)$ 满足式(A-28)到式(A-32)的约束条件,

$$p_{j,t}(I_t^*) \leqslant F(X_{j,i_2}) - F(X_{i_1,j}) + M \cdot (2 - I_{i_1,t}^* - I_{i_2,t}^*),$$
$$\forall 1 \leqslant i_1 < j < i_2 \leqslant J, \tag{A-28}$$

$$p_{j,t}(I_t^*) \leqslant F(X_{j,i_2}) - F(X_{0,j}) + M \cdot (1 - I_{i_2,t}^*),$$
$$\forall 1 \leqslant j < i_2 \leqslant J, \tag{A-29}$$

$$p_{j,t}(I_t^*) \leqslant 1 - F(X_{x_1,j}) + M \cdot (1 - I_{i_1,t}^*),$$
$$\forall 1 \leqslant i_1 < j \leqslant J, \tag{A-30}$$

$$p_{j,t}(I_t^*) \leqslant 1 - F(X_{0,j}), \forall 1 \leqslant j \leqslant J, \tag{A-31}$$

$$p_{0,t}(I_t^*) \leqslant F(X_{0,j}) + M \cdot (1 - I_{j,t}^*), \forall 1 \leqslant j \leqslant J, \tag{A-32}$$

首先,从式(A-28)中可得,不论 $I_{i_1,t}^* = 0$ 还是 $I_{i_2,t}^* = 0$,式(A-28)始终成立。而当 $I_{i_1,t}^* = I_{i_2,t}^* = 1$ 时,回顾 $p_{j,t}(I_t^*)$ 的定义,可得:

$$p_{j,t}(I_t^*) = Pr\{I_{j,t}^* = 1, b_j + c_j \cdot (\tilde{D} - a_j)^+$$
$$\leqslant \min_{\{0\} \cup \{i:I_{i,t}^* = 1\}} [b_i + c_i \cdot (\tilde{D} - a_j)^+]\}$$
$$\leqslant Pr\{b_j + c_j \cdot (\tilde{D} - a_j)^+$$
$$\leqslant \min_{\{0\} \cup \{i:I_{i,t}^* = 1\}} [b_i + c_i \cdot (\tilde{D} - a_j)^+]\}$$
$$\leqslant Pr[b_j + c_j \cdot (\tilde{D} - a_j)^+ \leqslant b_{i1} + c_{i1} \cdot (\tilde{D} - a_j)^+,$$
$$b_j + c_j \cdot (\tilde{D} - a_j)^+ \leqslant b_{i2} + c_{i2} \cdot (\tilde{D} - a_{i2})^+]$$

$$= Pr\ (X_{i1,j} \leq \tilde{D} \leq X_{j,i2})$$
$$= F\ (X_{j,i2})\ -F\ (X_{i1,j}).$$

因此式（A-28）成立。式（A-29）限定了套餐 j 比套餐 i_2（$i_2 > j$）更受用户青睐。式（A-30）限定了套餐 j 比套餐 i_1（$i_1 > j$）更受用户青睐。式（A-31）对比套餐 j 的价格和用户保留价格。式（A-32）讨论用户没有选任何套餐时的情况。这样，$p_{j,t}\ (I_t^*)$ 满足约束式（A-28）到式（A-32）。

通过 $pp_{j,t}^* = \sum_{I_t \in \{0,1\}^J} p_{j,t}\ (I_t)\ \cdot K_{I_t}^* \cdot \pi_{0,t}^*$ 构建 pp^*。根据 I_t^* 定义，$pp_{j,t}^* = p_{j,t}\ (I_t^*)\ \cdot \pi_{0,t}^*$。由于 $p_{j,t}\ (I_t^*)$ 满足约束（A-28）~（A-32），可得 $pp_{j,t}^*$ 满足模型（3-8）中的（3-6）约束。由于 $\beta_{j,t}^* = p_{j,t}\ (I_t)\ \cdot \pi_{0,t}^*$，可得 $\beta_{j,t}^* = pp_{j,t}^*$。当 $I_{j,t} = 1$，$\beta_{j,t}^* = pp_{j,t}^*$。当 $I_{j,t} = 0$，$\beta_{j,t}^* = 0$。因此 $\beta_{j,t}^*$ 满足

$$pp_{j,t}^* - M \cdot (1 - I_{j,t}^*) \leq \beta_{j,t}^* \leq pp_{j,t}^* + M \cdot (1 - I_{j,t}^*) \quad (A-33)$$

式（A-25）和式（A-33）表明 β^* 满足模型（3-8）中的（3-7）约束。我们可得结论（π^*，L^*，β^*，γ^*，I^*，pp^*）满足模型（3-8）中的所有约束条件。因此（π^*，L^*，β^*，γ^*，I^*，pp^*）是模型（3-8）的可行解。

步骤二：$\hat{z}_p\ (\bar{\pi}) \geq z_p\ (\bar{\pi})$ 证明。

由于（π^*，L^*，β^*，γ^*，I^*，pp^*）是模型（3-8）的可行解，可得：

$$\hat{z}_p\ (\bar{\pi}) \geq \sum_{t=1}^{T} \sum_{j=1}^{J} \pi_{j,t}^* \cdot E\ \{b_j + c_j \cdot\ [\tilde{D} - a_j]^+\}\ +$$
$$\sum_{t=1}^{T-1} \sum_{j=1}^{J} \beta_{j,t}^* \cdot E\ \{b_j + c_j \cdot\ [\tilde{D} - a_j]^+\}$$
$$= \sum_{t=1}^{T} \sum_{j=1}^{J} \pi_{j,t}^* \cdot E\ \{b_j + c_j \cdot\ [\tilde{D} - a_j]^+\}\ +$$

$$\sum_{t=1}^{T-1}\sum_{j=1}^{J}p_{j,t}\ (I_t^*)\ \cdot \pi_{0,t}^*\cdot E\ \{b_j+c_j\cdot\ [\tilde{D}-a_j]^+\}$$

$$=\sum_{t=1}^{T}\sum_{j=1}^{J}\pi_{j,t}^*\cdot E\ \{b_j+c_j\cdot\ [\tilde{D}-a_j]^+\}\ +$$

$$\sum_{t=1}^{T-1}\pi_{0,t}^*\sum_{I_t\in\{0,1\}^j}p_{j,t}\ (I_t)\ \cdot K_{I_t,t}^*\cdot E\ \{b_j+c_j\cdot\ [\tilde{D}-a_j]^+\}$$

$$=\sum_{t=1}^{T}\sum_{j=1}^{J}\pi_{j,t}^*\cdot E\ \{b_j+c_j\cdot\ [\tilde{D}-a_j]^+\}\ +$$

$$\sum_{t=1}^{T-1}\sum_{I_t\in\{0,1\}^j}p_{j,t}\ (I_t)\ \cdot\Pi_{I_t,t}^*\cdot E\ \{b_j+c_j\cdot\ [\tilde{D}-a_j]^+\}$$

$$=z_p\ (\hat{\pi}).$$

步骤三：如果给定 $(\hat{\pi},\hat{L},\hat{\beta},\hat{\gamma},\hat{I},\hat{pp})$ 是模型（3-8）的最优解，那么存在 $\hat{K}_I, \hat{\Pi}_I$，使得 $(\hat{\pi},\hat{L},\hat{K}_I,\hat{\Pi}_I)$ 为模型（3-3）的可行解。

令 $(\hat{\pi},\hat{L},\hat{\beta},\hat{\gamma},\hat{I},\hat{pp})$ 为模型（3-8）的唯一最优解或者优解中的其中一个解，显然 $(\hat{\pi},\hat{L},\hat{\beta},\hat{\gamma},\hat{I},\hat{pp})$ 必是模型（3-8）的可行解，并且满足

$$\hat{\pi}_{j,t}\cdot\bar{\theta}_j-M\cdot\ (1-\hat{L}_t)\ \leqslant\hat{\gamma}_{j,t}\leqslant\hat{\pi}_{j,t}\cdot\bar{\theta}_j+M\cdot\ (1-\hat{L}_t),\quad (A-34)$$

$$-M\cdot\hat{L}_t\leqslant\hat{\gamma}_{j,t}\leqslant M\cdot\hat{L}_t, \quad (A-35)$$

$$-M\cdot\ (1-\hat{L}_t)\ \leqslant\sum_{j=1}^{J}\alpha_j\cdot\hat{\pi}_{j,t}-\Omega\leqslant M\cdot\hat{L}_t, \quad (A-36)$$

$$\hat{L}_t\in\ \{0,\ 1\}. \quad (A-37)$$

式（A-34）~式（A-37）表明，如果 $\sum_{j=1}^{J}\alpha_j\cdot\hat{\pi}_{j,t})\geqslant\Omega$，则 $\hat{L}_t=1$ 且 $\hat{\gamma}_{j,t}=\hat{\pi}_{j,t}\cdot\bar{\theta}_j$。如果 $\sum_{j=1}^{J}\alpha_j\cdot\hat{\pi}_{j,t}<\Omega$，则 $\hat{L}_t=0$ 且 $\hat{\gamma}_{j,t}=0$。由于

$$\theta_{j,t}\ (\hat{\pi}_t)\ =\begin{cases}\bar{\theta}_j, & \text{if } \sum_{j=1}^{J}\alpha_j\cdot\hat{\pi}_{j,t}\geqslant\Omega,\\ 0, & \text{if } \sum_{j=1}^{J}\alpha_j\cdot\hat{\pi}_{j,t}<\Omega.\end{cases}$$

可得 $\hat{\gamma}_{j,t}=\hat{\pi}_{j,t}\cdot\theta_{j,t}\ (\hat{\pi}_t).$

变量 $\hat{\beta}_{j,t}$ 和 $\hat{pp}_{j,t}$ 满足如下约束条件：

$$-M \cdot \hat{I}_{j,t} \leq \beta_{j,t} \leq M \cdot \hat{I}_{j,t}, \quad (A-38)$$

$$pp_{j,t} - M \cdot (1 - \hat{I}_{j,t}) \leq \beta_{j,t} \leq pp_{j,t} + M \cdot (1 - \hat{I}_{j,t}), \quad (A-39)$$

$$pp_{j,t} \leq M \cdot \hat{I}_{j,t}, \quad (A-40)$$

$$\sum_{j=0}^{J} pp_{j,t} = \hat{\pi}_{0,t}, \quad (A-41)$$

$$pp_{j,t} \leq \hat{\pi}_{0,t} \cdot [F(X_{j,i2}) - F(X_{i1,j})] + M \cdot (2 - \hat{I}_{i1,t} - \hat{I}_{i2,t}),$$
$$\forall 1 \leq i_1 < j < i_2 \leq J, \quad (A-42)$$

$$pp_{j,t} \leq \hat{\pi}_{0,t} \cdot [F(X_{j,i2}) - F(X_{0,j})] + M \cdot (1 - \hat{I}_{i2,t}),$$
$$\forall 1 \leq j < i_2 \leq J, \quad (A-43)$$

$$pp_{j,t} \leq \hat{\pi}_{0,t} \cdot [1 - F(X_{i1,j})] + M \cdot (1 - \hat{I}_{i1,t}),$$
$$\forall 1 \leq i_1 < j \leq J, \quad (A-44)$$

$$pp_{j,t} \leq \hat{\pi}_{0,t} \cdot [1 - F(X_{0,j})] + M \cdot (1 - \hat{I}_{j,t}),$$
$$\forall 1 \leq j \leq J, \quad (A-45)$$

$$pp_{0,t} \leq \hat{\pi}_{0,t} \cdot F(X_{0,j}) + M \cdot (1 - \hat{I}_{j,t}),$$
$$\forall 1 \leq j \leq J, \quad (A-46)$$

从式（A-40）、式（A-42）到式（A-46）可推出当 $\hat{I}_{j,t} = 1$ 时，

$$\hat{pp}_{j,t} \leq \hat{\pi}_{0,t} \cdot \min_{\{i_1,i_2:\hat{I}_{i1,t}=1,\hat{I}_{i2,t}=1\}} [F(X_{j,i_2}) - F(X_{i_1,j}), F(X_{j,i_2})$$
$$- F(X_{0,j}), 1 - F(X_{i_1,j}), 1 - F(X_{0,j})],$$

$$\hat{pp}_{0,t} \leq \hat{\pi}_{0,t} \cdot \min_{\{j:\hat{I}_{j,t}=1\}} [F(X_{0,j})]$$

当 $\hat{I}_{j,t} = 0$ 时，

$$\hat{pp}_{j,t} = 0$$

对于给定的 $\hat{I}_t$，根据 $p_{j,t}(\hat{I}_t)$ 定义，可知

$$p_{j,t}(\hat{I}_t) = Pr\{\hat{I}_{j,t} = 1, b_j + c_j \cdot (\tilde{D} - a_j)^+$$
$$\leq \min_{\{0\} \cup \{i:I_i=1\}} [b_i + c_i \cdot (\tilde{D} - a_i)^+]\}$$
$$= \hat{I}_{j,t} \cdot \min_{\{i_1,i_2:\hat{I}_{i1,t}=1,\hat{I}_{i2,t}=1\}} [F(X_{j,i_2}) - F(X_{i_1,j}), F(X_{j,i_2}) -$$
$$F(X_{0,j}), 1 - F(X_{i_1,j}), 1 - F(X_{0,j})],$$
$$p_{0,t}(\hat{I}_t) = Pr\{b_0 + c_0 \cdot (\tilde{D} - a_0)^+$$
$$\leq \min_{\{i:I_i=1\}} [b_i + c_i \cdot (\tilde{D} - a_i)^+]\}$$
$$= \min_{\{i:I_i=1\}} [F(X_{0,i})] \quad (A-47)$$

由于 $\sum_{j=0}^{J} p_{j,t}(\hat{I}_t) = 1$，加和式（A-47）中的所有等式可得：

$$\sum_{j=1}^{J} \hat{I}_{j,t} \cdot \min_{\{i_1,i_2:\hat{I}_{i1,t}=1,\hat{I}_{i2,t}=1\}} [F(X_{j,i_2}) - F(X_{i_1,j}), F(X_{j,i_2}) - F(X_{0,j}), 1 - F(X_{i_1,j}), 1 - F(X_{0,j})], +$$
$$\min_{\{i:I_i=1\}} [F(X_{0,i})] = 1.$$

可得结论 $\sum_{j=0}^{J} \hat{pp}_{j,t} \leq \hat{\pi}_{0,t}$。结合式（A-41），

$$\hat{pp}_{j,t} = \hat{\pi}_{0,t} \cdot \min_{\{i_1,i_2:\hat{I}_{i1,t}=1,\hat{I}_{i2,t}=1\}} [F(X_{j,i_2}) - F(X_{i_1,j}), F(X_{j,i_2}) - F(X_{0,j}), 1 - F(X_{i_1,j}), 1 - F(X_{0,j})],$$

$$\hat{pp}_{0,t} \leq \hat{\pi}_{0,t} \cdot \min_{\{j:\hat{I}_j=1\}} [F(X_{0,j})]$$

根据 $p_{j,t}(\hat{I}_t)$ 的定义，有 $\hat{pp}_{j,t} = \hat{\pi}_{0,t} \cdot p_{j,t}(\hat{I}_t)$。由于式（A-38）和式（A-39），可知：

$$\hat{\beta}_{j,t} = \hat{\pi}_{0,t} \cdot p_{j,t}(\hat{I}_t). \quad (A-48)$$

如果 $\sum_{j=1}^{J} \alpha_j \cdot \hat{\pi}_{j,t} \geq \Omega$，可得：

$$\hat{\pi}_{j,t+1} = \hat{\pi}_{j,t} + \hat{\beta}_{j,t} - \hat{\gamma}_{j,t}$$
$$= \hat{\pi}_{j,t} + \hat{\pi}_{0,t} \cdot p_{j,t}(\hat{I}_t) - \hat{\pi}_{j,t} \cdot \hat{\theta}_j$$

$$= \hat{\pi}_{0,t} \cdot p_{j,t}(\hat{I}_t) + (1 - \bar{\theta}_j) \cdot \hat{\pi}_{j,t}$$

$$= S(\hat{I}_t, 1)_{j,0} \cdot \hat{\pi}_{j,t} + S(\hat{I}_t, 1)_{j,j} \cdot \hat{\pi}_{j,t}$$

$$\hat{\pi}_{0,t+1} = \hat{\pi}_{0,t} - \sum_{j=1}^{J} \hat{\beta}_{j,t} + \sum_{j=1}^{J} \hat{\gamma}_{j,t} \quad (A-49)$$

$$= \hat{\pi}_{0,t} - \sum_{j=1}^{J} \hat{\pi}_{0,t} \cdot p_{j,t}(\hat{I}_t) + \sum_{j=1}^{J} \hat{\pi}_{j,t} \bar{\theta}_j$$

$$= \hat{\pi}_{0,t}(1 - \sum_{j=1}^{J} p_{j,t}(\hat{I}_t)) + \sum_{j=1}^{J} \hat{\pi}_{j,t} \bar{\theta}_j$$

$$= S(\hat{I}_t, 1)_{0,0} \cdot \hat{\pi}_{0,t} + \sum_{j=1}^{J} S(\hat{I}_t, 1)_{0,j} \cdot \hat{\pi}_{j,t}.$$

式（A-49）表明 $\hat{\pi}_{t+1} = S(\hat{I}_t, 1) \cdot \hat{\pi}_t$。如果 $\sum_{j=1}^{J} \alpha_j \cdot \hat{\pi}_{j,t} < \Omega$，类似地，存在 $\hat{\pi}_{t+1} = S(\hat{I}_t, 0) \cdot \hat{\pi}_t$。所以可得出 $(\hat{\pi}, \hat{I}, \hat{L})$ 是下式的可行解。

$$\pi_{t+1} \geq S(I_t, 1) \cdot \pi_t - M \cdot (1 - L_t),$$
$$\pi_{t+1} \geq S(I_t, 0) \cdot \pi_t - M \cdot L_t. \quad (A-50)$$

然后，构建 $\hat{K}_{I_t,t}$ 如下。对于所有的 $I_t \in \{0,1\}^J$，如果 $I_t = \hat{I}_t$，$\hat{K}_{I_t,t} = 1$。否则 $\hat{K}_{I_t,t} = 0$。同样地，构建 $\hat{\Pi}_{I_t,t}$ 为 $\hat{\Pi}_{I_t,t} = \hat{\pi}_{0,t} \cdot \hat{K}_{I_t,t}$，$\forall I_t \in \{0,1\}^J$。进一步地，可得到 $(\hat{\pi}, \hat{L}, \hat{K}_I, \hat{\Pi}_I)$ 是下式的可行解。

$$\pi_{t+1} \geq S(I_t, 1) \cdot \pi_t - M \cdot (1 - L_t) - M \cdot (1 - K_{I_t,t}), \forall I_t \in \{0,1\}^J,$$

$$\pi_{t+1} \geq S(I_t, 0) \cdot \pi_t - M \cdot L_t - M \cdot (1 - K_{I_t,t}), \forall I_t \in \{0,1\}^J,$$

$$\sum_{I_t \in \{0,1\}^J} K_{I_t,t} = 1, \quad K_{I_t,t} \in \{0,1\}, \forall I_t \in \{0,1\}^J,$$

$$\Pi_{I_t,t} \leq \pi_{0,t}, \quad \Pi_{I_t,t} \leq K_{I_t,t}, \forall I_t \in \{0,1\}^J.$$

可得结论 $(\hat{\pi}, \hat{L}, \hat{K}_I, \hat{\Pi}_I)$ 满足模型（3-3）中的所有约束条件，因此 $(\hat{\pi}, \hat{L}, \hat{K}_I, \hat{\Pi}_I)$ 是模型（3-3）的可行解。

步骤四：证明 $z_p(\bar{\pi}) \geq \tilde{z}_p(\bar{\pi})$。

由于 $(\hat{\pi}, \hat{L}, \hat{K}_l, \hat{\Pi}_l)$ 是模型 (3-3) 的可行解, 所以

$$z_p(\hat{\pi}) \geq \sum_{t=1}^{T}\sum_{j=1}^{J} \hat{\pi}_{j,t} \cdot E\{b_j + c_j \cdot [\tilde{D} - a_j]^+\} +$$

$$\sum_{t=1}^{T-1}\sum_{j=1}^{J}\sum_{I_t \in \{0,1\}^J} p_{j,t}(I_t) \cdot \hat{\Pi}_{I_t,t} \cdot E\{b_j + c_j \cdot [\tilde{D} - a_j]^+\}$$

$$= \sum_{t=1}^{T}\sum_{j=1}^{J} \hat{\pi}_{j,t} \cdot E\{b_j + c_j \cdot [\tilde{D} - a_j]^+\} +$$

$$\sum_{t=1}^{T-1}\sum_{j=1}^{J} p_{j,t}(\hat{I}_t) \cdot \hat{\pi}_{0,t} \cdot E\{b_j + c_j \cdot [\tilde{D} - a_j]^+\}$$

$$= \sum_{t=1}^{T}\sum_{j=1}^{J} \hat{\pi}_{j,t} \cdot E\{b_j + c_j \cdot [\tilde{D} - a_j]^+\} +$$

$$\sum_{t=1}^{T-1}\sum_{j=1}^{J} \hat{\beta}_{j,t} \cdot E\{b_j + c_j \cdot [\tilde{D} - a_j]^+\}$$

$$= \hat{z}_p(\bar{\pi}).$$

综合上述 4 个证明步骤, 可得结论 $z_p(\bar{\pi}) = \bar{z}_p(\hat{\pi})$。由于定理 3-2 已证明 $z_p(\bar{\pi}) = \bar{V}_1(\bar{\pi})$, 因此 $\hat{z}_p(\bar{\pi}) = z_p(\bar{\pi}) = \bar{V}_1(\bar{\pi})$, 定理 3-3 成立。证毕。

附录 B 第 4 章证明

B.1 定理 4-1 证明

我们通过归纳法证明。在 T 时段有：

$$\lim_{(N \to \infty)} \frac{V_T(X_T)}{N} = \lim_{N \to \infty} \frac{1}{N} \sum_{j=1}^{J} X_{j,T}^A \cdot b_j + X_{j,T}^B \cdot b_j + \sum_{k=1}^{K\#} X_{j,T}^C [a_j + (k-1)g_j \leq \tilde{D} < a_j + kg_j] \cdot (b_j + kv_j) \quad (B-1)$$

根据 $\rho_j(\tilde{D}_j)$、$\varphi_{j,t}$ 的定义和大数定律有：

$$\lim_{N \to \infty} \frac{V_T(X_T)}{N} = \lim_{(n \to \infty)} \sum_{j=1}^{J} \frac{X_{j,T}}{N} \cdot b_j [1 - \varphi_{j,T} + \varphi_{j,T} \cdot \rho_j(\tilde{D}_j)]$$

$$= \sum_{j=1}^{J} \pi_{j,T} \cdot b_j [(1 - \varphi_{j,T}) + \varphi_{j,T} \cdot \rho_j(\tilde{D}_j)] \quad (B-2)$$

$$= \bar{V}_T(\pi_T)$$

这里利用了 $\pi_{j,t}$ 的定义。然后，进入归纳阶段，假设：

$$\lim_{N \to \infty} \frac{V_{t+1}(X_{t+1})}{N} = \bar{V}_{t+1}(\pi_{t+1}) \quad (B-3)$$

那么：

$$\lim_{N \to \infty} \frac{V_t(X_t)}{N} = \lim_{N \to \infty} \frac{1}{N} \sum_{j=1}^{J} X_{j,t}^A \cdot b_j + X_{j,t}^B \cdot b_j + \sum_{k=1}^{K\#} X_{j,t}^C [a_j + (k-1)g_j \leq \tilde{D} < a_j + kg_j] \cdot (b_j + kv_j) + \max_{I_t \in (0,1)^J} \left\{ \frac{1}{N} \sum_{j=1}^{J} E[\tilde{Y}_{j,t}^A] \cdot b_j + E[\tilde{Y}_{j,t}^B] \cdot b_j + \right. \quad (B-4)$$

$$\sum_{k=1}^{K_j^\#} E[\bar{Y}_{j,t}^C][a_j + (k-1)g_j \leq \tilde{D} < a_j + kg_j] \cdot$$
$$(b_j + kv_j) + E[V_{t+1}(X_{t+1})]\}.$$

根据 $\rho_j(\tilde{D}_j)$、$\varphi_{j,t}$ 的定义和强大数定律有：

$$\lim_{N\to\infty}\frac{V_t(X_t)}{N} = \lim_{N\to\infty}\sum_{j=1}^{J}\frac{X_{j,t}}{N} \cdot b_j[(1-\varphi_{j,T}) + \varphi_{j,T} \cdot \rho_j] +$$
$$\max_{I_t\in(0,1)^J}\{\sum_{j=1}^{J}\frac{E[\tilde{Y}_{j,t}]}{N} \cdot b_j[(1-\varphi_{j,T}) + \varphi_{j,T} \cdot \rho_j] + \quad (B-5)$$
$$E[V_{t+1}(X_{t+1})]\}$$

所有的状态变量 $\pi_{j,t}$ 和目标函数 V_{t+1}/N 都是连续的，而决策空间是二元的，极限化后函数仍然有效，所以有：

$$\lim_{N\to\infty}\frac{V_t(X_t)}{N} = \lim_{N\to\infty}\sum_{j=1}^{J}\pi_{j,t} \cdot b_j[(1-\varphi_{j,T}) + \varphi_{j,T} \cdot \rho_j] +$$
$$\max_{I_t\in(0,1)^J}\{\sum_{j=1}^{J}\pi_{0,t} \cdot p_{j,t}(I_t) \cdot b_j[(1-\varphi_{j,T}) + \varphi_{j,T} \cdot \rho_j] + \quad (B-6)$$
$$E[\bar{V}_{t+1}(\pi_{t+1})]\}.$$

构建 $\pi_{j,t+1}$：

$$\pi_{j,t+1} = \lim_{N\to\infty}\frac{X_{j,t+1}}{N} = \lim_{N\to\infty}\frac{X_{j,t} + \tilde{Y}_{j,t} - \tilde{L}_{j,t}}{N} \quad (B-7)$$
$$= \pi_{0,t} \cdot p_{j,t}(I_t) + \pi_{j,t} \cdot (1-\theta_{j,t})$$

另一方面有 $\pi_{0,t+1}$：

$$\pi_{0,t+1} = 1 - \sum_{j=1}^{J}\pi_{j,t+1} = 1 - \sum_{j=1}^{J}\pi_{0,t} \cdot p_{j,t}(I_t) + \pi_{j,t} \cdot (1-\theta_{j,t})$$
$$= \pi_{0,t} \cdot [1 - \sum_{j=1}^{J}p_{j,t}(I_t)] + \pi_{j,t} \cdot \theta_{j,t}. \quad (B-8)$$

结合这两个定义可以以矩阵形式证明：

$$\pi_{t+1} = A_t(I_t, \pi_t) \cdot \pi_t \quad (B-9)$$

所以得到对于任意 $1 \leq t \leq T$:

$$\lim_{N \to \infty} \frac{V_t(X_t)}{N} = \lim_{N \to \infty} \sum_{j=1}^{J} \pi_{j,t} \cdot b_j [(1-\varphi_{j,T}) + \varphi_{j,T} \cdot \rho_j] +$$

$$\max_{I_t \in (0,1)^J} \{ \sum_{j=1}^{J} \pi_{0,t} \cdot p_{j,t}(I_t) \cdot$$

$$b_j [(1-\varphi_{j,T}) + \varphi_{j,T} \cdot \rho_j] + \quad (B-10)$$

$$E[\bar{V}_{t+1} A_t(I_t, \pi_t) \cdot \pi_t]\}$$

$$= \bar{V}_t(\pi_t)$$

B.2 定理 4-2 证明

该证明包括四个步骤。前两个步骤证明 $\hat{z}_t(\bar{\pi}_t) \geq \bar{V}_t(\pi_t)$，后两个步骤证明 $\hat{z}_t(\bar{\pi}_t) \leq \bar{V}_t(\pi_t)$。

步骤一：

如果给定 (π^*, I^*) 是模型 (B) 的最优解，那么存在 β^*，γ^*，I^*，pp^*，ppe^*，ppe^* 使得 $(\pi^*, L^*, \beta^*, \gamma^*, I^*, pp^*, ppe^*, ppl^*)$ 是模型 (C) 的可行解。

令 π^* 是模型 (B) 的唯一最优解或者优解中的其中一个解，以 I_t^*，$\forall 1 \leq t \leq T$，表示优控方案，则：

$$\sum_{j=0}^{J} \pi_{j,t}^* = 1, \quad \forall 1 \leq j \leq J, \quad (B-11)$$

$$\pi_{j,1}^* = \pi_{j,init}, \quad \forall 1 \leq j \leq J. \quad (B-12)$$

$$\pi_{t+1}^* = A_t(I_t^*, \pi_t^*) \cdot \pi_t^*, \quad \forall 1 \leq t \leq T. \quad (B-13)$$

L^* 构建如下：如果 $\Sigma_{j=1}^{J} \alpha_j \cdot \pi_{j,t} \geq \Omega$，$L_t^* = 1$，否则 $L_t^* = 0$。利用 (π^*, L^*, I^*)，可以推断出：

$$-M \cdot (1-L_t) \leq \sum_{j=1}^{J} \alpha_j \cdot \pi_{j,t} - \Omega \leq M \cdot L_t,$$

$$\forall\, 1 \leq j \leq J,\ 1 \leq t \leq T. \tag{B-14}$$

构建 $\beta_{j,t}^* = \pi_{0,t}^* \cdot p_{j,t}(I_t^*)$ 和 $\gamma_{j,t}^*$：

$$\gamma_{j,t}^* = \begin{cases} \pi_{j,t}^* \theta_{j,t}^P + \pi_{j,t}^* \theta_{j,t}^E \cdot [1 - F_j(a_j)], & \text{if } L_t^* = 1 \\ \pi_{j,t}^* \theta_{j,t}^E \cdot [1 - F_j(a_j)], & \text{if } L_t^* = 0 \end{cases} \tag{B-15}$$

如果 $L_t^* = 1$，π^* 满足（B-13）和矩阵 $A_t(I_t, \pi_t)$ 的定义：

$$\begin{aligned}
\pi_{j,t+1}^* &= \pi_{0,t}^* \cdot p_{j,t}(I_t^*) + \pi_{j,t}^* \cdot (1 - \theta_{j,t}^P) \\
&= \pi_{0,t}^* \cdot p_{j,t}(I_t^*) + \pi_{j,t}^* \cdot \\
&\quad \{1 - \theta_{j,t}^P - \theta_{j,t}^E \cdot [1 - F_j(a_j)]\} \\
&= \pi_{j,t}^* + \beta_{j,t}^* - \gamma_{j,t}^*,\ \forall\, 1 \leq j < J,\ 1 \leq t < T,
\end{aligned} \tag{B-16}$$

$$\begin{aligned}
\pi_{0,t+1}^* &= \pi_{0,t}^* \cdot [1 - \sum_{j=1}^{J} p_{j,t}(I_t^*)] + \sum_{j=1}^{J} \pi_{j,t}^* \cdot (1 - \theta_{j,t}) \\
&= \pi_{0,t}^* \cdot [1 - \sum_{j=1}^{J} p_{j,t}(I_t^*)] + \\
&\quad \sum_{j=1}^{J} \pi_{j,t}^* \cdot \{1 - \theta_{j,t}^P - \theta_{j,t}^E \cdot [1 - F_j(a_j)]\} \\
&= \pi_{0,t}^* + \sum_{j=1}^{J} \beta_{j,t}^* - \sum_{j=1}^{J} \gamma_{j,t}^*,\ 1 \leq t < T.
\end{aligned} \tag{B-17}$$

如果 $L_t^* = 0$，π^* 的估计也可以类似：

$$\begin{aligned}
\pi_{j,t+1}^* &= \pi_{0,t}^* \cdot p_{j,t}(I_t^*) + \pi_{j,t}^* \cdot (1 - \theta_{j,t}) \\
&= \pi_{0,t}^* \cdot p_{j,t}(I_t^*) + \pi_{j,t}^* \cdot \\
&\quad \{1 - \theta_{j,t}^E \cdot [1 - F_j(a_j)]\} \\
&= \pi_{j,t}^* + \beta_{j,t}^* - \gamma_{j,t}^*,\ \forall\, 1 \leq j < J,\ 1 \leq t < T,
\end{aligned} \tag{B-18}$$

$$\begin{aligned}
\pi_{0,t+1}^* &= \pi_{0,t}^* \cdot [1 - \sum_{j=1}^{J} p_{j,t}(I_t^*)] + \sum_{j=1}^{J} \pi_{j,t}^* \cdot (1 - \theta_{j,t}) \\
&= \pi_{0,t}^* \cdot [1 - \sum_{j=1}^{J} p_{j,t}(I_t^*)] + \\
&\quad \sum_{j=1}^{J} \pi_{j,t}^* \cdot \{1 - \theta_{j,t}^E \cdot [1 - F_j(a_j)]\} \\
&= \pi_{0,t}^* + \sum_{j=1}^{J} \beta_{j,t}^* - \sum_{j=1}^{J} \gamma_{j,t}^*,\ 1 \leq t < T.
\end{aligned} \tag{B-19}$$

通过设定 I_t^* 的第 j 个元素 $I_{j,t}^*$ ($1 \leq j < J$),进一步定义 $\beta_{j,t}^*$:

$$\beta_{j,t}^* = \begin{cases} \pi_{0,t}^* \cdot p_{j,t}(I_t^*), & \text{if } I_{j,t}^* = 1 \\ 0, & \text{if } I_{j,t}^* = 0 \end{cases} \quad (B-20)$$

现在,$\beta_{j,t}^*$ 满足:

$$\beta_{j,t}^* \leq M \cdot I_{j,t}^*, \quad \forall\, 1 \leq j \leq J,\ 1 \leq t \leq T. \quad (B-21)$$

$$\beta_{j,t}^* \geq -M \cdot I_{j,t}^*, \quad \forall\, 1 \leq j \leq J,\ 1 \leq t \leq T. \quad (B-22)$$

进一步,根据 (B-15) 中 $\gamma_{j,t}^*$ 的定义:

$$\gamma_{j,t}^* \leq \pi_{j,t}^* \theta_{j,t}^P + \pi_{j,t}^* \theta_{j,t}^E \cdot [1 - F_j(a_j)] + M \cdot (1 - L_t)$$
$$\forall\, 1 \leq j \leq J,\ 1 \leq t \leq T. \quad (B-23)$$

$$\gamma_{j,t}^* \geq \pi_{j,t}^* \theta_{j,t}^P + \pi_{j,t}^* \theta_{j,t}^E \cdot [1 - F_j(a_j)] - M \cdot (1 - L_t)$$
$$\forall\, 1 \leq j \leq J,\ 1 \leq t \leq T \quad (B-24)$$

$$\gamma_{j,t}^* \leq \pi_{j,t}^* \theta_{j,t}^E \cdot [1 - F_j(a_j)] + M \cdot L_t$$
$$\forall\, 1 \leq j \leq J,\ 1 \leq t \leq T. \quad (B-25)$$

$$\gamma_{j,t}^* \geq \pi_{j,t}^* \theta_{j,t}^E \cdot [1 - F_j(a_j)] - M \cdot L_t,$$
$$\forall\, 1 \leq j \leq J,\ 1 \leq t \leq T. \quad (B-26)$$

现在,需要说明 $p_{j,t}(I_t^*)$ 满足以下约束:

$$p_{j,t}(I_t^*) \leq M \cdot I_{j,t}, \quad \forall\, 1 \leq j \leq J,\ 1 \leq t \leq T. \quad (B-27)$$

$$p_{j,t}(I_t^*) \leq [F(a_j) - F(a_{i1})] + M \cdot (1 - I_{j,t}),$$
$$\forall\, 1 \leq j \leq J,\ 1 \leq t \leq T. \quad (B-28)$$

$$p_{j,t}(I_t^*) \leq [F(a_j) - F(a_j')]^+,$$
$$\forall\, 1 \leq j \leq J,\ 1 \leq t \leq T. \quad (B-29)$$

它是套餐 j 被用户订购的概率。式 (B-27) 显然成立,由 $p_{j,t}(I_t^*)$ 的随机形式可以证明其满足式 (B-28):

$$p_{j,t}(I_t^*) = Pr[I_{j,t}^* = 1,\ s_j(\tilde{D}) = s_H,$$

$$b_j \leq b_0(\tilde{D}), \ b_j \leq \min_{i: I^*_{j,t}=1, s_j(\tilde{D})=s_H} \{b_i\}]$$

$$\leq Pr[s_j(\tilde{D}) = s_H, b_j \leq \min_{i: I^*_{j,t}=1, s_j(\tilde{D})=s_H} \{b_i\}] \quad (B-30)$$

$$\leq Pr[s_j(\tilde{D}) = s_H, \tilde{D} \leq a_j] = Pr(a_{i1} \leq \tilde{D} \leq a_j)$$

$$= [F(a_j) - F(a_{i1})]$$

同样方法可以表明约束（B-29）满足。为简化说明，假设 $a'_j \leq a_j$：

$$p_{j,t}(I^*_t) = Pr[I^*_{j,t} = 1, s_j(\tilde{D}) = s_H,$$

$$b_j \leq b_0(\tilde{D}), \ b_j \leq \min_{i: I^*_{j,t}=1, s_j(\tilde{D})=s_H} \{b_i\}] \quad (B-31)$$

$$\leq Pr[b_j \leq b_0(\tilde{D}), b_j \leq \min_{i: I^*_{j,t}=1, s_j(\tilde{D})=s_H} \{b_i\}]$$

$$\leq Pr[b_j \leq b_0(\tilde{D}), \tilde{D} \leq a_j] = Pr(a'_j \leq \tilde{D} \leq a_j)$$

$$= [F(a_j) - F(a'_j)]$$

现在，需要 $pe_{j,t}(I^*_t)$ 说明满足以下约束：

$$pe_{j,t}(I^*_t) \leq M \cdot I_{j,t}, \ \forall 1 \leq j \leq J, \ 1 \leq t \leq T. \quad (B-32)$$

$$pe_{j,t}(I^*_t) \leq [F(a'_j) - F(a_{i1})]^+ + M \cdot (1 - I_{i_1,t})]$$

$$\forall 1 \leq i_1 \leq j \leq J, \ 1 \leq t \leq T. \quad (B-33)$$

$$pe_{j,t}(I^*_t) \leq F(a'_j), \ \forall 1 \leq j \leq J, \ 1 \leq t \leq T. \quad (B-34)$$

它是用户由于套餐 j 价格过高不订购的概率。式（B-32）显然成立，式（B-34）在式（B-33）成立的情况下推导可得。通过 $pe_{j,t}(I^*_t)$ 的定义可以证明：

$$pe_{j,t}(I^*_t) = Pr[I^*_{j,t} = 1, s_j(\tilde{D}) = s_H, b_j \geq b_0(\tilde{D}), b_j \leq \min_{\substack{i: I^*_{j,t}=1, \\ s_j(\tilde{D})=s_H}} (b_i)]$$

$$\leq Pr[s_j(\tilde{D}) = s_H, b_j \geq b_0(\tilde{D})]$$

$$\leq Pr[s_j(\tilde{D}) = s_H, \tilde{D} \leq a'_j] = Pr(a_{i1} \leq \tilde{D} \leq a'_j)$$

$$= \left[F(a_j') - F(a_{i_1}) \right]. \qquad (B-35)$$

现在，需要证明 $pl_t(I_t^*)$ 满足：

$$pl_t(I_t^*) \leq \left[1 - F(a_{i_1})\right] + M \cdot (1 - I_{i_1,t})$$
$$\forall\, 1 \leq i_1 \leq J,\ 1 \leq t \leq T. \qquad (B-36)$$

它是由于套餐内流量过少用户不选择任何套餐的概率。式（B-36）可表示为：

$$pl_t(I_t^*) = Pr\left(I_{j,t}^* = 1,\ \max_{i:I_{j,t}^*=1} a_j \geq \tilde{D}\right) \leq Pr\left(\max_{i:I_{j,t}^*=1} a_j \geq \tilde{D}\right)$$
$$\leq Pr(a_j \geq \tilde{D}) = \left[1 - F(a_{i_1})\right]. \qquad (B-37)$$

现在我们构建 pp^*、ppe^* 和 ppl^*，$pp_{j,t}^* = p_{j,t}(I_t^*) \cdot \pi_{0,t}^*$，$ppe_{j,t}^* = pe_{j,t}(I_t^*) \cdot \pi_{0,t}^*$，$ppl^* = pl_t(I_t^*) \cdot \pi_{0,t}^*$。只要 $p_{0,t}(I_t^*)$ 满足式（B-27）~式（B-29），$pe_{j,t}(I_t^*)$ 满足式（B-32）~式（B-34），ppl^* 满足式（B-36），所有的最优解也满足约束（3-38）-（3-45）。进一步的，当 $I_{j,t}^* = 1$，$\beta_{j,t}^* = pp_{j,t}^*$，$I_{j,t} = 0$，$\beta_{j,t}^* = 0$ 时，有 $\beta_{j,t}^* = p_{j,t}(I_t^*) \pi_{0,t}^*$，所以 $\beta_{j,t}^*$ 满足：

$$\beta_{j,t}^* \leq pp_{j,t}^* + M \cdot (1 - I_{j,t}^*),\ \forall\, 1 \leq j \leq J,\ 1 \leq t \leq T. \qquad (B-38)$$

$$\beta_{j,t}^* \geq pp_{j,t}^* - M \cdot (1 - I_{j,t}^*),\ \forall\, 1 \leq j \leq J,\ 1 \leq t \leq T. \qquad (B-39)$$

由此 $(\pi^*, L^*, \beta^*, \gamma^*, I^*, pp^*, ppe^*, ppl^*)$ 满足 3.6 节中混合整数线性规划模型中的所有约束，是该混合整数线性规划的一个可行解。

步骤二：

$\bar{V}_1(\bar{\pi}) \leq z_p(\bar{\pi})$

因为 (π^*, I^*) 是模型（B）的最优解，$(\pi^*, L^*, \beta^*, \gamma^*, I^*, pp^*, ppe^*, ppl^*)$ 是模型（C）的一个可行解。

$$\bar{V}_1(\bar{\pi}) = \sum_{j=1}^{J} \pi_{j,1}^* b_j [(1-\varphi_{j,1}) + \varphi_{j,1}\rho_j(\tilde{D}_j)] +$$

$$(\sum_{j=1}^{J} 1 - \pi_{j,1}^*) \sum_{j=1}^{J} p_{j,1} b_j [(1-\varphi_{j,1}) +$$

$$\varphi_{j,1}\rho_j(\tilde{D}_j)] + \bar{V}_2(\pi_2^*)$$

$$= \sum_{t=1}^{T} \sum_{j=1}^{J} \pi_{j,t}^* b_j [(1-\varphi_{j,t}) + \varphi_{j,t}\rho_j(\tilde{D}_j)] +$$

$$\sum_{t=1}^{T} (\sum_{j=1}^{J} 1 - \pi_{j,t}^*) \cdot \sum_{j=1}^{J} p_{j,t}(I_t) b_j [(1-\varphi_{j,t}) +$$

$$\varphi_{j,t}\rho_j(\tilde{D}_j)]$$

$$\sum_{t=1}^{T} \sum_{j=1}^{J} \pi_{j,t}^* b_j [(1-\varphi_{j,t}) + \varphi_{j,t}\rho_j(\tilde{D}_j)] +$$

$$\sum_{t=1}^{T-1} \sum_{j=1}^{J} \pi_{0,t}^* p_{j,t}(I_t) b_j [(1-\varphi_{j,t}) + \varphi_{j,t}\rho_j(\tilde{D}_j)]$$

$$= \sum_{t=1}^{T} \sum_{j=1}^{J} \pi_{j,t}^* b_j [(1-\varphi_{j,t}) + \varphi_{j,t}\rho_j(\tilde{D}_j)] +$$

$$\sum_{t=1}^{T-1} \sum_{j=1}^{J} \beta_{j,t}^* b_j [(1-\varphi_{j,t}) + \varphi_{j,t}\rho_j(\tilde{D}_j)]$$

因为 $(\pi^*, L^*, \beta^*, \gamma^*, I^*, pp^*, ppe^*, ppl^*)$ 是模型（C）的一个可行解。

$$z_p(\bar{\pi}) \geq \sum_{t=1}^{T-1} \sum_{j=1}^{J} \pi_{j,t}^* b_j [(1-\varphi_{j,t}) + \varphi_{j,t}\rho_j(\tilde{D}_j)]$$

$$+ \sum_{t=1}^{T-1} \sum_{j=1}^{J} \beta_{j,t}^* b_j [(1-\varphi_{j,t}) + \varphi_{j,t}\rho_j(\tilde{D}_j)]$$

$$= V_1(\bar{\pi})$$

步骤三：

如果给定 $(\hat{\pi}, \hat{L}, \hat{\beta}, \hat{\gamma}, \hat{I}, \hat{pp}, \hat{ppe}, \hat{ppl})$ 是模型（C）的最优解，那么存在 $(\hat{\pi}, \hat{I})$ 是模型（B）的一个可行解。

如果我们定义 $(\hat{\pi}, \hat{L}, \hat{\beta}, \hat{\gamma}, \hat{I}, \hat{pp}, \hat{ppe}, \hat{ppl})$ 是模型（C）的唯一最优解或最优解之一，显然的，$(\hat{\pi}, \hat{L}, \hat{\beta}, \hat{\gamma}, \hat{I}, \hat{pp}, \hat{ppe}, \hat{ppl})$ 也是模型（C）的一个可行解。

附　录

变量$\hat{\beta}_{j,t}$和$\hat{pp}_{j,t}$满足以下约束:

$$\beta_{j,t} \leqslant pp_{j,t} + M \cdot (1 - \hat{I}_{j,t}), \quad \forall 1 \leqslant j \leqslant J, 1 \leqslant t \leqslant T. \quad (B-40)$$

$$\beta_{j,t} \geqslant pp_{j,t} - M \cdot (1 - \hat{I}_{j,t}), \quad \forall 1 \leqslant j \leqslant J, 1 \leqslant t \leqslant T. \quad (B-41)$$

$$\beta_{j,t} \leqslant M \cdot \hat{I}_{j,t}, \quad \forall 1 \leqslant j \leqslant J, 1 \leqslant t \leqslant T. \quad (B-42)$$

$$\beta_{j,t} \geqslant - M \cdot \hat{I}_{j,t}, \quad \forall 1 \leqslant j \leqslant J, 1 \leqslant t \leqslant T. \quad (B-43)$$

$$pp_{j,t} \leqslant M \cdot \hat{I}_{j,t}, \quad \forall 1 \leqslant j \leqslant J, 1 \leqslant t \leqslant T. \quad (B-44)$$

$$pp_{j,t} \leqslant \hat{\pi}_{0,t} \cdot [F(a_j) - F(a_{i_1})] + M \cdot (1 - \hat{I}_{i_1,t}),$$
$$\forall 1 \leqslant j \leqslant J, 1 \leqslant t \leqslant T. \quad (B-45)$$

$$pp_{j,t} \leqslant \hat{\pi}_{0,t} \cdot [F(a_j) - F(a_j')]^+, \quad \forall 1 \leqslant j \leqslant J, 1 \leqslant t \leqslant T. \quad (B-46)$$

式(B-44)~式(B-45)(B-46)表明若$I_{j,t}=1$:

$$\hat{pp}_{j,t} \leqslant \hat{\pi}_{0,t} \cdot \min_{\{i_1: \hat{I}_{i_1,t}=1\}} \{[F(a_j) - F(a_{i_1})], [F(a_j) - F(a_j')]^+\}. \quad (B-47)$$

若$\hat{I}_{j,t}=0$:

$$\hat{pp}_{j,t} = 0. \quad (B-48)$$

对于给定$\hat{I}_t$, 根据$p_{j,t}(I_t)$的定义:

$$p_{j,t}(\hat{I}_t) = Pr[\hat{I}_{j,t}=1, s_j(\tilde{D}) = s_H, b_j$$
$$\leqslant b_0(\tilde{D}), b_j \leqslant \min_{i: I_{i,t}=1, s_j(\tilde{D})=s_H} \{b_i\}]$$
$$= \hat{I}_{j,t} \cdot \min_{\{i_1: \hat{I}_{i_1,t}=1\}} \{[F(a_j) - F(a_{i_1})],$$
$$[F(a_j) - F(a_j')]^+\} \quad (B-49)$$

$\hat{ppe}_{j,t}$满足以下约束:

$$ppe_{j,t} \leqslant M \cdot \hat{I}_{j,t}, \quad \forall 1 \leqslant j \leqslant J, 1 \leqslant t \leqslant T. \quad (B-50)$$

$$ppe_{j,t} \leqslant \hat{\pi}_{0,t} \cdot [F(a_j') - F(a_{i_1})]^+ + M \cdot (1 - \hat{I}_{i_1,t}),$$

$$\forall 1 \leqslant i_1 \leqslant j \leqslant J, \ 1 \leqslant t \leqslant T. \tag{B-51}$$

$$\hat{ppe}_{j,t} \leqslant \hat{\pi}_{0,t} \cdot F(a_j'), \ \forall 1 \leqslant j \leqslant J, \ 1 \leqslant t \leqslant T. \tag{B-52}$$

这些约束表明当 $\hat{I}_{j,t} = 1$ 时：

$$\hat{ppe}_{j,t} \leqslant \hat{\pi}_{0,t} \cdot \min_{\{i_1 : \hat{I}_{i_1,t}=1\}} \{[F(a_j') - F(a_{i_1})]^+, F(a_j')\}. \tag{B-53}$$

当 $\hat{I}_{j,t} = 0$ 时，

$$\hat{ppe}_{j,t} = 0. \tag{B-54}$$

对于给定 $\hat{I}_t$，根据 $pe_{j,t}(I_t)$ 的定义：

$$pe_{j,t}(\hat{I}_t) = Pr(\hat{I}_{j,t} = 1, \ s_j(\tilde{D}) = s_H, \ b_j$$
$$\geqslant b_0(\tilde{D}), \ b_j \leqslant \min_{i : I_{j,t}=1, s_j\tilde{D} = s_H} \{b_i\} \tag{B-55}$$

$$= \hat{I}_{j,t} \cdot \min_{\{i_1 : \hat{I}_{i_1,t}=1\}} \{[F(a_j') - F(a_{i_1})^+, F(a_j')\}$$

$\hat{ppl}_t$ 满足以下约束：

$$\hat{ppl}_t \leqslant \hat{\pi}_{0,t} \cdot [1 - F(a_{i_1})] + M \cdot (1 - \hat{I}_{i_1,t})$$
$$\forall 1 \leqslant i_1 \leqslant J, \ 1 \leqslant t \leqslant T. \tag{B-56}$$

这表明：

$$\hat{ppl}_t \leqslant \hat{\pi}_{0,t} \cdot \min_{\{i_1 : \hat{I}_{i_1,t}=1\}} \{1 - F(a_{i_1})\}. \tag{B-57}$$

对于给定 $\hat{I}_t$，根据 $pe_{j,t}(I_t)$ 的定义：

$$pl_{j,t}(\hat{I}_t) = Pr(\hat{I}_{j,t}) = 1, \ \max_{i : I_{j,t}=1} a_j \geqslant \tilde{D})$$
$$= \hat{I}_{j,t} \cdot \min_{\{i_1 : \hat{I}_{i_1,t}=1\}} \{1 - F(a_{i_1})\} \tag{B-58}$$

$\hat{pp}_{j,t}$，$\hat{ppe}_{j,t}$，$\hat{ppl}_t$ 满足以下约束：

$$\sum_{j=1}^{J} \hat{pp}_{j,t} + \sum_{j=1}^{J} \hat{ppe}_{j,t} + \hat{ppl}_t = \hat{\pi}_{0,t} \ \forall 1 \leqslant t \leqslant T. \tag{B-59}$$

由于

$$\sum_{j=1}^{J} p_{j,t} + \sum_{j=1}^{J} pe_{j,t} + pl_t = 1, \quad \forall 1 \leq t \leq T, \tag{B-60}$$

整理式（B-49）~式（B-55）和（B-58）：

$$\sum_{j=1}^{J} \hat{I}_{j,t} \cdot \min_{\{i_1: \hat{I}_{im1,t}=1\}} \{[F(a_j) - F(a_{i_1})],$$

$$[F(a_j) - F(a_j')]^+\} +$$

$$\min_{\{i_1: \hat{I}_{i_1,t}=1\}} \{[F(a_j') - F(a_{i_1})]^+, F(a_j')\} +$$

$$\min_{\{i_1: \hat{I}_{i_1,t}=1\}} \{1 - F(a_{i_1})\} = 1. \tag{B-61}$$

最终有：

$$\sum_{j=1}^{J} \hat{pp}_{j,t} + \sum_{j=1}^{J} \hat{ppe}_{j,t} + \hat{ppl}_t \leq \hat{\pi}_{0,t} \forall 1 \leq t \leq T. \tag{B-62}$$

与式（B-59）结合，

$$\hat{pp}_{j,t} = \hat{\pi}_{0,t} \cdot \min_{\{i_1: \hat{I}_{i_1,t}=1\}} \{[F(a_j) - F(a_{i_1})],$$

$$[F(a_j) - F(a_j')]^+\}, \tag{B-63}$$

$$\hat{ppe}_{j,t} = \hat{\pi}_{0,t} \cdot \min_{\{i_1: \hat{I}_{i_1,t}=1\}} \{[F(a_j') - F(a_{i_1})]^+, F(a_j')\},$$

$$\tag{B-64}$$

$$\hat{ppl}_{j,t} = \hat{\pi}_{0,t} \cdot \min_{\{i_1: \hat{I}_{i_1,t}=1\}} [1 - F(a_{i_1})]. \tag{B-65}$$

根据 $p_{j,t}(\hat{I}_t)$, $pe_{j,t}(\hat{I}_t)$ 和 $pl_t(\hat{I}_t)$ 的定义有 $\hat{pp}_{j,t} = \hat{\pi}_{0,t} \cdot p_{j,t}(\hat{I}_t)$，$\hat{ppe}_{j,t} = \hat{\pi}_{0,t} \cdot pe_{j,t}(\hat{I}_t)$ 和 $\hat{ppl}_t = \hat{\pi}_{0,t} \cdot pl_t(\hat{I}_t)$，由式（B-40）~式（B-43）可知：

$$\hat{\beta}_{j,t} = \hat{\pi}_{0,t} \cdot p_{j,t}(\hat{I}_t), \tag{B-66}$$

$\hat{\gamma}_{j,t}$ 和 $\hat{L}_t$ 满足以下约束：

$$\hat{\gamma}_{j,t} \leq \hat{\pi}_{j,t} \theta_{j,t}^P + \pi_{j,t} \theta_{j,t}^E \cdot [1 - F_j(a_j)] + M \cdot (1 - \hat{L}_t)$$

$$\forall 1 \leq j \leq J, 1 \leq t \leq T. \tag{B-67}$$

$$\hat{\gamma}_{j,t} \geq \hat{\pi}_{j,t}\theta_{j,t}^P + \pi_{j,t}\theta_{j,t}^E \cdot [1 - F_j(a_j)] - M \cdot (1 - \hat{L}_t)$$
$$\forall 1 \leq j \leq J, \ 1 \leq t \leq T. \quad (B-68)$$

$$\hat{\gamma}_{j,t} \leq \hat{\pi}_{j,t}\theta_{j,t}^E \cdot [1 - F_j(a_j)] + M \cdot \hat{L}_t \ \forall 1 \leq j \leq J,$$
$$1 \leq t \leq T. \quad (B-69)$$

$$\hat{\gamma}_{j,t} \geq \hat{\pi}_{j,t}\theta_{j,t}^E \cdot [1 - F_j(a_j)] - M \cdot \hat{L}_t \ \forall 1 \leq j \leq J,$$
$$1 \leq t \leq T. \quad (B-70)$$

$$-M \cdot (1 - \hat{L}_t) \leq \sum_{j=1}^{J} \alpha_j \cdot \hat{\pi}_{j,t} - \Omega \leq M \cdot \hat{L}_t, \ \forall 1 \leq j \leq J,$$
$$1 \leq t \leq T. \quad (B-71)$$

$$\hat{L}_t \in (0, 1), \ \forall 1 \leq t < T. \quad (B-72)$$

定义 $\theta_{j,t} = \hat{\theta}_{j,t}^P + \theta_{j,t}^E \cdot [1 - F_j(a_j)]$, $\hat{\theta}_{j,t}^P =$

$$\tilde{\theta}_{j,t}^P = \begin{cases} \theta_{j,t}^P, & \text{if } \hat{L}_t = 1 \\ 0, & \text{if } \hat{L}_t = 0 \end{cases} \quad (B-73)$$

因为 $\hat{\pi}_{j,t}$, $\hat{\beta}_{j,t}$ 和 $\hat{\gamma}_{j,t}$ 满足

$$\hat{\pi}_{j,t+1} = \hat{\pi}_{j,t} + \hat{\beta}_{j,t} - \hat{\gamma}_{j,t}, \ \forall 1 \leq j < J, \ 1 \leq t < T, \quad (B-74)$$

可得:

$$\hat{\pi}_{j,t+1} = \hat{\pi}_{j,t} + p_{j,t}(I_t) \cdot \hat{\pi}_{0,t} - \theta_{j,t} \cdot \hat{\pi}_{j,t}$$
$$= p_{j,t}(I_t) \cdot [1 - \sum_{j=1}^{J} \hat{\pi}_{j,t} + (1 - \theta_{j,t})] \cdot \hat{\pi}_{j,t}$$
$$= p_{j,t}(I_t) + [1 - \theta_{j,t} - p_{j,t}(I_t)] \cdot \hat{\pi}_{j,t} \quad (B-75)$$
$$- p_{j,t}(I_t) \cdot \sum_{i \neq j} \hat{\pi}_{i,t}$$
$$= \sum_{j=0}^{J} A_t(\hat{I}_t, \hat{\pi}_t) \cdot \hat{\pi}_{j,t}$$

这里使用了 $A_t(I_t, \pi_t)$ 的定义, 总结来看, $(\hat{I}_t, \hat{\pi}_t)$ 满足:

$$A_t(\hat{I}_t, \hat{\pi}_t) \cdot \hat{\pi}_t \quad (B-76)$$

因为 $\sum_{j=0}^{J}\hat{\pi}_{j,t}=1$，$\forall 1\leq t\leq T$ 和 $0\leq \hat{\pi}_{j,t}\leq 1$，$\forall 1\leq j\leq J$，$1\leq t\leq T$，有：

$$0\leq \sum_{j=1}^{J}\hat{\pi}_{j,t}\leq 1, \quad \forall 1\leq t\leq T. \tag{B-77}$$

结合式（B-76）和式（B-77）可知，$(\hat{I}_t, \hat{\pi}_t)$ 满足模型（B）中的约束条件，因此是它的一个可行解。

步骤四：

$$\bar{V}_1(\bar{\pi}) \geq z_p(\bar{\pi})$$

根据归纳法证明此结果。当 $T=1$ 时，

$$z_p(\bar{\pi}) = \sum_{j=1}^{J}\pi_{j,t}\cdot b_j[(1-\varphi_{j,T})+\varphi_{j,T}\cdot\rho_j(\tilde{D}_j)] = \bar{V}_1(\bar{\pi}) \tag{B-78}$$

当 $T=\tau$ 时，假设 $\bar{V}_1(\bar{\pi})\geq z_p(\bar{\pi})$，在 $T=\tau+1$ 的情况下，根据归纳法有：

$$\bar{V}_2(\bar{\pi}) \geq \sum_{t=2}^{T}\sum_{j=1}^{J}\pi_{j,t}\cdot b_j[(1-\varphi_{j,T})+\varphi_{j,T}\cdot\rho_j(\hat{D}_j)] + \sum_{t=2}^{T}\sum_{j=1}^{J}(1-\sum_{i=1}^{J}\pi_{j,t})\cdot \tag{B-79}$$

$$p_{j,t}(\hat{I}_t)\cdot b_j[(1-\varphi_{j,T})+\varphi_{j,T}\cdot\rho_j(\tilde{D}_j)]$$

可证明得：

$$\bar{V}_1(\bar{\pi}) = \max_{I_1\in(0,1)^J}\{\sum_{j=1}^{J}\pi_{j,t}b_j[(1-\varphi_{j,t})+\varphi_{j,t}\rho_j(D_j)] +$$

$$\sum_{j=1}^{J}\pi_{0,t}p_{j,t}b_j[(1-\varphi_{j,t})+\varphi_{j,t}\rho_j(D_j)] + E[\bar{V}_2(\pi_j)]\}$$

$$\geq \sum_{j=1}^{J}\hat{\pi}_{j,1}b_j[(1-\varphi_{j,t})+\varphi_{j,t}\rho_j(D_j)] +$$

$$\hat{\pi}_{0,1}\sum_{j=1}^{J}p_{j,t}(I_{t,j})b_j[(1-\varphi_{j,t})+$$

$$\varphi_{j,t}\rho_j(D_j)] + E[\hat{V}_2(\pi_j)]$$

$$\geq \sum_{t=1}^{T}\sum_{j=1}^{J} \hat{\pi}_{j,t} b_j \left[(1-\varphi_{j,t}) + \varphi_{j,t}\rho_j(D_j) \right] +$$

$$\sum_{t=1}^{T}\sum_{j=1}^{J} \hat{\pi}_{0,t} p_{j,t} b_j \left[(1-\varphi_{j,t}) + \varphi_{j,t}\rho_j(D_j) \right]$$

$$= \sum_{t=1}^{T}\sum_{j=1}^{J} \hat{\pi}_{j,t} b_j \left[(1-\varphi_{j,t}) + \varphi_{j,t}\rho_j(D_j) \right] +$$

$$\sum_{t=1}^{T}\sum_{j=1}^{J} \hat{\beta}_{j,t} b_j \left[(1-\varphi_{j,t}) + \varphi_{j,t}\rho_j(D_j) \right] = \hat{z}_p(\bar{\pi})$$

从而证明 $\bar{V}_1(\bar{\pi}) \geq z_p(\bar{\pi})$。

综合四个证明步骤,可得结论 $\bar{V}_1(\bar{\pi}) = z_p(\bar{\pi})$,定理成立。证毕。

附录 C 第 5 章证明

定理 5-1 证明

我们采用机制设计经典的五个步骤来求解此运营商的定价问题。

第一步，根据显示原理，重新列出参与约束和激励约束。其中，参与约束包括：

$$\delta_H V(p_H) - T_H \geq 0 \tag{IRH}$$

$$\delta_L V(p_L) - T_L \geq 0 \tag{IRL}$$

激励约束包括：

$$\delta_H V(p_H) - T_H \geq \delta_H V(p_L) - T_L \tag{ICH}$$

$$\delta_L V(p_L) - T_L \geq \delta_L V(p_H) - T_H \tag{ICL}$$

第二步，证明 IRH 在最优解时不会起约束作用。

证明：由于 $\delta_H > \delta_L$，根据 ICH 和 IRL 可得：

$$\delta_H V(p_H) - T_H \geq \delta_H V(p_L) - T_L > \delta_L V(p_L) - T_L \geq 0$$

根据不等式的传递性，容易得到：

$$\delta_H V(p_H) - T_H > 0。$$

第三步，先去掉约束 ICL 求最优解，在获得最优解后，再将 ICL 代入检查最优解是否满足这个约束。

则原问题转化为：

$$\max_{T(P)} \alpha [T_L(p_L) - cd_L] + (1-\alpha)[T_H(p_H) - cd_H]$$

$$s.t. \; \delta_H V(p_H) - T_H \geq \delta_H V(p_L) - T_L$$

$$\delta_L V(p_L) - T_L \geq 0$$

第四步，证明 ICH 和 IRL 在最优解时会成为紧约束。

证明：采用反证法，如果 IRL 在最优解时不是紧约束，电信运营商可以继续提高 T_L 直至 $\delta_L V(p_L) - T_L = 0$。

同理，如果 ICH 在最优解时不是紧约束，电信运营商可以继续提高 T_H 直至 $\delta_H V(p_H) - T_H = \delta_H V(p_L) - T_L$。所以，ICH 和 IRL 在最优解时会成为紧约束。此时，原问题就可以等价表示为：

$$\max_{T(P)} \alpha \left[T_L(p_L) - cd_L \right] + (1-\alpha) \left[T_H(p_H) - cd_H \right]$$
$$s.t. \ \delta_H V(p_H) - T_H = \delta_H V(p_L) - T_L$$
$$\delta_L V(p_L) - T_L = 0$$

第五步，利用两个紧约束将目标函数中的 T_L 和 T_H 替代来求最优解，并且验证约束 ICL 此时是否被满足。

运营商目标函数中的 T_L 和 T_H 被替代后得到：

$$\max_{p_L \cdot p_H} \alpha \underbrace{\left[\delta_L V(p_L) - cd_L \right]}_{Surplus} + (1-\alpha) \underbrace{\left[\delta_H V(p_H) - cd_H - (\delta_H - \delta_L) V(p_L) \right]}_{Information\ Rent}$$

从该式不难看出运营商的目标函数包括两部分，第一部分是低类型消费者的总剩余（Surplus），第二部分是为了揭示消费者的私有信息所付出的信息成本。这表明，电信运营商虽然通过机制设计的方法获得消费者的私有信息，但为此也付出信息成本。

由于 $d = D(p)$，所以将上式分别对 p_H，p_L 求导可以得到一阶条件。

然后，我们证明在第三步中去掉的约束 ICL 在此时获得的最优解 (p_L^*, p_H^*) 能否得到满足。证明：根据定义，$v'(d) > 0$，$V''(d) < 0$，为了利用 $V(d)$ 函数的单调性，所以，我们改写成关于 d 函数的形式。

$$\begin{cases} v'(d_H^*) = \dfrac{c}{\delta_H} \\ v'(d_L^*) = \dfrac{c}{\delta_L \left[1 - \left(\dfrac{1-\alpha}{\alpha} \cdot \dfrac{\delta_H - \delta_L}{\delta_L}\right)\right]} \end{cases}$$

由于 $\delta_H > \delta_L$，$v'(d) > 0$，$V''(d) < 0$，容易得出 $d_L^* < d_H^*$，即低消费者的最优使用量低于高消费者的最优使用量。

由于最优解时，ICH 为紧约束，所以 $\delta_H V(d_H^*) - T_H^* = \delta_H V(d_L^*) - T_L^*$，转化得：$\delta_H [V(d_H^*) - V(d_L^*)] = T_H^* - T_L^*$。

根据 $d_L^* < d_H^*$，$v'(d) > 0$，得到 $V(d_H^*) - V(d_L^*) > 0$。又由于 $\delta_H > \delta_L$，得到 $\delta_L [V(d_H^*) - V(d_L^*)] < \delta_H [V(d_H^*) - V(d_L^*)] = T_H^* - T_L^*$。

推导得出：$\delta_L V(d_H^*) - T_H^* \leq \delta_L V(d_L^*) - T_L^*$，约束 ICL 得到满足。证毕。

因此，在最优解时，约束 ICL 也能得到满足。所以，此时获得的最优解即为满足所有约束的最优解。当给出函数 $V(p)$，$D(p)$ 的具体形式时，我们可以给出最优解 (P_L^*, P_H^*) 的解析式。

此外，我们验证了在完全信息和不完全信息下高消费套餐单位流量价格的最优解和低消费套餐单位流量价格的最优解。

当完全信息时，运营商的问题是：

$$maxU = max\delta_m V(d_m) - T_m$$

高消费套餐单位流量价格的最优解 p_H^* 和低消费套餐单位流量价格的最优解 p_L^* 满足如下关系式：

$$\begin{cases} v'(p_H^*) = \dfrac{c}{\delta_H} D'(p_H^*) \\ v'(p_L^*) = \dfrac{c}{\delta_L} D'(p_L^*) \end{cases}$$

当消费者存在私有信息时，运营商通过设计不同的消费套餐来实现利润最大化问题，最优解满足：

$$\begin{cases} v'(p_H^*) = \dfrac{c}{\delta_H} D'(p_H^*) \\ v'(p_L^*) = \dfrac{c}{\delta_L [1-(\dfrac{1-\alpha}{\alpha} \cdot \dfrac{\delta_H-\delta_L}{\delta_L})]} D'(p_L^*) > \dfrac{c}{\delta_L} D'(p_L^*) \end{cases}$$

可见，在不完全信息时高类型消费者的需求同完全信息时保持一致，而运营商通过机制设计来揭示消费者的私有信息，需要付出信息租金，迫使高类型消费者不会伪装成低类型消费者选择低消费套餐，但这样却降低了低类型消费者的需求。证毕。

参考文献

[1] 蔡小玲. 网络拥塞控制的若干问题研究 [D]. 南京：南京理工大学，2005.

[2] 程慧. 基于优先级定价的移动数据通信网络资源配置研究 [D]. 北京：北京邮电大学，2012.

[3] 陈志刚. 电信收益管理研究与定价分析 [D]. 上海：复旦大学，2005.

[4] 丑文亚. 定制电信产品模块化设计及其动态定价研究 [D]. 长沙：湖南大学，2013.

[5] 胡杨梅，张金水. 电信业定价的经济模型分析 [J]. 工业技术经济，2005，24（4）：71-72.

[6] 李根道，熊中楷，李薇. 基于收益管理的动态定价研究综述 [J]. 管理评论，2010，22（4）：97-108.

[7] 吕洪涵，吕廷杰. 寡头垄断电信市场价格管制机制设计——激励相容理论在价格管制中的应用 [J]. 西安电子科技大学学报（社会科学版），2005，15（1）：84-88.

[8] 吕志勇，陈宏民. 定价约束、社会福利与电信普遍服务机制设计 [J]. 上海交通大学学报，2005，39（3）：492-495.

[9] 林创. 基于系统动力学的移动数据业务定价模式研究 [D]. 北京：北京邮电大学，2012.

[10] 钱鸿生. 现代化电信网络管理方式讲座（三续）[J]. 电信快报，

2001 (3): 4 - 6.

[11] 施若, 顾宝炎. 收益管理理论基础问题研究综述 [J]. 改革与战略, 2009, 25 (1): 207 - 209.

[12] 唐雄燕. 电信技术的发展与传统电信网络革新 (6) [J]. 电信技术, 2002, 2: 13.

[13] 田国强. 现代经济学的基本分析框架与研究方法 [J]. 经济研究, 2005, 2 (1): 114 - 120.

[14] 汪小帆, 孙金生, 王执铨. 控制理论在 Internet 拥塞控制中的应用 [J]. 控制与决策, 2002, 17 (2): 129 - 134.

[15] 王妍, 周晶, 周旭. 谈收益管理在通信业中的应用 [J]. 现代管理科学, 2007 (6): 14 - 16.

[16] 张雪峰, 梁湧, 马潇宇. 电信运营商双寡头定价机制设计 [J]. 运筹与管理, 2017, 26 (5): 6 - 13.

[17] 张运良. 电信业务定价模型研究 [D]. 成都: 电子科技大学, 2013.

[18] 曾进, 唐守廉. 基于消费者差异的拉姆齐定价 [J]. 西安电子科技大学学报 (社会科学版), 2005, 15 (4): 67 - 71.

[19] Alptekinoglu A, Corbett C J. Mass Customization vs. Mass Production: Variety and Price Competition [J]. Manufacturing & Service Operations Management, 2008, 10 (2): 204 - 217.

[20] Anupindi R, Dada M, Gupta S. Estimation of Consumer Demand with Stock - Out Based Substitution: An Application to Vending Machine Products [J]. Marketing Science, 1998, 17 (4): 406 - 423.

[21] Armony M. Dynamic Routing in Large - Scale Service Systems with Heterogeneous Servers [J]. Queueing Systems, 2005, 51 (3 - 4):

287 - 329.

[22] Arrow K J, Hurwicz L. Some Remarks on the Equilibria of Economic Systems [J]. Econometrica, 1960, 28 (3): 640 - 646.

[23] Arrow K J, Hurwicz L. An Optimality Criterion for Decision making under Ignorance [J]. Studies in Resource Allocation Processes, 1977, 12 (2): 19 - 25.

[24] Ascarza E, Lambrecht A, Vilcassim N. When Talk Is "Free": An Analysis of Subscriber Behavior Under Two and Three - Part Tariffs [J]. 2009, 10 (7): 201 - 207.

[25] Aviv Y, Pazgal A. Optimal Pricing of Seasonal Products in the Presence of Forward - Looking Consumers [J]. Manufacturing & Service Operations Management, 2008, 10 (3): 339 - 359.

[26] Aydin G, Porteus E L. Joint Inventory and Pricing Decisions for an Assortment [J]. Operations Research, 2008, 56 (5): 1247 - 1255.

[27] Aydin G, Ryan J K. Product Line Selection and Pricing Under the Multinomial Logit Choice Model [C]. Proceedings of the 2000 MSOM Conference, Ann Arbor, MI, June 26 - 27, 2000.

[28] Bansal H S, Taylor S F. The Service Provider Switching Model (SPSM): A Model of Consumer Switching Behavior in the Services Industry [J]. Journal of Service Research, 1999, 2 (2): 200 - 218.

[29] Bar - Gill O, Stone R. Pricing Misperceptions: Explaining Pricing Structure in the Cell Phone Service Market [J]. Journal of Empirical Legal Studies, 2012, 9 (3): 430 - 456.

[30] Basar T, Srikant R. Revenue - maximizing Pricing and Capacity Expansion in a Many - users Regime [C]. Joint Conference of the

IEEE Computer and Communications Societies. Proceedings. IEEE. IEEE, 2002: 294-301.

[31] Belloni A, Freund R, Selove M, et al. Optimizing Product Line Designs: Efficient Methods and Comparisons [J]. Management Science, 2008, 54 (9): 1544-1552.

[32] Birke D, Swann G M P. Network Effects and the Choice of Mobile Phone Operator [J]. Journal of Evolutionary Economics, 2006, 16 (1-2): 65-84.

[33] Bodily S E, Weatherford L R. Perishable-asset Revenue Management: Generic and Multiple-price Yield Management with Diversion [J]. Omega, 1995, 23 (2): 173-185.

[34] Bolton R N. A Dynamic Model of the Duration of the Customer's Relationship with a Continuous Service Provider: The Role of Satisfaction [J]. Marketing Science, 1998, 17 (1): 45-65.

[35] Briglauer W, Schwarz A, Zulehner C. Is fixed-mobile Substitution Strong Enough to De-regulate Fixed Voice Telephony? Evidence from the Austrian Markets [J]. Journal of Regulatory Economics, 2011, 39 (1): 50-67.

[36] Burnham T A, Frels J K, Mahajan V. Consumer Switching Costs: A Typology, Antecedents, and Consequences [J]. Journal of the Academy of Marketing Science, 2003, 31 (2): 109-126.

[37] Cachon G, Kök A. Category Management and Coordination in Retail Assortment Planning in the Presence of Basket Shopping Consumers [J]. Management Science, 2007, 53 (6): 934-951.

[38] Cachon G, Lariviere M A. Supply Chain Coordination with Revenue-

Sharing Contracts: Strengths and Limitations [J]. Management Science, 2005, 51 (1): 30 - 44.

[39] Cachon G, Terwiesch C, Xu Y. Assortment Planning in the Presence of Consumer Search [J]. Manufacturing & Service Operations Management, 2011, 7 (4): 330 - 346.

[40] Celik S, Maglaras C. Dynamic Pricing and Lead - Time Quotation for a Multiclass Make - to Order Queue [J]. Management Science, 2008, 54 (6): 1132 - 1146.

[41] Chawla S, Hartline J D, Malec D L, et al. Multi - parameter Mechanism Design and Sequential Posted Pricing [C]. 2010: 311 - 320.

[42] Chen C, Watanabe C, Chen C, et al. Diffusion, Substitution and Competition Dynamism inside the ICT Market: The Case of Japan [J]. Technological Forecasting & Social Change, 2006, 73 (6): 731 - 759.

[43] Chen F Y, Chen J, Xiao Y. Optimal Control of Selling Channels for an Online Retailer with Cost - Per - Click Payments and Seasonal Products [J]. Production & Operations Management, 2007, 16 (3): 292 - 305.

[44] Chen X. Coordinating Inventory Control and Pricing Strategies with Random Demand and Fixed Ordering Cost [J]. Manufacturing & Service Operations Management, 2003, 5 (1): 59 - 62.

[45] Chong J K, Ho T H, Tang C S. A Modeling Framework for Category Assortment Planning [J]. Manufacturing & Service Operations Management, 2001, 3 (3): 191 - 210.

[46] Dana J D, Petruzzi N C. Note: The Newsvendor Model with Endogenous

Demand [J]. Management Science, 2001, 47 (11): 1488 – 1497.

[47] Danaher P J. Optimal Pricing of New Subscription Services: Analysis of a Market Experiment [J]. Marketing Science, 2002, 21 (2): 119 – 138.

[48] Davis J, Gallego G, Topaloglu H. Assortment Planning under the Multinomial Logit Model with Totally Unimodular Constraint Structures [DB/OL]. Department of IEOR, Columbia University Available at http://www columbia edu/ ~ gmg2/logit_ const pdf, 2013.

[49] Davis J M, Gallego G, Topaloglu H. Assortment Optimization Under Variants of the Nested Logit Model [J]. Operations Research, 2014, 62 (2): 119 – 121.

[50] Groote X D. The Flexibility of Production Processes: A General Framework [J]. Management Science, 1994, 40 (7): 933 – 945.

[51] Deng T. Process Flexibility Design in Unbalanced and Asymmetric Networks [J]. Engineering Management Review IEEE, 2013, 43 (1): 62 – 72.

[52] Desiraju, Ramarao, Shugan, Steven M. Strategic Service Pricing and Yield Management [J]. Journal of Marketing, 1999, 63 (1): 44 – 56.

[53] Díaz – Infante E, Gallego A M, ángel Ferrero de Loma – Osorio. Registro Español de Ablación con Catéter. XI Informe Oficial de la Sección de Electrofisiología y Arritmias de la Sociedad Española de Cardiología (2011) [J]. Revista Española De Cardiología, 2012, 65 (10): 928 – 936.

[54] Draganska M, Misra S, Aguirregabiria V, et al. Discrete choice models

of firms' strategic decisions [J]. Marketing Letters, 2008, 19 (3 - 4): 399 -416.

[55] Economides N, Seim K, Viard V B. Quantifying the Benefits of Entry into Local Phone Service [J]. Rand Journal of Economics, 2008, 39 (3): 699 -730.

[56] Epstein L G, Zin S E. Substitution, Risk Aversion and the Temporal Behavior of Consumption and Asset Returns: A Theoretical Framework [J]. Journal of Political Economy, 1991, 99 (2): 263 -286.

[57] Fang Y, Zhang Y. Call Admission Control Schemes and Performance Analysis in Wireless Mobile Networks [J]. Vehicular Technology IEEE Transactions on, 2002, 51 (2): 371 -382.

[58] Farias V F, Jagabathula S, Shah D. A Nonparametric Approach to Modeling Choice with Limited Data [J]. Management Science, 2013, 59 (2): 305 -322.

[59] Fisher M, Vaidyanathan R. A Demand Estimation Procedure for Retail Assortment Optimization with Results from Implementations [J]. Management Science, 2014, 60 (10): 2401 -2415.

[60] Fitkov - Norris E D, Khanifar A. Evaluation of Dynamic Pricing In Mobile Communication Systems [C]. 3G Mobile Communication Technologies, 2000. First International Conference on. IEEE Xplore, 2000: 416 -420.

[61] Friedman E J, Parkes D C. Pricing WiFi at Starbucks: Issues in Online Mechanism Design [C]. ACM Conference on Electronic Commerce. ACM, 2003: 240 -241.

[62] Gabrielsen T S, Vagstad S. Consumer Heterogeneity, Incomplete Infor-

mation and Pricing in a Duopoly with Switching Costs [J]. Information Economics & Policy, 2003, 15 (3): 384 – 401.

[63] Ganesh J, Arnold M J, Reynolds K E. Understanding the Customer Base of Service Providers: An Examination of the Differences between Switchers and Stayers [J]. Journal of Marketing, 2000, 64 (3): 65 – 87.

[64] Garg V. Wireless Communications & Networking. 1st ed [M]. San Francisco: Morgan Kaufmann, 2010.

[65] Gaur V, Honhon D. Assortment Planning and Inventory Decisions Under a Locational Choice Model [J]. Management Science, 2006, 52 (10): 1528 – 1543.

[66] Ghose A, Han S P. Estimating Demand for Mobile Applications in the New Economy [J]. Management Science, 2014, 60 (6): 1470 – 1488.

[67] Goettler R L, Clay K. Tariff Choice with Consumer Learning and Switching Costs [J]. Journal of Marketing Research, 2006, 48 (4): 633 – 652.

[68] Gopalakrishnan A, Raghuram Iyengar, Meyer R J. Consumer Dynamic Usage Allocation and Learning under Multi – Part Tariffs: Theory and Empirical Evidence [J]. Ssrn Electronic Journal, 2012, 81: 771 – 787.

[69] Goyal V, Levi R, Segev D. Near – Optimal Algorithms for the Assortment Planning Problem Under Dynamic Substitution and Stochastic Demand [J]. Social Science Electronic Publishing, 2016, 64: págs. 219 – 235.

[70] Graves S C. A Single – Item Inventory Model for a Nonstationary De-

mand Process [J]. Manufacturing & Service Operations Management, 1999, 1 (1): 50 – 61.

[71] Green P E, Krieger A M. Models and Heuristics for Product Line Selection [J]. Marketing Science, 1985, 4 (1): 1 – 19.

[72] Grewal D, Levy M, Mehrotra A, et al. Planning Merchandising Decisions to Account for Regional and Product Assortment Differences [J]. Journal of Retailing, 1999, 75 (3): 405 – 424.

[73] Grzybowski L. Fixed – to – mobile Substitution in the European Union [J]. Telecommunications Policy, 2014, 38 (7): 601 – 612.

[74] Peter M. Guadagni, John D. C. Little. A Logit Model of Brand Choice Calibrated on Scanner Data [J]. Marketing Science, 1983, 2 (3): 203 – 238.

[75] Gianellamalca C. Sistema de salud de Colombia [M]. Vida genial y tragica de Seneca /. Editorial "Gran Capitan,", 2011: s265 – s274.

[76] Hanemann W M. Discrete/Continuous Models of Consumer Demand [J]. Econometrica, 1984, 52 (3): 541 – 561.

[77] Harno J. Impact of 3G and Beyond Technology Development and Pricing on Mobile Data Service Provisioning, Usage and Diffusion [J]. Telematics & Informatics, 2010, 27 (3): 269 – 282.

[78] He L, Walrand J. Pricing and Revenue Sharing Strategies for Internet Service Providers [J]. IEEE Journal on Selected Areas in Communications, 2006, 24 (5): 942 – 951.

[79] Heikkinen T M. On Congestion Pricing in a Wireless Network [J]. Wireless Networks, 2002, 8 (4): 347 – 354.

[80] Henderson T, Crowcroft J, Bhatti S. Congestion pricing. Paying Your

Way in Communication Networks [J]. IEEE Internet Computing, 2001, 5 (5): 85 – 89.

[81] Herweg F, Mierendorff K. Uncertain Demand, Consumer Loss Aversion, And Hat – rate Tariffs [J]. Journal of the European Economic Association, 2013, 11 (2): 399 – 432.

[82] Honhon D, Gaur V, Seshadri S. Assortment Planning and Inventory Decisions Under Stockout – Based Substitution [J]. Operations Research, 2010, 58 (5): 1364 – 1379.

[83] Hopp W J, Xu X. Product Line Selection and Pricing with Modularity in Design [J]. Manufacturing & Service Operations Management, 2005, 7 (3): 172 – 187.

[84] Hübner A H, Kuhn H. Retail Category Management: State – of – the – art Review of Quantitative Research and Software Applications in Assortment and Shelf Space Management [J]. Omega, 2012, 40 (2): 199 – 209.

[85] He L, Walrand J. Pricing and Revenue Sharing Strategies for Internet Service Providers [J]. IEEE Journal on Selected Areas in Communications, 2006, 24 (5): 942 – 951.

[86] Iimi A. Estimating Demand for Cellular Phone Services in Japan [J]. Telecommunications Policy, 2011, 29 (1): 3 – 23.

[87] Iyengar R. A Structural Demand Analysis for Wireless Services under Nonlinear Pricing Schemes [J]. Arbeitsbericht Columbia University New York, 2008.

[88] Iyengar R, Ansari A, Gupta S. A Model of Consumer Learning for Service Quality and Usage [J]. Journal of Marketing Research,

2007, 44 (4): 529-544.

[89] Iyengar R, Jedidi K, Essegaier S, et al. The Impact of Tariff Structure on Customer Retention, Usage, and Profitability of Access Services [J]. Marketing Science, 2011, 30 (5): 820-836.

[90] Jagabathula S, Mishra N, Gollapudi S. Shopping for Products You Don't Know You Need [C]. ACM International Conference on Web Search and Data Mining. ACM, 2011: 705-714.

[91] Jagabathula S, Shah D. Inferring Rankings Using Constrained Sensing [J]. IEEE Transactions on Information Theory, 2011, 57 (11): 7288-7306.

[92] Jagabathula S, Shah D. Fair Scheduling in Networks Through Packet Election [J]. IEEE Transactions on Information Theory, 2011, 57 (3): 1368-1381.

[93] Jain A, Rudi N, Wang T. Demand Estimation and Ordering Under Censoring: Stock-Out Timing Is Almost All You Need [J]. Operations Research, 2014: 141204094327000.

[94] Jauncey S, Mitchell I, Slamet P. The Meaning and Management of Yield in Hotels [J]. International Journal of Contemporary Hospitality Management, 1995, 7 (4): 23-26.

[95] Kanudia A, Shukla P R. Modelling of Uncertainties and Price Elastic Demands in Energy-environment Planning for India [J]. Omega, 1998, 26 (3): 409-423.

[96] Keaveney S M. Customer Switching Behavior in Service Industries: An Exploratory Study [J]. Journal of Marketing, 1995, 59 (2): 71-82.

[97] Keon, Neil J, Anandalingam. Optimal Pricing for Multiple Services in

Telecommunications Networks Offering Quality – of – service Guarantees [J]. IEEE/ACM Transactions on Networking, 2003, 11 (1): 66 – 80.

[98] Kim H W, Chan H C, Gupta S. Value – based Adoption of Mobile Internet: An Empirical Investigation [J]. Decision Support Systems, 2007, 43 (1): 111 – 126.

[99] Kim M K, Park M C, Jeong D H. The Effects of Customer Satisfaction and Switching Barrier on Customer Loyalty in Korean Mobile Telecommunication Services [J]. Telecommunications Policy, 2004, 28 (2): 145 – 159.

[100] Kimes S E. The Basics of Yield Management [J]. Cornell Hotel & Restaurant Administration Quarterly, 1989, 30 (3): 14 – 19.

[101] Kök A G, Fisher M L. Demand Estimation and Assortment Optimization under Substitution: Methodology and Application [J]. Operations Research, 2007, 55 (6): 1001 – 1021.

[102] Kök A G, Xu Y. Optimal and Competitive Assortments with Endogenous Pricing Under Hierarchical Consumer Choice Models [J]. Management Science, 2011, 57 (9): 1546 – 1563.

[103] Lambrecht A, Seim K, Skiera B. Does Uncertainty Matter? Consumer Behavior under Three – Part Tariffs [J]. Marketing Science, 2007, 26 (5): 698 – 710.

[104] Lancaster K J. Socially Optimal Product Differentiation D [J]. American Economic Review, 1975, 65 (4): 567 – 585.

[105] Lancaster K. Intra – Industry Trade Under Perfect Monopolistic Competition [J]. Journal of International Economics, 1980, 10 (2):

151 – 175.

[106] Lancaster K J. A New Approach to Consumer Theory [J]. The Journal of Political Economy, 1966: 132 – 157.

[107] Lee J, Feick L. The Impact of Switching Costs on the Customer Satisfaction - loyalty Link: Mobile Phone Service in France [J]. Journal of Services Marketing, 2001, 15 (1): 35 – 48.

[108] Lee K S, Ng I C L. Advanced Sale of Service Capacities: A Theoretical Analysis of the Impact of Price Sensitivity on Pricing and Capacity Allocations [J]. Journal of Business Research, 2001, 54 (3): 219 – 225.

[109] Lee M, Cunningham L F. A Cost/Benefit Approach to Understanding Service Loyalty [J]. Journal of Services Marketing, 2001, 15 (2): 113 – 130.

[110] Li H, Huh W T. Pricing Multiple Products with the Multinomial Logit and Nested Logit Models: Concavity and Implications [J]. Manufacturing & Service Operations Management, 2011, 13 (4): 549 – 563.

[111] Li Z. A Single - Period Assortment Optimization Model [J]. Production & Operations Management, 2007, 16 (3): 369 – 380.

[112] Ma X, Deng T, Lan B. Demand Estimation and Assortment Planning in Wireless Communications [J]. Journal of Systems Science & Systems Engineering, 2016, 25 (4): 1 – 26.

[113] Ma X, Deng T, Xue M, et al. Optimal Dynamic Pricing of Mobile Data Plans in Wireless Communications [J]. Omega, 2017, 66: 91 – 105.

[114] Maddah B, Bish E K. Joint Pricing, Assortment, and Inventory Decisions for a Retailer's Product Line [J]. Naval Research Logistics, 2007, 54 (3): 315 - 330.

[115] Maglaras C, Zeevi A. Pricing and Capacity Sizing for Systems with Shared Resources: Approximate Solutions and Scaling Relations [J]. Management Science, 2003, 49 (8): 1018 - 1038.

[116] Mahajan S, Ryzin G V. Inventory Competition Under Dynamic Consumer Choice [J]. Operations Research, 2001, 49 (5): 646 - 657.

[117] Mantrala M K, Levy M, Kahn B E, et al. Why is Assortment Planning so Difficult for Retailers? A Framework and Research Agenda [J]. Journal of Retailing, 2009, 85 (1): 71 - 83.

[118] Maskin E S, Riley J G. Optimal Multi - unit Auctions [J]. F Hahn the Economics of Missing Markets Information & Games, 1989, 19: 15 - 18.

[119] McGregor J. COSTCO'S Artful Discounts [N]. Business Week, 2008, 4104: 58 - 60.

[120] McGregor J. At Best Buy, Marketing Goes Micro [DB/OL]. BusinessWeek Online, 2008.

[121] Méndez - Díaz I, Miranda - Bront J J, Vulcano G, et al. A Branch - and - Cut Algorithm for the Latent Class Logit Assortment Problem [J]. Electronic Notes in Discrete Mathematics, 2010, 36: 383 - 390.

[122] Miravete E J. Estimating Demand for Local Telephone Service with Asymmetric Information and Optional Calling Plans [J]. The Review of Economic Studies, 2002, 69 (4): 943 - 971.

[123] Miravete E J. The limited Gains from Complex Tariffs [J]. Working Paper, 2007, 18 (1): 17 – 19.

[124] Miravete E J. Competing with Menus of Tariff Options [J]. Journal of the European Economic Association, 2009, 7 (1): 188 – 205.

[125] Myerson R B. Optimal Auction Design [J]. Mathematics of Operations Research, 1981, 6 (1): 58 – 73.

[126] O'Connell V. Reversing field, Macy's Goes Local [N]. Wall Street Journal, 2008, (April 21): B1.

[127] Oppewal H, Koelemeijer K. More Choice is Better: Effects of Assortment Size and Composition on Assortment Evaluation [J]. International Journal of Research in Marketing, 2005, 22 (1): 45 – 60.

[128] Oren S S, Smith S A. Critical Mass and Tariff Structure in Electronic Communications Markets [J]. Bell Journal of Economics, 1981, 12 (2): 467 – 487.

[129] Pae J H, Hyun J S. Technology Advancement Strategy on Patronage Decisions: the Role of Switching Costs in High – technology Markets [J]. Omega, 2006, 34 (1): 19 – 27.

[130] Pan X A, Honhon D. Assortment Planning for Vertically Differentiated Products [J]. Production & Operations Management, 2012, 21 (2): 253 – 275.

[131] Pang J – S, Su C – L, Lee Y – C. Estimation of Pure Characteristics Demand Models with Pricing [Z]. Preprint, 2014.

[132] Pentico D W. The Assortment Problem with Probabilistic Demands [J]. Management Science, 1974, 21 (3): 286 – 290.

[133] Png I P L, Wang H. Buyer Uncertainty and Two – Part Pricing: Theo-

ry and Applications [J]. Management Science, 2010, 56 (2): 334-342.

[134] Raiss-El-Fenni M, El-Azouzi R, Garnaev A, et al. Optimal Number of Users in Wireless Networks: A Flat Rate Pricing [C]. Wireless Communications and Mobile Computing Conference. IEEE, 2012: 950-955.

[135] Rajaram K. Assortment Planning in Fashion Retailing: Methodology, Application and Analysis [J]. European Journal of Operational Research, 2001, 129 (1): 186-208.

[136] Rajaram K, Tang C S. The Impact of Product Substitution on Retail Merchandising [J]. European Journal of Operational Research, 2001, 135 (3): 582-601.

[137] Rasti M, Sharafat A R, Seyfe B. Pareto-Efficient and Goal-Driven Power Control in Wireless Networks: A Game-Theoretic Approach with a Novel Pricing Scheme [J]. IEEE/ACM Transactions on Networking, 2009, 17 (2): 556-569.

[138] Rusmevichientong P, Shen Z J M, Shmoys D B. Dynamic Assortment Optimization with a Multinomial Logit Choice Model and Capacity Constraint [J]. Operations Research, 2010, 58 (6): 1666-1680.

[139] Rusmevichientong P, Shmoys D, Tong C, et al. Assortment Optimization under the Multinomial Logit Model with Random Choice Parameters [J]. Production & Operations Management, 2015, 23 (11): 2023-2039.

[140] Rusmevichientong P, Topaloglu H. Robust Assortment Optimization in Revenue Management Under the Multinomial Logit Choice Model

[J]. Operations Research, 2012, 60 (4): 865 - 882.

[141] Rusmevichientong P, Tsitsiklis J N. Linearly Parameterized Bandits [J]. Mathematics of Operations Research, 2008, 35 (2): 395 - 411.

[142] Ryzin G V, Mahajan S. On the Relationship Between Inventory Costs and Variety Benefits in Retail assortments [J]. Management Science, 1999, 45 (11): 1496 - 1509.

[143] Saraydar C U, Mandayam N B, Goodman D J. Efficient Power Control via Pricing in Wireless Data Networks [J]. IEEE Transactions on Communications, 2002, 50 (2): 291 - 303.

[144] Schlereth C, Stepanchuk T, Skiera B. Optimization and Analysis of the Profitability of Tariff Structures with Two - part tariffs [J]. European Journal of Operational Research, 2010, 206 (3): 691 - 701.

[145] Seo D B, Ranganathan C, Babad Y. Two - level Model of Customer Retention in the US Mobile Telecommunications Service Market [J]. Telecommunications Policy, 2008, 32 (3): 182 - 196.

[146] Shen Z J M, Su X. Customer Behavior Modeling in Revenue Management and Auctions: A Review and New Research Opportunities [J]. Production & Operations Management, 2007, 16 (6): 713 - 728.

[147] Shin S J, Weiss M B H. Simulation Analysis of QoS Enabled Internet Pricing Strategies: Flat Rate Vs. Two - Part Tariff [C]. Hawaii International Conference on System Sciences. IEEE, 2003: 10 pp.

[148] Smith S A, Agrawal N. Management of Multi - Item Retail Inventory Systems with Demand Substitution [J]. Operations Research, 2000, 48 (1): 50 - 64.

[149] Stoughton N M, Talmor E. A Mechanism Design Approach to Transfer Pricing by the Multinational firm [J]. European Economic Review, 1994, 38 (1): 143-170.

[150] Su X, Zhang F. Strategic Customer Behavior, Commitment, and Supply Chain Performance [J]. Social Science Electronic Publishing, 2008, 54 (10): 1759-1773.

[151] Talluri K, Ryzin G V. Revenue Management under a General Discrete Choice Model of Consumer Behavior [J]. Management Science, 2004, 50 (1): 15-33.

[152] Teo T S H, Liu J. Consumer Trust in E-commerce in the United States, Singapore and China [J]. Omega, 2007, 35 (1): 22-38.

[153] Tsai W H, Hung S J. Dynamic Pricing and Revenue Management Process in Internet Retailing under Uncertainty: An integrated Real Options Approach [J]. Omega, 2009, 37 (2): 471-481.

[154] Vulcano G, Ryzin G V, Ratliff R. Estimating Primary Demand for Substitutable Products from Sales Transaction Data [J]. Operations Research, 2012, 60 (2): 313-334.

[155] Wang Y, Lo H. Service Quality, Customer Satisfaction and Behavior Intentions: Evidence from China's Telecommunication Industry [J]. Info, 2002, 4 (6): 50-60.

[156] Wen U P, Wang W C, Yang C B. Traffic Engineering and Congestion Control for Open Shortest Path First Networks [J]. Omega, 2007, 35 (6): 671-682.

[157] Woo K S, Fock H K Y. Customer Satisfaction in the Hong Kong Mobile Phone Industry [J]. Service Industries Journal, 1999, 19

(3): 162 – 174.

[158] Working H, Hotelling H. Applications of the Theory of Error to the Interpretation of Trends [J]. Journal of the American Statistical Association, 1929, 24 (165A): 73 – 85.

[159] Yaipairoj S, Harmantzis F C. A dynamic Pricing Model for Data Services in GPRS Networks [C]. Global Telecommunications Conference Workshops, 2004. GLOBECOM Workshops. IEEE, 2004: 453 – 458.

[160] Yaipairoj S, Harmantzis F C. Dynamic Pricing with "Alternatives" for Mobile Networks [C]. Wireless Communications and NETWORKING Conference, 2004. WCNC. IEEE, 2004: 671 – 676 Vol. 2.

[161] Yao D Q, Liu J J. Competitive Pricing of Mixed Retail and E – tail Distribution Channels [J]. Omega, 2005, 33 (3): 235 – 247.

[162] Zimmerman A. To boost sales, Wal – Mart Drops One – Size – Fits – All Approach [N]. Wall Street Journal – Eastern Edition, 2006, 248 (57): A1 – A17.

[163] Zimmerman A. Home Depot Learns to Go Local [N]. Wall Street Journal, 2008, (October 7).

[164] Zimmerman J. Refining the Definition of Entrepreneurship [Z]. Ann Arbor: ProQuest Information and Learning Company, 2008.